改訂版

英語の超人になる！
アルク学参シリーズ

ONE MONTH

1カ月で攻略！

聴く型と解く型で得点力アップ！

大学入学 共通テスト

英語リスニング

監修者 武田塾英語課課長/
Morite2 English Channel
森田鉄也

著者 元 駿台予備学校講師/
PHOTOGLISH
岡﨑修平

JN172596

アルク

解法とリスニング力を身に付けて
周りに差をつけろ！

　2021年センター試験から共通テストに変更され、英語の試験は大きく変わりました。リスニングは配点が50点から100点になり、1回だけしか音声が読まれない大問も出現し難易度が上がりました。共通テストは過去問がたくさんあるわけではなく、対策を不安視している受験生は多いです。そんな人たちのために作られたのが本書です。

　まず、過去問を使い、目の付け所を知ります。設問のどういったところに注目すればいいのか、どういった手順を踏んで取り組めばいいのかが書かれています。さらに、リスニングをするうえで欠かせないのが英語を聴き取る力です。本書では解説中に、英語の発音の特徴について詳細に説明しています。これにより聞こえなかった音が聞こえるようになってきます。最後にはオリジナルの模試もついています。学んだことの総仕上げに活用してください。

　このように、本書は共通テスト英語リスニングを攻略するうえで欠かせない攻略法とリスニング力を皆さんに提供するものです。多くの受験生がどう効率よく対策していいのかわからないままがむしゃらに勉強し、試験本番に臨む中、本書を使い20日間しっかりと鍛錬して周りに差をつけましょう！

森田鉄也

"変化" に対応できるリスニング力を体得する

　リスニング対策はどうしても後回しになりがちです。この本を手に取ったあなたも、「とりあえずたくさん聴く」「とりあえず過去問を解いてみる」といった「とりあえず」の対策しか行えていないまま試験本番の日が近づいているのではないでしょうか。

　「どうすれば聴けるようになるのかわからない」

　「本番まで時間がない」

　「効率よく対策したい」

　そういった声にお答えして、この本では**英語が聴けるようになるためのポイント・「先読み」の具体的なステップ**を「聴く型」として、**問題を解く際の頭の働かせ方**を「解く型」としてまとめました。

　同じ形式の問題を連続で演習する中でそれぞれの形式に対応した「型」を身に付けていく、最も効率のよい形で対策を行います。

　もちろん、形式が変わる可能性はゼロではありません。
　僕は普段の授業でも「形式にとらわれない英語力」を重視して指導しています。

　今回示した「型」はあくまで共通テストの形式に合わせていますが、ある程度の変化には対応できる、**汎用性の高い型**を意識して作りました。

　特に「音声のポイント」では、**頻出の音声変化のパターン**を網羅しているので、毎日練習すれば確実に聴き取れるようになっていきます。

　今回の改訂版では、問題を全て新しくしました。最新の問題で「型」を反復し、全ての極意を骨の髄までたたき込みましょう。

岡﨑修平

学習カレンダー

目次

《大学入学共通テストとは》

「大学入学センター試験」に代わり、2021年1月からスタートした。全問マーク式でリーディング（80分）と
リスニング（30分）の試験がある。配点は各100点。センター試験のリーディング200点、リスニング50点と
比べると、リーディング：リスニングが4：1から1：1になり、リスニングの比重がかなり大きくなっている。
また共通テストの新たな要素として、アメリカ英語だけでなくイギリス英語の話者も含まれるようになった。

本書の特長と使い方

リスニングの点数を上げたいが、ゆっくり対策している時間がない……。

本書ではそんな受験生のために、1カ月前でも間に合うよう20日間完成でプログラムしました。英語が聴けるようになるための「聴く型」と、出題ポイントを攻略するための「解く型」、大きく分けて2つの型を習得していきます。奇数 Day には共通テストの2022年の過去問を使い「聴く型」の、偶数 Day には2023年の過去問を使い「解く型」の演習を行います。通常の問題集のように第1問から第6問まで順番に解くのではなく、同形式の大問（※）に連続して取り組むことで、効率よく各形式の対策を行うことができます。

順番に解く形の演習は「模擬試験」で行います。各 Day でそれぞれの型をマスターし、模擬試験で実戦レベルに昇華させましょう。

※本書では、「第1問 A」などを「大問」もしくは「問題」、それらの中の「問1」などを「設問」と呼びます。

奇数 DAY

STEP 1
効率よく「先読み」する
「聴く型」をインストールする

共通テストのリスニングではイラスト、グラフ、図表、複数の話者など、さまざまなタイプの問題が出題されます。Day 03以降の奇数 Day の最初の2ページでは、「先読み」の際の目線の動かし方、注意して聴くべきポイントをまとめています。問題ごとの最適な取り組み方をマスターしましょう。

（Day 01と02では、聴き取れるようになるための「発音のルール」を扱います）

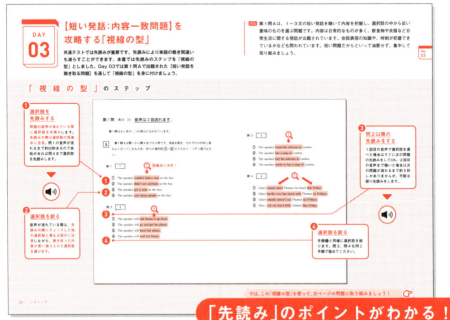

では、この「視線の型」を使って、次ページの問題に取り組みましょう！

「先読み」のポイントがわかる！

STEP 2

「聴く型」を使って
過去問にチャレンジする

学んだ「型」を使って、共通テスト
の過去問に挑戦しましょう。「例題」
と「練習問題」の2題用意していま
す。「例題」は2022年1月15日実施
の本試験、「練習問題」は1月29日
実施の追試験の問題です。実際に出
題された過去問以上の対策はあり
ません。本番のつもりで取り組みま
しょう。

「聴く型」を実践！

STEP 3

「音声のポイント」を押さえ、
「型」を定着させる

「例題」と「練習問題」に取り組ん
だ後は、「解説」のページを読み込
みましょう。正解できた問題も、思
考の流れを確認するため、解説は読
むようにしてください。また、各問
題のスクリプトに「音声のポイント」
をつけています。Day 01と02で扱
うルールや、注意しておきたい単語
を中心に取り上げています。直接解
答に関わらない箇所もありますが、
本番で確実に聴き取るために、音声
を真似するように声に出して練習
しましょう。自分でも言えるように
なるまで練習することで「聴き取れ
ない音」が無くなっていきます。

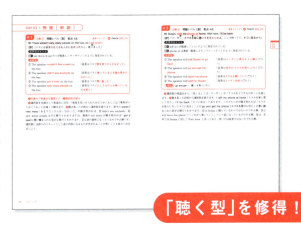

「聴く型」を修得！

「聴く型」から「解く型」へ

STEP 1

速く正確に正答を導く
「解く型」をインストールする

さまざまなタイプの問題が出題される共通テストのリスニング。そこで最も必要な力は「思考の瞬発力」です。Day 04以降の偶数 Day の最初の２ページでは、「言い換え」の探し方や情報処理の方法をまとめています。各大問を効率よく解くための型を身に付け、「思考の瞬発力」を鍛えましょう。

効率良く正解を見つける！

STEP 2

「解く型」を使って
過去問にチャレンジする

学んだ「型」を使って、問題に挑戦しましょう。奇数 Day 同様「例題」と「練習問題」の２題用意しています。「例題」は2023年1月14日実施の本試験、「練習問題」は1月28日実施の追試験の問題です。本番のつもりで取り組みましょう。

「解く型」を実践！

STEP 3
「解く型」の理解を深め、しっかり定着させる

基本的な使い方は奇数 Day と同じです。「音声のポイント」を押さえ、知らなかった語句を覚えましょう。偶数 Day では特に「解く時の思考の流れ」を意識して解説しているので、間違えた問題だけでなく正解した問題も、効率よく正解にたどり着くための流れを確認するようにしてください。

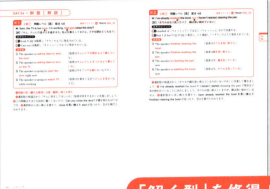

「解く型」を修得！

20日間プログラムの総仕上げ

THE LAST STEP
別冊「実戦模擬試験」で仕上げる！

学習音声ダウンロード（無料）

本書の学習音声は、パソコンやスマートフォンに無料でダウンロードできます。

● PC の場合
以下の URL から本書の商品コード7023030で検索してください。
アルクのダウンロードセンター　https://portal-dlc.alc.co.jp

● スマホの場合
英語学習 booco【無料】
アルクが無料提供する語学学習用アプリで、Android、iOS に対応しています。再生スピードの変更や、数秒の巻き戻し・早送りなど、便利な機能を活用して学習に役立ててください。

それでは、「学習カレンダー」に日付を書き込み、共通テスト攻略のための学習をスタートしましょう！

聴き取るための発音記号

母音（Vowels） 🔊 TRACK **001**

[iː]	seat	口角を左右に引き「イー」
[i]	bit	軽く口を開けて「イ」
[e]	set	ほぼ日本語の「エ」
[æ]	cat	「ア」と「エ」の中間
[ɑː]	cart	口を大きく開けて「アー」
[ʌ]	cut	口を中くらいに開けはっきり「ア」
[ɔː]	all	口を大きく開けて「オー」
[u]	foot	唇をまるめて「ウ」
[uː]	food	唇をまるめて舌に力をいれて「ウー」
[ə]	about	口を半開きにして力を抜いて「ア」
[ər]	heard	口を半開きにして力を抜いて「アー」
[ai]	ice	「ア」から弱めの「ィ」に移る

子音（Consonants） 🔊 TRACK **002**

[p]	pep	パ行から母音を除いた音
[b]	bulb	バ行から母音を除いた音
[t]	test	［タ・テ・ト］から母音を除いた音
[d]	dad	［ダ・デ・ド］から母音を除いた音
[k]	kick	カ行から母音を除いた音
[g]	gag	ガ行から母音を除いた音
[f]	fan	下唇を上の前歯に軽く当て息を出す

発音記号はいわば漢字の「ふりがな」です。難しい漢字はふりがなが無いと正しく読むことはできません。逆にふりがながあれば、正しい音が頭に浮かびます。

今回は正しく聴き取るために特に注意したい音に絞りました。最低限、以下のリストの発音の仕方は、音声を聴き、自分でも発音して練習しましょう。

※発音記号は日本の多くの英語辞典で採用されているものです。英和辞書などを使用する際にも役立ちます。

[v]	voice	[f] の口で喉を震わせ息を出す
[θ]	thick	舌先を上の前歯に軽く当て息を出す
[ð]	smooth	[θ] の口で喉を震わせ息を出す
[s]	see	「サ・スィ・ス・セ・ソ」から母音を除いた音
[z]	zoo	「ザ・ズィ・ズ・ゼ・ゾ」から母音を除いた音
[ʃ]	she	「シ」から母音を除いた音
[ʒ]	rouge	「ジ」から母音を除いた音
[tʃ]	cheese	「チ」から母音を除いた音
[dʒ]	just	ヂャ行から母音を除いた音
[h]	hat	「ハ」行から母音を除いた音
[l]	life	舌先を上の歯茎に押し付けたままラ行
[r]	rule	舌先はどこにもつけず唇をすぼめてラ行
[w]	week	唇をすぼめて短く「ウ」
[j]	year	舌を押し上げて短く「イ」
[m]	them	唇を閉じ鼻から息をもらしてマ行
[n]	then	舌を歯茎に当て鼻から息をもらしてナ行
[ŋ]	ring	「ング」から「グ」を除いた音

【本書の発音表記ルール】

・本書では、母音が入らず子音だけの発音になることを意識するため、want「ウォンt」のように表記しています。

「聴き取れない！」を攻略する　その①
脱落と弱形

大学入学共通テスト英語のリスニング問題に取り組む前に、英語の聴き取りを楽にする発音の４つの"ルール"を身に付けておきましょう。４つのルールとは「脱落」「弱形」「連結」「変化」です。発音のルールは多数ありますが、この４つのルールを押さえることで、共通テストのリスニングで得点しやすくなります。まずは、「脱落」「弱形」から。自分でも口に出して発音することで、ルールを体得していきましょう。

リスニングを苦手とする多くの人が、「単語の意味も発音も知っているのに聴き取れない」といった悩みを抱えています。

その理由は単純で、**「習った発音」**と**「実際の発音」は異なる**からです。

例えば、Good bye. は「グッド バイ」ではなく「グッバイ」、Rock and Roll は「ロック アンド ロール」ではなく「ロックンロール」と言ったりしますよね。

good は d の音が消えて「グッ」と発音され、Rock and Roll の and はもはや「ン」しか発音されていないことになります。

知っている発音と実際の発音とのギャップがあると、なかなか聴き取れるようになりません。まずは知識として Day 01と Day 02で取り上げる４つのルールを覚えることで、効率よくリスニング力をアップさせましょう。

Day 01では、**音が発音されない「脱落」**と**短く弱く発音される「弱形」**を扱います。実際に過去の試行調査と共通テストで使用された音声を使って基本を習得していきましょう。

脱落＝消える音・聞こえにくくなる音

① 語末の破裂音の脱落
音声を聴いて、自分でも発音してみましょう。

▶ **例 1**　　　　　　　　　　　　　音声スクリプト 🔊 TRACK **D01_01**

I get that. 「それはわかるよ」

　　　　　　　　　　　　　　　　こんな発音になります
アイ ゲット ザット　➡　アイ **ゲッ ザッ**

[2018年度：試行調査問題　第6問 A]

脱落で最も多いのが [t] と [d] の**脱落**です。**単語の最後の [t] [d] の音はほぼ消える**と考えても問題ありません。自分で発音する時のポイントは、[t] の音を完全に発音しないというわけではなく、最後の口の形は [t] の形にすることです。口の形は [t] の形にしますが、息は出な

いようにしてせき止めるようにするときれいに発音できます。

▶ **例 2**　　　　　　　　　　　　　音声スクリプト 🔊 TRACK **D01_02**

What's up? 「どうしたの？」

ワッツ アップ　➡　ワッツ アッ**プ**

[2021年度：共通テスト二次日程　第6問 B]

　[p] や [b] の音も同様に**脱落**しやすい音になります。こちらも口の形は [p] の形にしますが、息は出ないように発音してみてください。

【自分でも発音することの大切さ】
以上のポイントに従って練習すると、かすかに [t] や [p] の音が出ることに気付くと思います。実際の音声でも、日本語の「ト」や「プ」のようにハッキリとは聞こえませんが、かすかに音が出ています。完全に消えてしまうこともありますが、自分でも発音できるようになると、こうしたかすかな音も聴き取れるようになります。しっかりと口を動かして練習しておきましょう。

② 連続する子音の脱落
　音声を聴いて、自分でも発音してみましょう。

▶ **例 1**　　　　　　　　　　　　　音声スクリプト 🔊 TRACK **D01_03**

Are you all right, Sho? 「ショウ、大丈夫？」

オール ライト　➡　オゥライ

[2021年度：共通テスト一次日程　第6問 A]

　子音が連続する場合、前の子音が発音されなくなることがあります。ここでは [l] と [r] の音が連続しているため、[l] の音が脱落しています。

▶ **例 2**　　　　　　　　　　　　　音声スクリプト 🔊 TRACK **D01_04**

Who's the boy with the dog, Ayaka? 「アヤカ、犬を抱いている男の子は誰？」

ウィズ ザ　➡　ウィッザ

[2021年度：共通テスト二次日程　第2問]

　[ð] と [ð] の音が**連続**しているので、前の [ð] が脱落しています。

音声を聴いて英語を書き取りましょう。単語やスペルがわからない場合は、カタカナでも大丈夫です。何か聴き取れるまで繰り返し聴いてください。

1）The woman has ＿＿＿＿＿＿＿＿ the bus.　　[2017年度：試行調査問題　第1問B]

2）＿＿＿＿＿＿＿＿ tea ＿＿＿＿ be nice.　　[2018年度：試行調査問題　第1問A]

3）Jane knew ＿＿＿＿＿＿＿＿ be ＿＿＿＿ today.
　　　　　　　　　　　　　　　　[2017年度：試行調査問題　第1問B]

4）This sign says you ＿＿＿＿ swim here, but you ＿＿＿＿＿＿＿＿ or barbecue.
　　　　　　　　　　　　　　　[2021年度：共通テスト二次日程　第1問B]

5）＿＿＿＿, you ＿＿＿＿＿＿＿＿ pretty dirty.
　　　　　　　　　　　　　　　[2021年度：共通テスト一次日程　第2問]

チ ャ レ ン ジ 問 題 1 [解 答 ・ 解 説]

1）正解　The woman has just missed the bus.「女性はちょうどバスを逃した」
　just の [t]　の音が**脱落**し、「ジャス」のように発音されています。missed は本来「ミス t [míst]」と発音されますが、こちらも [t] の音が**脱落**し、「ミス」のように発音されています。今回は直前に has just があるので現在完了形だと予測し、過去分詞の missed だと判断することもできます。文法的な知識からも聞こえない音を補いましょう。

2）正解　Some more tea would be nice.「もっと紅茶があったらいいな」
　some more は [m] の音が連続するため、前の [m] の音が飲み込まれ「サモア」のように発音されています。would は [d] の音が**脱落**し、「ウッ」のように発音されています。「ウッ」と聞こえたら would と思うようにしましょう。

3）正解　Jane knew it wouldn't be cold today.「ジェーンは今日寒くならないことを知っていた」
　it の [t] は**脱落**し、「イッ」のように発音されています。wouldn't は [t] が**脱落**し「ウドゥン」のように発音されています。would との区別をつけるため、最後の [n] の音を聴き逃さないようにしましょう。cold は [d] の音が**脱落**し「コウル」のように発音されています。

4）**正解** This sign says you can swim here, but you can't camp or barbecue.「この標識によると、ここで泳いでもいいが、キャンプやバーベキューはできない」

can は「クン［kn］」に近い音で発音されています。can't は [t] の音が脱落し、「キャン」のように発音されています。can と can't の聴き分けは難しいですが、「クン」と聞こえたら can、「キャン」と聞こえたらまずは can't を考えるようにしましょう。camp の [p] もやや脱落し p の音が弱くなっています。

5）**正解** Right, you could get pretty dirty.「そうだね。かなり汚れるかもしれないね」

right の [t] が脱落し「ライ」のように発音されています。could は [d] が脱落し「クッ」のように発音されています。get は [t] の音が脱落し「ゲッ」のように発音されています。

弱形＝短く弱く発音される

まずはこちらの英文を聴いてみましょう。

> **例** 　　　　　　　　　音声スクリプト 🔊 TRACK D01_06
>
> Maybe it doesn't matter if my roommate is a native speaker or not.
> ● ・ ● ・ ● ● ・ ● ・ ● ・ ● ● ・ ●
>
> 「僕のルームメイトがネイティブスピーカーかどうかは問題じゃないかもしれないね」
>
> [2021年度：共通テスト一次日程　第6問A]

●と ● で示したように、文の中に強弱のリズムがあるのがわかったでしょうか。この弱い部分が「習った発音」と異なるため聴き取りにくくなります。

特に if が聴き取りにくかったと思いますが、if は「イフ」ではなく、ほぼ [f] の音のみが発音されています。「聴き取れない」のではなく、そもそも発音していないので聴き取れるはずがないんです。

こうした音を聴き取れるようにするために、英語には「内容語」と「機能語」があることを理解しておきましょう。

> ① **内容語＝意味内容を多く含む語**（それだけ言っても意味が通じる語）
>   動詞、名詞、形容詞など
>
> ② **機能語＝意味内容が少なく文法の機能として必要な語**（それだけでは意味が通じない語）
>   人称代名詞、前置詞、助動詞、冠詞、接続詞

内容語はたいてい強く発音されますが、機能語は弱く発音されることがあります。通常どおり読まれる時の発音が「**強形（きょうけい）**」、弱く読まれる時の発音が「**弱形（じゃっけい）**」と呼ばれます（辞書の発音記号の欄に「強」「弱」と書いてあります）。

この弱形の発音を知らないことが、英語が聴き取れない理由の一つです。まずは知識として押さえて、自分でも発音して覚えることが聴き取りのカギとなります。

次のページで弱形で発音されるものを一覧にしました。音声を聴いて確認しておきましょう。

弱形一覧

人称代名詞（Personal Pronouns） ◀ TRACK D01_06A

	強形	弱形
me	[míː]	[mi]
you	[júː]	[ju]
your	[júər]	[jər]
he	[híː]	[(h)i]
his	[híz]	[(h)iz]
him	[hím]	[(h)im]
she	[ʃíː]	[ʃi]
her	[hə́ːr]	[(h)ər]
we	[wíː]	[wi]
our	[áuər]	[ɑːr]
us	[ʌ́s]	[əs]
them	[ðém]	[(ð)əm]
their	[ðéər]	[ðər]
they	[ðéi]	[ðe]

前置詞（Prepositions） ◀ TRACK D01_06B

	強形	弱形
at	[ǽt]	[ət]
for	[fɔ́ːr]	[fər]
from	[frʌ́m]	[frəm]
of	[ʌ́v]	[əv]
to	[túː]	[tu][tə]

助動詞（Auxiliary Verbs） 🔊 TRACK D01_06C

	強形	弱形
am	[ǽm]	[əm][m]
are	[ɑːr]	[ər]
is	[iz]	[z][s]
was	[wʌ́z]	[wəz]
were	[wə́ːr]	[wər]
be	[bíː]	[bi]
been	[bíːn]	[bin]
have	[hǽv]	[həv][əv][v]
has	[hǽz]	[həz][əz][z][s]
had	[hǽd]	[həd][ed][d]
do	[dúː]	[du][də]
does	[dʌ́z]	[dəz]
can	[kǽn]	[kən][kn]
could	[kúd]	[kəd]
must	[mʌ́st]	[məst][məst]
shall	[ʃǽl]	[ʃ(ə)l]
should	[ʃúd]	[ʃ(ə)d]
will	[wíl]	[l][wəl][əl]
would	[wúd]	[wəd][əd][d]

冠詞・接続詞・関係詞など（Others） 🔊 TRACK D01_06D

	強形	弱形
an	[ǽn]	[ən]
some	[sʌ́m]	[s(ə)m]
and	[ǽnd]	[ənd][ən][n][nd]
but	[bʌ́t]	[bət]
if	[ɪf]	[(ə)f]
as	[ǽz]	[əz]
than	[ðǽn]	[ðən]
there	[ðéər]	[ðər]
who	[húː]	[hu][u]
that	[ðǽt]	[ðət]

音声を聴いて英語を書き取りましょう。単語やスペルがわからない場合は、カタカナでも大丈夫です。何か聴き取れるまで繰り返し聞いてください。

1）Maybe I _____ magazine!　［2021年度：共通テスト二次日程　第3問］

2）I _____ people _____ me.
　　　　　　　　　　　　　　　　　　［2021年度：共通テスト二次日程　第3問］

3）I _____ the wrong person.　［2021年度：共通テスト一次日程　第3問］

4）I _____ give David any more ice cream today. I _____ some after lunch.　　　　　　　　　　　　　　　　［2021年度：共通テスト一次日程　第1問A］

5）You _____ try the shop _____ cellphone shop, next to the café.　　　　　　　　　　　　　　　　　　　［2017年度：試行調査問題　第2問］

チャレンジ問題2［解答・解説］

1）**正解**　Maybe I can work for a magazine!「雑誌の仕事ができるかも！」
　can は**弱形**で弱く短く「カン／クン」のように発音されるので can't との区別に注意しましょう。can't の場合は、よりハッキリと「キャン」と発音されます（p.14　チャレンジ問題4 TRACK D01_05C4でも扱いました）。

2）**正解**　I don't want people to see that photo of me.「僕のあの写真、人に見られたくないよ」
　don't、want、that の最後の [t] は**脱落**しています。to が**弱形**で短く弱く「トゥ」のように発音されています。of も**弱形**で [v] の音がかなり弱く発音されています。

3）**正解**　I must have sent it to the wrong person.「きっと送る相手を間違えちゃったんだ」
　have は**弱形**で [h] の音が弱くなっています。it は [t] が**脱落**し、to は**弱形**で短く弱く「トゥ」のように発音されています。下線部は「マスタ v センティットゥ」のように発音されています。

4）**正解**　I won't give David any more ice cream today. I gave him some after lunch.「今日はデイビッドにはもうアイスクリームはあげない。昼食の後にあげたんだ」
　won't の [t] は**脱落**して「ウォウ n」のように発音されています。him は**弱形**で「ィ m」の

ように発音されています。代名詞の his、him、her などの [h] の音はほとんど聞こえなくなることもあるので注意しましょう。

5）正解　You could try the shop across from the cellphone shop, next to the café.「携帯電話ショップの向かい側の、カフェに隣接している店に行ってみてください」

　could は短く「クッ」のように発音されています。across from は短く一息で発音されています。from は意外と聴き取りにくいので弱形の音をしっかり覚えておきましょう。

DAY 02

「聴き取れない！」を攻略する　その②
連結と変化

英語の聴き取りをラクにする発音の４つの "ルール"「脱落」「弱形」「連結」「変化」。
Day 02では「連結」と「変化」を扱います。

　Come on. は「カムオン」ではなく「カモン」、Nice to meet you. は「ナイストゥミートユー」ではなく「ナイストゥミーチュー」と発音されるのを耳にしたことがあると思います。

　Come on. では m と o の音が**連結**し、「モ」と発音されます。Nice to meet you. では隣り合う t と y の音が混ざって**変化**し、「チュ」と発音されます。

　変化にはさまざまなルールがありますが、本書では「混ざって変化」「ら行に変化」「アメリカ英語・イギリス英語に特有の変化」を扱います。

　実際に過去の試行調査、共通テストで使用された音声を例として取り上げますが、イギリス英語はまだ本番での例が少ないためオリジナルの音声も使用しています。

連結＝つながる音

① 音声の連結
音声を聴いて、自分でも発音してみましょう。

> **例**　　　　　　　　　　　　　　　　　　　　音声スクリプト 🔊 TRACK **D02_01**
>
> Hello. **Can you** hear me?　「こんにちは、聞こえますか」
>
> 　　キャン ユー　➡　キャ **ニュ** ー
>
> 　　　　　　　　　　　　　　　　　　　　　　[2018年度：試行調査問題　第6問B]

　単語の最後の子音と、次の単語の最初の母音はつながって発音されやすくなります。上の例では、Can の最後の [n] の音と you の最初の [ju] の音が**連結**して「ニュ」と発音されています。比較的イメージしやすいルールですね。

音声を聴いて英語を書き取りましょう。単語やスペルがわからない場合は、カタカナでも大丈夫です。何か聴き取れるまで繰り返し聴いてください。

1）_____ tower!　　　　　　　［2017年度：試行調査問題　第２問］

2）How _____ class, then?　　　　［2017年度：試行調査問題　第２問］

3）The park is _____ the station as the café is.
　　　　　　　　　　　　　　　　　　　　［2021年度：共通テスト二次日程　第１問 B］

4）_____ today, so I should take this, too.
　　　　　　　　　　　　　　　　　　　　　［2021年度：共通テスト一次日程　第２問］

5）Oh, _____ neighbor gave us _____ lettuce _____
　garden, so how about a salad _____ soup? ［2018年度：試行調査問題　第３問］

チ ャ レ ン ジ 問 題 １［ 解 答 ・ 解 説 ］

1）正解　Look at that tower!「あのタワーを見て！」
　at は「アッ」、that は「ザッ」のように発音されています。それぞれ**連結**することで全体は「ルッカッザ」のように発音されています。

2）正解　How will I take notes in class, then?「では、授業中、どうやってノートを取ったらいいんでしょうか？」
　will I は連結し「ウィライ」のように発音されています。notes in は**連結**し「ノウツィン」のように発音されています。

3）正解　The park is not as far from the station as the café is.「公園はカフェほど駅から遠くはない」
　not as は**連結**して「ノッタ z」のように発音されています。from は**弱形**で「フ rm」のように発音されています。

4）正解　And it's sunny today, so I should take this, too.「それと、今日は晴れているから、これも持っていくべきね」
　And は**弱形**で「アン」のように発音され、[n] の音が it's と**連結**し「アニッツ」のように発

音されています。

5）**正解**　Oh, but the neighbor gave us lots of lettuce and tomatoes from her garden, so how about a salad instead of soup?「あ、でも、お隣さんが庭のレタスやトマトをたくさんくれたから、スープの代わりにサラダはどう？」

　but the は but の [t] が**脱落**し「バッザ」のように発音されています。and は**弱形**で「アン」、from は**弱形**で「フ rm」、her は**弱形**で短めに発音されています。instead of は**連結**して「インステダ v」のように発音されています。

変化＝隣り合う音の影響を受けて変化する音

① 混ざって変化

まずはこちらの英文を聴いてみましょう。

> **例 1**　　　　　　　　　　　　　　音声スクリプト 🔊 TRACK D02_03
>
> You're Mike Smith, **aren't you**?　「あなたはマイク・スミスよね？」
>
> [2021年度：共通テスト二次日程　第3問]

　aren't の [t] の音が you の [j] の音と混ざり、「チュ［tʃ］」に**変化**します。

> **例 2**　　　　　　　　　　　　　　音声スクリプト 🔊 TRACK D02_04
>
> What **would you** like to do after graduation?　「卒業後は何をしたい？」
>
> [2021年度：共通テスト二次日程　第3問]

　would の [d] の音が you の [j] の音と混ざり、「ヂュ［dʒ］」に**変化**します。

② ら行に変化

まずはこちらの英文を聴いてみましょう。

> **例**　　　　　　　　　　　　　　　音声スクリプト 🔊 TRACK D02_05
>
> I **got it** from Peter.　「それはピーターにもらったんだ」
>
> ガティ　➡　ガ**リ**ッ
>
> [2021年度：共通テスト二次日程　第3問]

　[t] や [d] の音が母音に挟まれると「ら行」に近い音に**変化**します。上の例では got の t が「リ」に**変化**しています。

③ アメリカ英語・イギリス英語に特有の変化

まずはこちらの英文を聴いてみましょう。

▶ **例**　　　　　　　　　　　　　　音声スクリプト 🔊 TRACK **D02_06**

I did, but I couldn't find any. 「そうしました、でも見つかりませんでした」

　　バット アイ　➡　バダイ

[2017年度試行調査 B 第2問]

but I は「バライ」のように「ら行変化」することもありますが、アメリカ英語では [t] の音が **[d] に近い音で発音**されることがあります。

センター試験はアメリカ英語で出題されていましたが、共通テストはイギリス英語でも出題されます。
ここで**アメリカ英語とイギリス英語で発音が異なる**ものを交互に聴き、本番で出題されても対応できるように両方の発音を頭に入れておきましょう。

🔊 TRACK **D02_06A1〜**

		アメリカ英語	イギリス英語
[ɑ:] vs [ɔ]	hot	[hɑ́:t]「ハーット」	[hɔ́t]「ハォト」
	god	[gɑ́:d]「ガーッド」	[gɔ́d]「ガォド」
	shop	[ʃɑ́:p]「シャープ」	[ʃɔ́p]「ショップ」
	bomb	[bɑ́:m]「バーム」	[bɔ́m]「ボム」
[æ] vs [ɑ:]	can't	[kǽnt]「キャント」	[kɑ́:nt]「カーント」
	half	[hǽf]「ハアフ」	[hɑ́:f]「ハーフ」
	dance	[dǽns]「ダァンス」	[dɑ́:ns]「ダーンス」
	rather	[rǽðər]「ラザー」	[rɑ́:ðə]「ラーザ」
[d] vs [t]	better	[bétər]「ベター」※米英語では「ベダー」のように聞こえる	[bétə]「ベタ」
	party	[pɑ́:rti]「パーティ」※米英語では「パーディ」のように聞こえる	[pɑ́:ti]「パーティ」
	writing	[ráitiŋ]「ライティング」※米英語では「ライディング」のように聞こえる	[ráitiŋ]「ライティング」
	latter	[lǽtər]「ラター」※米英語では「ラダー」のように聞こえる	[lǽtə]「ラタ」

23

		アメリカ英語	イギリス英語
[u:] vs [ju:] ※イタリック体の *j* は省略可能であることを示しています。	assume	[əˈsúːm]「アスーム」	[əˈsjúːm]「アシューム」
	tune	[tjúːn]「トゥーン」	[tjúːn]「テューン」
	due	[djúː]「ドゥー」	[djúː]「デュー」
	pursue	[pərsúː]「パースー」	[pəsjúː]「パーシュー」
[hw] vs [w] ※イギリス英語では各単語冒頭の [h] が弱く発音され、「ウィッチ」のように聞こえる。	which	[hwitʃ]「フィッチ」	[witʃ]「ウィッチ」
	what	[hwʌt]「ファット」	[wɔt]「ウォット」
	where	[hwɛ́ər]「ホエア」	[wéə]「ウエア」
	while	[hwáil]「ホワイル」	[wáil]「ワイル」
アクセントが異なるもの	café	[kæféi]「カフェイ」	[kǽfei]「カフェイ」
	brochure	[brouʃúər]「ブロウシュアー」	[bróuʃə]「ブロウシャ」
	salon	[səlán]「サラン」	[sǽlɔn]「サロン」
	margarine	[máːrdʒərin]「マージャリン」	[màːdʒəríːn]「マージャリーン」
発音が異なるもの	leisure	[líːʒər]「リージャー」	[léʒə]「レジャ」
	tomato	[təméitou]「トメイトゥ」	[təmáːtou]「トマートゥ」
	schedule	[skédʒuːl]「スケジュール」	[ʃédjuːl]「シェジュール」
	either	[íːðər]「イーザー」	[áiðə]「アイザ」
	thorough	[θə́rou]「サロウ」	[θʌ́rə]「サラ」
	missile	[mísəl]「ミサル」	[mísail]「ミサイル」
	herb	[ə́ːrb]「アーブ」	[hə́ːb]「ハーブ」
	privacy	[práivəsi]「プライヴァシ」	[prívəsi][práivəsi]「プリヴァシ」
	Asia	[éiʒə]「エイジャ」	[éiʃə]「エイシャ」

DAY 02 › チャレンジ問題2　　🔊 TRACK D02_07C1〜

音声を聴いて英語を書き取りましょう。単語やスペルがわからない場合は、カタカナでも大丈夫です。何か聴き取れるまで繰り返し聴いてください。

1）＿＿＿＿＿＿＿ this animal one?　　　　[2021年度：共通テスト一次日程　第2問]

2）I think the other corner _____.　　［2018年度：試行調査問題　第2問］

3）I ordered _____, but this is a mushroom omelet.
　　　　　　　　　　　　　　　　　　　　　　［2017年度：試行調査問題　第3問］

4）I'll be _____ the traffic accident.　　　［オリジナル］

5）I _____.　　　［オリジナル］

チャレンジ問題2［解答・解説］

1）正解　<u>What about this animal one?</u>「この動物のものはどう？」
　What の [t] が「ら行」に変化し「ワラバウ」のように発音されています。

2）正解　I think the other corner <u>would be better.</u>「反対側の角の方がいいと思うわ」
　would は短く「ウッ」のように発音されています。better の [t] は [d] に変化し「ベダー」のように発音されています。「ら行」に変化し「ベラー」となることもあります。

3）正解　I ordered <u>a tomato omelet</u>, but this is a mushroom omelet.「私が注文したのはトマトのオムレツですが、これはマッシュルームのオムレツです」
　イギリス英語です。tomato は「トメイトゥ」ではなく「トマートゥ」と発音されています。

4）正解　I'll be <u>half an hour late due to</u> the traffic accident.「交通事故のせいで30分遅れます」
　イギリス英語です。イントネーションの違いや、half、due などがアメリカ英語の発音とは異なることに注意しておきましょう。half はアメリカ英語より長く「ハーf」、due は「ドゥー」ではなく「デュー」に近い音で発音されます。

5）正解　<u>I can't check the schedule, either.</u>「私もスケジュールを確認できません」
　イギリス英語です。can't はアメリカ英語より長く「カーン（t）」のように発音されます。schedule は「シェジュール [ʃédju:l]」、either は「アイザー [áɪðə]」のように発音されます。

【短い発話：内容一致問題】を攻略する「視線の型」

共通テストでは先読みが重要です。先読みにより単語の聴き間違いも減らすことができます。本書では先読みのステップを「視線の型」としました。Day 03では第1問Aで出題された【短い発話を聴き取る問題】を通して「視線の型」を身に付けましょう。

「 視 線 の 型 」 の ス テ ッ プ

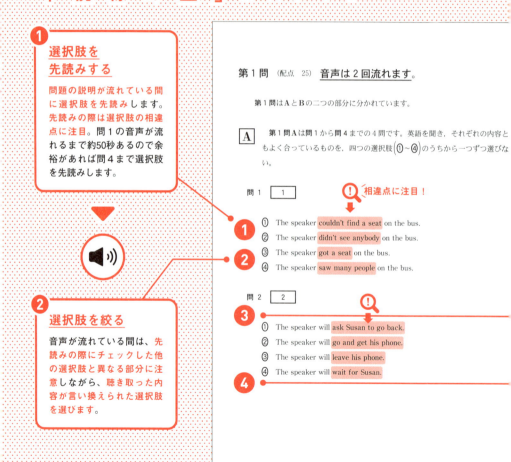

❶ 選択肢を先読みする

問題の説明が流れている間に選択肢を先読みします。先読みの際は選択肢の相違点に注目。問1の音声が流れるまで約50秒あるので余裕があれば問4まで選択肢を先読みします。

❷ 選択肢を絞る

音声が流れている間は、先読みの際にチェックした他の選択肢と異なる部分に注意しながら、聴き取った内容が言い換えられた選択肢を選びます。

第1問 （配点 25） 音声は2回流れます。

第1問はAとBの二つの部分に分かれています。

A 　第1問Aは問1から問4までの4問です。英語を聞き，それぞれの内容ともよく合っているものを，四つの選択肢（①～④）のうちから一つずつ選びなさい。

問1 　1 　　　　　相違点に注目！

① The speaker couldn't find a seat on the bus.
② The speaker didn't see anybody on the bus.
③ The speaker got a seat on the bus.
④ The speaker saw many people on the bus.

問2 　2

① The speaker will ask Susan to go back.
② The speaker will go and get his phone.
③ The speaker will leave his phone.
④ The speaker will wait for Susan.

内容 第1問Aは、1〜3文の短い発話を聴いて内容を把握し、選択肢の中から近い
意味のものを選ぶ問題です。内容は日常的なものが多く、飲食物や衣服など日
常生活に関する発話が出題されています。会話表現の知識や、時制が把握でき
ているかなども問われています。短い問題だからといって油断せず、集中して
取り組みましょう。

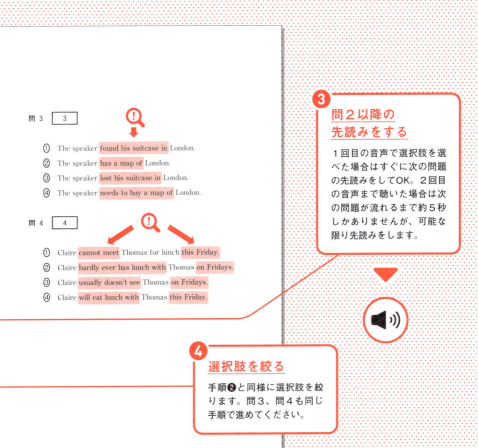

問 3 ⬛ 3

① The speaker found his suitcase in London.
② The speaker has a map of London.
③ The speaker lost his suitcase in London.
④ The speaker needs to buy a map of London.

問 4 ⬛ 4

① Claire cannot meet Thomas for lunch this Friday.
② Claire hardly ever has lunch with Thomas on Fridays.
③ Claire usually doesn't see Thomas on Fridays.
④ Claire will eat lunch with Thomas this Friday.

❸ 問2以降の先読みをする

1回目の音声で選択肢を選べた場合はすぐに次の問題の先読みをしてOK。2回目の音声まで聴いた場合は次の問題が流れるまで約5秒しかありませんが、可能な限り先読みをします。

❹ 選択肢を絞る

手順❷と同様に選択肢を絞ります。問3、問4も同じ手順で進めてください。

では、この「視線の型」を使って、次ページの問題に取り組みましょう！ 👉

第1問 (配点 25) **音声は2回流れます。**

第1問は**A**と**B**の二つの部分に分かれています。

A　　第1問**A**は**問1**から**問4**までの4問です。英語を聞き，それぞれの内容と最もよく合っているものを，四つの選択肢(①〜④)のうちから一つずつ選びなさい。

問1　　1

① The speaker couldn't find a seat on the bus.

② The speaker didn't see anybody on the bus.

③ The speaker got a seat on the bus.

④ The speaker saw many people on the bus.

問2　　2

① The speaker will ask Susan to go back.

② The speaker will go and get his phone.

③ The speaker will leave his phone.

④ The speaker will wait for Susan.

問 3　　3

① The speaker found his suitcase in London.

② The speaker has a map of London.

③ The speaker lost his suitcase in London.

④ The speaker needs to buy a map of London.

問 4　　4

① Claire cannot meet Thomas for lunch this Friday.

② Claire hardly ever has lunch with Thomas on Fridays.

③ Claire usually doesn't see Thomas on Fridays.

④ Claire will eat lunch with Thomas this Friday.

これで第 1 問 A は終わりです。

問 1 正解 ③ 問題レベル【易】 配点 4点 音声スクリプト 🔊 TRACK D03_02

M: There **weren't very many** people on the bus, so I **sat down**.

【訳】「バスには<u>あまりたくさん人がいなかった</u>から、座りました」

音声のポイント

🎙① sat down は sat の t が脱落し「サッダウン」のように発音されている。

選択肢

① The speaker **couldn't find a seat** on the bus.　「話者はバスで**席を見つけられなかった**」

② The speaker **didn't see anybody** on the bus.　「話者はバスに**乗っている人を誰も見かけなかった**」

③ The speaker **got a seat** on the bus.　「話者はバスで**席に座った**」

④ The speaker **saw many people** on the bus.　「話者はバスに**たくさんの人が乗っているのを見た**」

❶先読みで相違点を確認する→❷選択肢を絞る

❶選択肢を先読みして相違点に注目。「座席を見つけられたかどうか」もしくは「乗客がいたかどうか」に注意して聴きます。❷聴き取った内容から選択肢を絞ります。前半の weren't very many「あまりたくさんは〜なかった」が聴き取れれば、② didn't see anybody、④ saw many people は不正解だとわかりますね。最後の sat down が聴き取れれば、**got a seat** に言い換えられた③が正解だとわかります。①は逆の意味になっているので不正解です。選択肢には誤りのパターンとして逆の内容になるものが含まれることが多いことも覚えておきましょう。

問 2 **正解** ② 問題レベル【易】 配点 4点   音声スクリプト 🔊 TRACK D03_03

M: Susan, I **left** my **phone at** home. Wait here. I'll be back.
　❶✕　　　　❷⌣✕

【訳】「スーザン、スマホを家に置いてきちゃったよ。ここで待ってて。すぐに戻るから」

音声のポイント

🎙❶ left は t が脱落し「レ f」のように発音されている。

🎙❷ phone at は連結・脱落により「フォーンナッ」のように発音されている。

選択肢

① The speaker will **ask Susan to go back**. 「話者は**スーザンに戻るように頼む**だろう」

② The speaker will **go and get his phone**. 「話者は**自分のスマホを取りに行く**だろう」

③ The speaker will **leave his phone**. 「話者は**スマホを置いていく**だろう」

④ The speaker will **wait for Susan**. 「話者は**スーザンを待つ**だろう」

語句 go and get ～ 熟 ～を取りに行く

❶選択肢の相違点から、「私」もしくは「スーザン」が「スマホをどうするのか」に注意します。❷聴き取った内容から選択肢を絞ります。I left my phone at home「スマホを家に置いてきた」、I'll be back.「すぐに戻る」とあります。このどちらかが聴き取れれば「スマホを取りに行ってすぐに戻る」ことが go and get his phone「スマホを取りに行く」と言い換えられた②が正解だとわかります。①は Susan に頼んでいるわけではないので不正解。③は will leave his phone で「これから置いていく」という話になっているので不正解。④は、音声では Susan に対して Wait here. と言っており、待つのは話者ではないので不正解。

M: I **didn't** lose my **map** of London. I've just **found it** in my suitcase.

【訳】「ロンドンの地図をなくしてはいなかった。たった今スーツケースに入っているの
　　を見つけたところだ」

音声のポイント

🎙❶ didn't は t が脱落し「ディドゥ n」のように発音されている。

🎙❷ map of は連結・弱形により「マッポ v」のように発音されている。

🎙❸ found it は連結・脱落により「ファウンディッ」のように発音されている。

選択肢

① The speaker **found his suitcase in** London.　　「話者はロンドンで自分のスーツケースを見つけた」

② The speaker **has a map of** London.　　「話者はロンドンの地図を持っている」

③ The speaker **lost his suitcase in** London.　　「話者はロンドンでスーツケースをなくした」

④ The speaker **needs to buy a map of** London.　　「話者はロンドンの地図を買う必要がある」

語句　lose ~ 他 ~をなくす　find ~ 他 ~を見つける

❶選択肢の相違点から「スーツケース、地図」に注意します。❷聴き取った内容から選択肢
を絞ります。**didn't lose my map**「地図をなくしていなかった」に続き、**I've just found it**「た
った今それを見つけたところだ」と言っています。このどちらかが聴き取れれば、**has a map**
に言い換えられた②が正解だとわかります。音声で in my suitcase と言っていますが、「スー
ツケースの中で地図を見つけた」ということなので①③は不正解。地図はすでに見つけたと言
っているので④は不正解。

問 4　正解 ①　問題レベル【普通】　配点 4点　　　音声スクリプト 🔊 TRACK D03_05

M: Claire **usually meets** Thomas for lunch on Fridays, **but** she's **too busy this week**.

【訳】「クレアはいつもなら金曜日にトーマスと会ってランチをするが、彼女は今週、忙し過ぎる」

音声のポイント

🎙**❶** but は t が脱落し「バッ」のように発音されている。

選択肢

① Claire **cannot meet** Thomas **for lunch this** Friday.

「クレアは今週の金曜日にトーマスと会ってランチをすることができない」

② Claire **hardly ever has lunch with** Thomas **on** Fridays.

「クレアは金曜日にトーマスとランチをすることがほとんどない」

③ Claire **usually doesn't see** Thomas **on** Fridays.

「クレアはいつもは、金曜日にトーマスとは会わない」

④ Claire **will eat lunch with** Thomas **this** Friday.

「クレアは今週の金曜日にトーマスとランチを食べるだろう」

🔊 語句　usually　副 いつもは　　hardly ever ～　熟 ほとんど～ない

❶選択肢の相違点から「クレアの金曜日の行動」に注意します。❷聴き取った内容から選択肢を絞ります。too busy this week「今週は忙し過ぎる」が聴き取れれば、cannot meet に言い換えられた①が正解だとわかります。Claire usually meets Thomas から「いつもは会う」ため② hardly ever「ほとんど～ない」、③ usually doesn't see「いつもは会わない」は逆の意味になり不正解。too busy this week から「今週は忙し過ぎる」ため会えないので④は不正解。

第 1 問 (配点 25) **音声は 2 回流れます。**

第 1 問は **A** と **B** の二つの部分に分かれています。

A 　第 1 問 **A** は**問 1** から**問 4** までの 4 問です。英語を聞き，それぞれの内容と最もよく合っているものを，四つの選択肢 ①〜④ のうちから一つずつ選びなさい。

問 1 　　| 1 |

① The speaker forgot to do his homework.

② The speaker has finished his homework.

③ The speaker is doing his homework now.

④ The speaker will do his homework later.

問 2 　　| 2 |

① The speaker doesn't want Meg to go home.

② The speaker doesn't want to go home.

③ The speaker wants Meg to go home.

④ The speaker wants to go home.

問 3　 3

① The speaker is far away from the station now.

② The speaker is with Jill on the train now.

③ The speaker will leave Jill a message.

④ The speaker will stop talking on the phone.

問 4　 4

① The speaker doesn't have any bread or milk.

② The speaker doesn't want any eggs.

③ The speaker will buy some bread or milk.

④ The speaker will get some eggs.

これで第1問Aは終わりです。

問 1　正解 ②　問題レベル【易】　配点 4点　音声スクリプト ◀ TRACK D03_08

M: Have you finished your homework? I've already done mine.
　　　　　　　　❶×

【訳】「宿題は終わらせた？ 僕はもう自分のを済ませたよ」

音声のポイント

❶ finished の最後の t の音は、口の形だけ残し、かなり弱く発音されている。

選択肢

① The speaker **forgot to do** his homework.　「話者は宿題を**するのを忘れた**」

② The speaker **has finished** his homework.　「話者は宿題を**終わらせた**」

③ The speaker **is doing** his homework now.　「話者は今宿題を**やっているところだ**」

④ The speaker **will do** his homework later.　「話者は後で宿題を**するだろう**」

❶先読みで相違点を確認する→❷選択肢を絞る

❶選択肢の相違点から「話者」が「宿題」をどうしたのかに注意します。❷内容から選択肢を絞ります。I've already done mine.「僕はもう自分のを済ませたよ」が聴き取れれば、言い換えとなる has finished が見つかり、②が正解だとわかります。①③④は宿題を終えていないため不正解。

問2 　正解 ④ 　問題レベル【易】 配点 4点 　　　音声スクリプト 🔊 TRACK D03_09

M: I'm tired, Meg. Do you mind if I go home?

【訳】「疲れちゃったよ、メグ。家に帰ってもいいかな？」

音声のポイント

⚠️❶ mind if は連結し「マインディ f」のように発音されている。

選択肢

① The speaker **doesn't want Meg** to go home. 「話者は**メグ**に家に帰って**ほしくない**」

② The speaker **doesn't want** to go home. 「話者は家に帰り**たくない**」

③ The speaker **wants Meg** to go home. 「話者は**メグ**に家に帰って**ほしい**」

④ The speaker **wants** to go home. 「話者は家に帰り**たい**」

　❶選択肢の相違点から、「話者」が「メグ」に家に帰ってほしいのかほしくないのか、もしくは「話者自身」が家に帰りたいのか帰りたくないのかに注意します。❷内容から選択肢を絞ります。**Do you mind if SV?** は「SV したら気にしますか？」→「SV してもいいですか？」になります。「帰ってもいいですか？」と尋ねていることから、話者は帰りたがっていることがわかるので、**wants to go home** に言い換えられた④が正解です。今回は問われていませんが、Do you mind if SV? への返答は、Yes. と答えると「気にする」になるので、ここでは「帰ってはいけない」の意味になり、No. と答えると「気にしない」になるので「帰っていい」ことになります。日本語と逆の関係になるので注意しておきましょう。

M: Hello? Oh, Jill. Can I call you back? I have to get on the train right now.

【訳】「もしもし？　ああ、ジル。かけ直してもいい？　今から電車に乗らなくちゃいけないんだ」

音声のポイント

🔊❶ get on は変化・連結により「ゲドォン」のように発音されている。

選択肢

① The speaker **is far away** from the station **now**.　　「話者は**今**、駅から**遠く離れている**」

② The speaker **is with** Jill on the train **now**.　　「話者は**今**、電車の中でジルと**一緒にいる**」

③ The speaker **will leave** Jill a message.　　「話者はジルにメッセージを**残すだろう**」

④ The speaker **will stop talking** on the phone.　　「話者は電話で**話すのをやめるだろう**」

🔊語句　call (人) back 　熟 (人) に電話をかけ直す
leave a message 　熟 伝言［メッセージ］を残す

❶選択肢の相違点は捉えにくいですが、is 〜 now とあることから「今」の状況、もしくは will 〜とあることから「これから」の状況に注意しましょう。❷内容から選択肢を絞ります。I have to get on the train right now. から「（これから）電車に乗らなければならない」こと、また Can I call you back?「かけ直してもいい？」から「電話を切る」ことがわかります。このいずれかが聴き取れれば、**言い換えとなる** stop talking on the phone「電話で話すのをやめる」を含む④が正解だとわかります。

問 4　**正解 ④**　問題レベル【普通】　配点 4点　　　音声スクリプト 🔊 TRACK D03_11

M: We have some bread and milk, but there **aren't**①❶ any eggs. I'll go and buy some.

【訳】「パンと牛乳はあるけれど、卵が 1 つもない。買いに行くよ」

▎音声のポイント

❶ aren't の t は完全には脱落していないが、かなり弱く発音されている。

▎選択肢

① The speaker **doesn't have** any bread or milk.　　　　「話者にはパンと牛乳が**ない**」

② The speaker **doesn't want** any eggs.　　　　「話者は卵が**欲しくない**」

③ The speaker **will buy** some bread or milk.　　　　「話者はパンか牛乳を**買うだろう**」

④ The speaker **will get** some eggs.　　　　「話者は卵を**買うだろう**」

❶選択肢の相違点から、「話者」が「パン」「牛乳」「卵」をどうするのかに注意します。❷内容から選択肢を絞ります。there aren't any eggs「卵が 1 つもない」と言い、そのあと I'll go and buy some.「買いに行く」と言っていることから、これから卵を買うことがわかります。**言い換えとなる** get some eggs を含む④が正解です。①③は We have some bread and milk「パンと牛乳はある」と言っているため不正解。②は話者が「卵を買いに行く」と言っているため不正解。

DAY 04

【短い発話：内容一致問題】を攻略する「精読（文法）の型」「言い換えの型」

共通テストのリスニングでは「文法の知識」も問われます。特に第1問、第2問では音声が短い分、1文1文の意味を正確に把握する必要があります。Day 04では文法を意識して聴く「精読の型」と、他の大問にも活きる「言い換えの型」を身に付けましょう。

「精読の型」「言い換えの型」のステップ

❶
「視線の型」を使う
Day 03で解説した「視線の型」を使って選択肢を先読みします。

❷
文法事項に注意して音声の意味を正確に把握する
使われている文法事項に注意して、できるだけ正確に意味を把握します。

第1問 （配点 25） 音声は2回流れます。

第1問はAとBの二つの部分に分かれています。

A 第1問Aは問1から問4までの4問です。英語を聞き、それぞれの内容と最もよく合っているものを、四つの選択肢（①〜④）のうちから一つずつ選びなさい。

問1 ［ 1 ］

相違点に注目！

❶ ① The speaker is asking Sam to shut the door.
❷ ② The speaker is asking Sam to turn on the TV.
❸ ③ The speaker is going to open the door right now.
④ The speaker is going to watch TV while working.

4つを比べるより2つの選択肢を比べたほうがわかりやすいことがある。

問2 ［ 2 ］

① The speaker finished cleaning the bowl.
② The speaker finished washing the pan.
③ The speaker is cleaning the pan now.
④ The speaker is washing the bowl now.

内容 Day 03と同じ【短い発話】の形式です。Day 03で学んだ「視線の型」もうまく活用して取り組みましょう。頻出の表現もいくつか使われているので、出てきたものをしっかり覚えておきましょう。

問 3 ⬜ 3

① The speaker received a postcard from her uncle.
② The speaker sent the postcard to her uncle in Canada.
③ The speaker's uncle forgot to send the postcard.
④ The speaker's uncle got a postcard from Canada.

問 4 ⬜ 4

① There are fewer than 20 students in the classroom right now.
② There are 22 students in the classroom right now.
③ There will be just 18 students in the classroom later.
④ There will be more than 20 students in the classroom later.

③ 選択肢から「言い換え」を探し、答えを選ぶ

聴き取った内容の言い換えを探し、答えを選びます。正解の選択肢の多くは音声の表現そのままではなく、別の表現で言い換えたものになっています。

では、「視線の型」を活かしつつ、「精読の型」「言い換えの型」を使って、次ページの問題に取り組みましょう！

第1問 (配点 25) <u>音声は2回流れます。</u>

第1問はAとBの二つの部分に分かれています。

A 　第1問Aは問1から問4までの4問です。英語を聞き，それぞれの内容と最もよく合っているものを，四つの選択肢（①～④）のうちから一つずつ選びなさい。

問1　☐ 1

① The speaker is asking Sam to shut the door.

② The speaker is asking Sam to turn on the TV.

③ The speaker is going to open the door right now.

④ The speaker is going to watch TV while working.

問2　☐ 2

① The speaker finished cleaning the bowl.

② The speaker finished washing the pan.

③ The speaker is cleaning the pan now.

④ The speaker is washing the bowl now.

問 3 3

① The speaker received a postcard from her uncle.
② The speaker sent the postcard to her uncle in Canada.
③ The speaker's uncle forgot to send the postcard.
④ The speaker's uncle got a postcard from Canada.

問 4 4

① There are fewer than 20 students in the classroom right now.
② There are 22 students in the classroom right now.
③ There will be just 18 students in the classroom later.
④ There will be more than 20 students in the classroom later.

これで第１問Ａは終わりです。

問 1 **正解** ① 問題レベル【易】 配点 4点 音声スクリプト 🔊 TRACK **D04_02**

W: Sam, the TV is too loud. I'm working. Can you close the door?

【訳】「サム、テレビの音が大き過ぎるわ。私は仕事をしてるのよ。ドアを閉めてくれる？」

音声のポイント

🎙❶ loud の [d] は脱落し「ラウ」のように発音されている。

🎙❷ Can you は連結し「キャニュー」のように発音されている。

選択肢

① The speaker is **asking Sam to shut the door**. 「話者はサムにドアを閉めるよう頼んでいる」

② The speaker is **asking Sam to turn on the TV**. 「話者はサムにテレビをつけるよう頼んでいる」

③ The speaker is going to **open the door** right now. 「話者は今すぐドアを開けるつもりだ」

④ The speaker is going to **watch TV** while working. 「話者は仕事をしながらテレビを見るつもりだ」

❶視線の型→❷文法事項に注意→❸言い換えを探す

❶選択肢の相違点から「サムに何をしてほしいか」「話者が何をするか」に注意しましょう。❷この問題はさほど文法的に難しくないので、**Can you close the door?** が聴き取れれば十分です。❸選択肢から言い換えを探すと、**close を言い換えた shut** が見つかり、①が正解だとわかります。

問 2 **正解①** 問題レベル【易】 配点 4点 　　　音声スクリプト 🔊 TRACK D04_03

W: I've already **washed** the bowl, but **I** haven't started cleaning the pan.
　❶×　　　　　　　　　　　❷
【訳】「ボウルはもう洗ったけど、鍋は洗い始めていない」

音声のポイント

🎤❶ washed は「ウォッシュド」ではなく「ウォッシュ t」なので注意する。

🎤❷ but I は but の [t] が [d] に変化し、I と連結し「バダイ」のように発音されている。

選択肢

① The speaker **finished cleaning the**　　「話者は**ボウルを洗い終えた**」
   bowl.

② The speaker **finished washing the**　　「話者は**鍋を洗い終えた**」
   pan.

③ The speaker **is cleaning the pan**　　　「話者は今、**鍋を洗っている**」
   now.

④ The speaker **is washing the bowl**　　　「話者は今、**ボウルを洗っている**」
   now.

❶選択肢の相違点から「ボウルや鍋を洗い終えているのかいないのか」に注意して聴きましょう。❷ I've already washed the bowl や I haven't started cleaning the pan で現在完了形が使われていることに注目しましょう。ボウルは洗い終えていますが、鍋は洗い始めていません。❸選択肢から言い換えを探すと、have already washed the bowl を言い換えた finished cleaning the bowl が見つかり、①が正解だとわかります。

W: Look at this postcard my uncle sent me from Canada.
【訳】「叔父がカナダから私に送ってくれたこのハガキを見てよ」

音声のポイント

🔊❶ Look at this は連結と脱落により「ルッカッディ s」のように発音されている。

🔊❷ sent は [t] の音が脱落し「セン」のように発音されている。

選択肢

① The speaker **received a postcard from her uncle**.　　「話者は**叔父からハガキを受け取った**」

② The speaker **sent the postcard to her uncle** in Canada.　　「話者はカナダにいる**叔父にハガキを送った**」

③ The speaker's **uncle forgot to send the postcard**.　　「話者の**叔父はハガキを送るのを忘れた**」

④ The speaker's **uncle got a postcard** from Canada.　　「話者の**叔父は**カナダからの**ハガキを受け取った**」

❶選択肢の相違点から「誰がハガキを送ったか」に注意して聴きましょう。❷ this postcard my uncle sent me from Canada は〈名詞＋SV〉の形になっているので、postcard と my uncle の間の関係代名詞が省略されていると判断しましょう。「叔父がカナダから私に送ってくれたこのハガキ」という意味になります。❸選択肢から「叔父が私にハガキを送った」という内容の言い換えを探すと、received a postcard from her uncle「叔父からハガキを受け取った」が見つかり、①が正解だとわかります。主語と目的語を入れ替え、send を receive など逆の意味の単語を使い言い換えるのは定番のパターンです。

問 4　**正解**④　問題レベル【普通】　配点 4点　　　音声スクリプト 🔊 TRACK D04_05

W: There are twenty students in the classroom, and two more will come after
　 lunch.
　　　　　　　　　　　　　　　　　　❶×

【訳】「教室には生徒が 20 人いる、そして昼食後にもう 2 人来るだろう」

音声のポイント

⚠❶ and の [d] の音は脱落し「アン」のように発音されている。

選択肢

① There are **fewer than 20 students** in　　「今、教室にいる生徒は20人より少ない」
　 the classroom **right now**.

② There are **22 students** in the　　　　　「今、教室にいる生徒は22人だ」
　 classroom **right now**.

③ There will be **just 18 students** in the　　「後になると、教室にいる生徒はちょうど
　 classroom **later**.　　　　　　　　　　　18 人になるだろう」

④ There will be **more than 20 students**　　「後になると、教室にいる生徒は20人より
　 in the classroom **later**.　　　　　　　　多くなるだろう」

❶どの選択肢にも数字があります。数字系の問題は簡単な計算を含むものが多いので注意し
ましょう。また、right now と later があることから、「今」なのか「後で」なのかに注意し
て聴きましょう。❷ There are twenty students から「20人」いて、two more will come
after lunch から「後でもう 2 人来る」ことがわかります。❸「後で22人になる」ことを頭に
入れ、選択肢から言い換えを探すと more than 20 students in the classroom later が見つか
り、④が正解だとわかります。

第1問 （配点 25） **音声は2回流れます。**

第1問は**A**と**B**の二つの部分に分かれています。

A　　第1問**A**は**問1**から**問4**までの4問です。英語を聞き，それぞれの内容と最もよく合っているものを，四つの選択肢（**①**〜**④**）のうちから一つずつ選びなさい。

問1　　☐ 1 ☐

① The speaker admires Jennifer's sweater.

② The speaker is asking about the sweater.

③ The speaker is looking for a sweater.

④ The speaker wants to see Jennifer's sweater.

問2　　☐ 2 ☐

① The speaker doesn't enjoy playing tennis.

② The speaker doesn't want to play any sports now.

③ The speaker thinks badminton is the most fun.

④ The speaker thinks tennis is better than bowling.

問 3 ☐ 3

   ① The speaker doesn't want to eat steak.

   ② The speaker hasn't eaten dinner yet.

   ③ The speaker is eating steak now.

   ④ The speaker wants to eat dinner alone.

問 4 ☐ 4

   ① The speaker is talking to the dentist.

   ② The speaker is telling Diana the time.

   ③ The speaker wants to call Diana.

   ④ The speaker wants to go to the dentist.

Day
04

これで第１問Ａは終わりです。

問 1　正解①　問題レベル【普通】　配点 4点　　　音声スクリプト 🔊 TRACK D04_08

M: What a beautiful sweater! It looks really nice on you, Jennifer.

【訳】「なんてきれいなセーターだ！　君に本当に似合っているよ、ジェニファー」

音声のポイント

🎤❶ What a は [t] の音が [l] に変化し、a と連結して「ワラ」のように発音されている。

🎤❷ sweater は [t] の音が [l] に変化し「スウェラー」のように発音されている。

選択肢

① The speaker admires Jennifer's sweater.　　「話者はジェニファーのセーターを称賛している」

② The speaker is asking about the sweater.　　「話者はセーターについて質問している」

③ The speaker is looking for a sweater.　　「話者はセーターを探している」

④ The speaker wants to see Jennifer's sweater.　　「話者はジェニファーのセーターを見たがっている」

語句　admire 〜　他 〜を称賛する

❶視線の型→❷文法事項に注意→❸言い換えを探す

❶選択肢の相違点から「話者がセーターをどうするのか」に注意して聴きましょう。❷ What a beautiful sweater! は〈What ＋ a ＋形容詞＋名詞！〉の感嘆文です。また It looks nice on you も「似合っている」と相手の服などをほめる表現です。❸「セーターをほめている」という内容を頭に入れて、選択肢から言い換えを探すと admires が見つかり、①が正解だとわかります。どちらの表現も重要なので知らないものがあった場合は覚えておきましょう。

M: Bowling is more fun than badminton, **but** tennis is the best. Let's play **that**.

【訳】「ボウリングはバドミントンより楽しいけれど、テニスが一番だよ。それをプレーしよう」

音声のポイント

🎙❶ but の [t] は脱落し「バッ」のように発音されている。

🎙❷ that の [t] は脱落し「ザッ」のように発音されている。

選択肢

① The speaker **doesn't enjoy playing tennis**.	「話者は**テニスをして楽しまない**」
② The speaker **doesn't want to play any sports** now.	「話者は今、**スポーツは何もしたくない**」
③ The speaker **thinks badminton is the most fun**.	「話者は**バドミントンが一番楽しいと思っている**」
④ The speaker **thinks tennis is better than bowling**.	「話者は**テニスのほうがボウリングよりもいいと思っている**」

❶選択肢の相違点から「テニスやバドミントンなどスポーツを比較する内容」を予想しましょう。❷ Bowling is **more fun than** badminton から話者は「バドミントンよりボウリングが楽しい」と考えています。さらに tennis is **the best** から「テニスが一番楽しい」と思っていることがわかります。❸言い換えを探しながら選択肢を確認していきましょう。①は tennis is the best に矛盾するため不正解です。②は Let's play that. に矛盾するため不正解です。③は tennis is the best に矛盾するため不正解です。④の **tennis is better than bowling**「テニスはボウリングよりも楽しい」は、「テニスが一番楽しい」という内容を言い換えたものなので、これが正解となります。

問 3　正解 ② 問題レベル【普通】 配点 4点　　音声スクリプト 🔊 TRACK **D04_10**

M: We **should** go somewhere to **eat** dinner. How **about a steak** restaurant?

【訳】「僕らは夕食を食べにどこかに行くべきだよ。ステーキ・レストランはどうだい？」

音声のポイント

🎙①　should の [d] は脱落し「シュ」のように発音されている。

🎙②　eat の [t] は脱落し「イー」のように発音されている。

🎙③　about a は [t] が [d] に変化し、a と連結して「アバウダ」のように発音されている。

🎙④　steak は「ステーキ」ではなく「ステイ k」[stéɪk] なので注意する。

選択肢

① The speaker **doesn't want to eat steak**.　　　「話者は**ステーキを食べたくない**」

② The speaker **hasn't eaten dinner yet**.　　　「話者は**まだ夕食を食べていない**」

③ The speaker **is eating steak now**.　　　「話者は**今、ステーキを食べている**」

④ The speaker **wants to eat dinner alone**.　　　「話者は**一人で夕食を食べたいと思っている**」

❶選択肢の相違点から「ステーキか夕食を食べたかどうか」に注意して聴きましょう。❷ We should go somewhere to eat dinner. から「夕食を食べに行きたいと考えている」ことがわかります。また、How about a steak restaurant? は How about ～？「～はどう？」という勧誘表現です。❸言い換えを探しながら選択肢を確認していきましょう。①は How about a steak restaurant? に矛盾するため不正解です。②は should go somewhere to eat dinner が hasn't eaten dinner yet に言い換えられているため、正解となります。③は should go ～や How about a steak restaurant? に矛盾するため不正解です。④は We should で「私たち」と言っていることや、How about ～？で相手を誘っていることに矛盾するため不正解です。

問 4　正解 ④　問題レベル【普通】　配点 4点　音声スクリプト 🔊 TRACK D04_11

M: Diana, do you know what time the dentist will open? My tooth really hurts.

【訳】「ダイアナ、君は歯医者さんが何時に開くか知ってる？　歯がとても痛むんだ」

選択肢

① The speaker **is talking to the dentist**.	「話者は**歯科医と話している**」
② The speaker **is telling Diana the time**.	「話者は**ダイアナに時間を教えている**」
③ The speaker **wants to call Diana**.	「話者は**ダイアナに電話をしたいと思っている**」
④ The speaker **wants to go to the dentist**.	「話者は**歯科医に行きたいと思っている**」

❶選択肢の相違点から「話者が何をしているか」「話者が何をしたいか」に注意して聴きましょう。❷ Diana, do you know what time the dentist will open? から「話者はダイアナに歯科医が何時に開くかたずねている」ことがわかります。My tooth really hurts. の My ～ hurts は「～が痛む」という定番の表現なので覚えておきましょう。❸言い換えを探しながら選択肢を確認していきましょう。①は、ダイアナが歯科医であるという発言はないので不正解です。②は、話者はダイアナに今何時か伝えているわけではないため不正解です。③は、話者が今ダイアナと話していることに矛盾するため不正解です。残った④が正解です。④は、「歯科医が何時に開くか尋ねていること」や「歯が痛む」という内容が、wants to go to the dentist に言い換えられています。

【短い発話：イラスト選択問題】を攻略する「聴き取りの型」

今日は第1問Bで出題された【イラスト選択問題】です。第1問A同様、短い文ですが、決して簡単ではないので先読みの技術が必要となります。「どこに注目すればいいか」「どう予測すればいいか」に焦点を当てる「聴き取りの型」を身に付けましょう。

「聴き取りの型」のステップ

❶ 選択肢のイラストを先読みする

先読みの際は選択肢（人物、行動、物などのイラスト）の相違点に注目。個々のイラストを一つ一つ見るよりも、複数のイラストを全体的にながめたほうが相違点に気が付きやすいです。

❷ 内容を予測する

イラストから「どういった内容になるのか」と「どういった単語が使われるか」を予測します。

❸ 選択肢を絞る

音声を聞き、内容に相当するイラストを選びます。

B　第1問Bは問5から問7までの3問です。英語を聞き、それぞれの内容と最もよく合っている絵を、四つの選択肢（①〜④）のうちから一つずつ選びなさい。

問5　　　5

①

②　　！ halfを予測！

③　　！ quarterを予測！

④

内容 第1問Bは1、2文の短い発話を聴いて、その状況に合うイラストを選ぶ問題です。英文の内容は職場での会話や、友人との会話など日常的なものが出題されています。「発話から状況や出来事の内容を把握する力」、「文法の知識」の他、聞き間違いやすい語句も使われているため「音声の知識」も問われます。音声のポイントを活用し、今後に活きるよう、自分でも必ず発音して練習するようにしましょう。

※第1問Bでは、問5、6、7はイラストが複数ある同じパターンなので、以下の図では問7を省略しています。

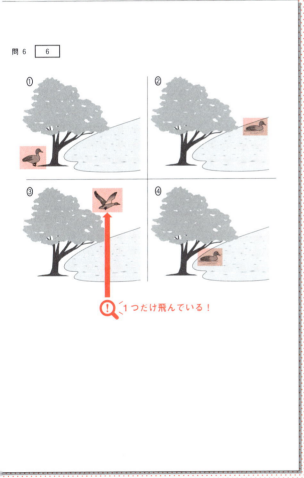

問6　6

① ② ③ ④

1つだけ飛んでいる！

では、この「聴き取りの型」を使って、次ページの問題に取り組みましょう！　👉

B　　第1問Bは問5から問7までの3問です。英語を聞き，それぞれの内容と最もよく合っている絵を，四つの選択肢(①～④)のうちから一つずつ選びなさい。

問 5　　5

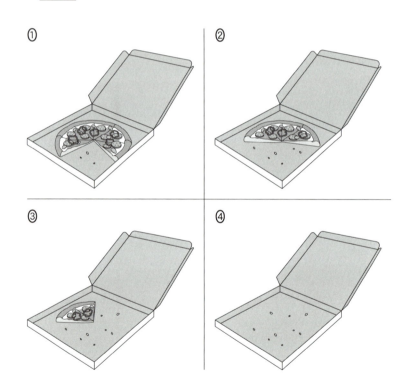

① ② ③ ④

問 6 　6

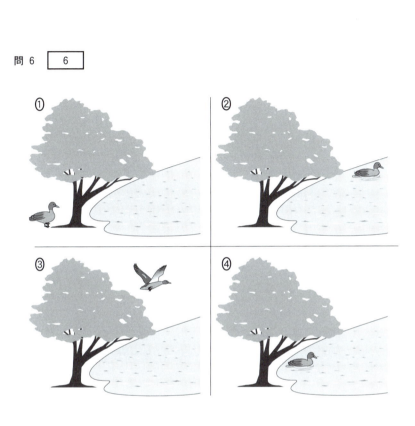

問 7   7

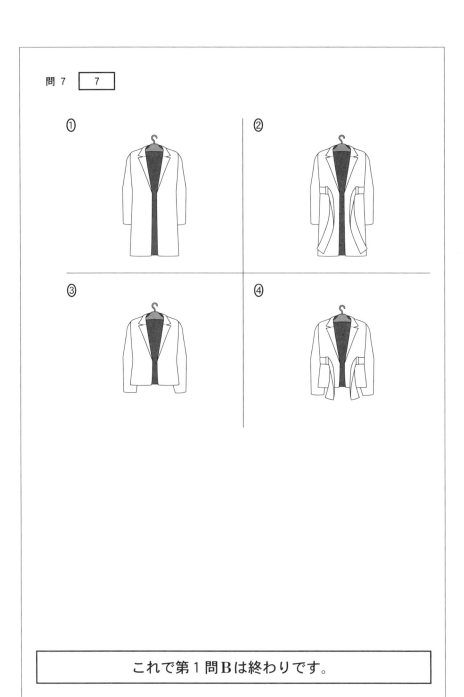

① ② ③ ④

これで第1問Bは終わりです。

問 5　　正解④　問題レベル【易】　配点 3点　　　音声スクリプト 🔊 TRACK D05_02

M: Kathy **ate** two pieces, **and** Jon **ate** everything else. So, nothing's left.

【訳】「キャシーが２切れ食べて、ジョンが残り全部を食べました。ですから、何も残っていません」

音声のポイント

🎤❶ ate は t の音が脱落し「エイ」のように発音されている。

🎤❷ and は d が脱落し「アン」のように発音されている。

選択肢

① ② ③ ④

語句 piece 名（分けられた）一切れ

❶イラストを先読み→❷内容を予測→❸選択肢を絞る

❶イラストの相違点から、「ピザがどれくらい残っているか」に注意して聴きます。❷「数量」を表す表現が使われると予測しましょう。❸やや聴き取りづらいですが、everything else「残り全部」、もしくは nothing's left「何も残っていない」が聴き取れれば、一切れも残っていない④が正解だとわかります。

問 6　　正解④　問題レベル【易】　配点 3点　　　音声スクリプト 🔊 TRACK D05_03

M: **Look at that** bird on the lake. It's under the tree.

【訳】「湖に浮かんでいるあの鳥を見て。木の下にいるよ」

音声のポイント

🎤❶ Look at that の Look at は連結し、at と that の t は脱落し「ルッカッザッ」のように発音されている。

選択肢

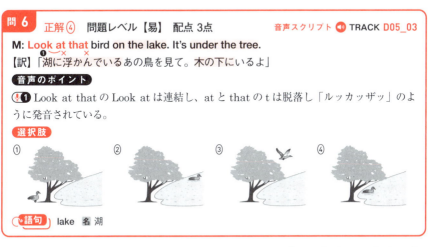

① ② ③ ④

語句 lake 名 湖

❶イラストの相違点から、「鳥の位置」に注意して聴きます。❷ lake「湖」、tree「木」や「位置関係」を表す表現が使われると予測しましょう。❸ on the lake から鳥は湖に浮かんでいることがわかります。前置詞 on は「接触」を表しますが、湖に浮かんでいる状態なども表すことができます。under the tree から木の下にいることがわかります。鳥が湖に浮かんでいて、木の下にいる④が正解。

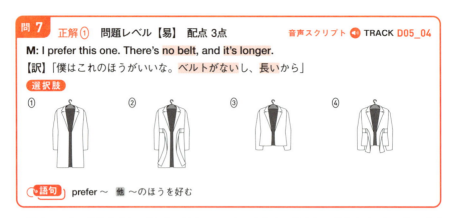

問 7 正解① 問題レベル【易】 配点 3点 　　音声スクリプト ◀ TRACK D05_04

M: I prefer this one. There's no belt, and it's longer.

【訳】「僕はこれのほうがいいな。ベルトがないし、長いから」

選択肢

① ② ③ ④

語句 prefer 〜 他 〜のほうを好む

❶イラストの相違点から、「上着の長さ、ベルトの有無」に注意して聴きます。❷上着の「長さ」を表す表現や、belt「ベルト」などが使われると予測しましょう。❸no belt からベルトがないもの、it's longer から丈が長いものを選べばよいので、①が正解です。

問題番号は実際の番号のままです。

B　　第1問Bは問5から問7までの3問です。英語を聞き，それぞれの内容と最もよく合っている絵を，四つの選択肢（①〜④）のうちから一つずつ選びなさい。

Day 05

問 5　　　5

① 　　②

③ 　　④

問 6 　6

① 　②

③ 　④

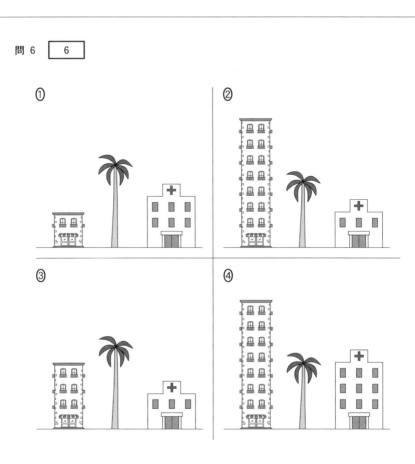

①

②

③

④

これで第1問Bは終わりです。

問 5　正解 ②　問題レベル【易】　配点 3点　音声スクリプト 🔊 TRACK D05_07

M: The books are **next to** the flowers, below the clock.

【訳】「本は花の隣、時計の下にある」

音声のポイント

🎙❶ next to は next の t の音が脱落し「ネクストゥ」のように発音されている。

選択肢

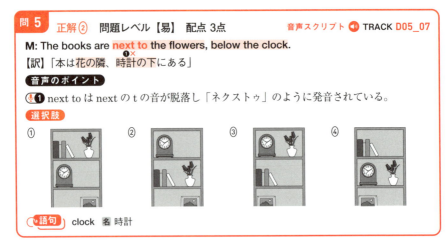

語句 clock 名 時計

❶イラストを先読み→❷内容を予測→❸選択肢を絞る

❶イラストの相違点から、「本」「花瓶」「時計」の位置に注意して聴きます。❷位置関係の定番表現 next to、above、below などを予測しておきましょう。❸ The books are **next to** the flowers「本が花の隣」で below the clock「時計の下」にある選択肢を選べばよいので②が正解です。

問 6　正解 ③　問題レベル【普通】　配点 3点　音声スクリプト 🔊 TRACK D05_08

M: The hotel is **taller than** the hospital, but the tree is **the tallest**.

【訳】「ホテルは病院よりも高いが、木が一番高い」

選択肢

語句 hospital 名 病院

❶イラストの相違点から、「ビル」「木」「病院」の高さが比較されると予想できます。❷「比較表現」が使われることを予測しましょう。❸ The hotel is **taller than** the hospital で比較級 taller が使われ、the tree is **the tallest** で最上級 tallest が使われています。つまり、ホテルが病院よりも高く、木が最も高い選択肢を選べばよいので、③が正解です。

M: Oh, we can't get a table. They're full.
　　　　　　　❶ × ❷
【訳】「ああ、席が取れない。満席だ」

音声のポイント

⚠❶ can't の t は脱落し「キャン」[kǽn] のように発音されている。
　　肯定の can [kən,kn] との違いに注意する。

⚠❷ get a は変化・連結により「ゲダ」のように発音されている。

選択肢

① ② ③ ④

Day
05

語句 full 形 満席の

❶イラストの相違点から、席が「満席」か「空席がある」かなどに注意して聴きます。❷「人数」に関する表現が使われると予測しましょう。❸ can't get a table「席を取ることができない」、もしくは full「満席の」が聴き取れれば、満席になっている①が正解だとわかります。can't は can と聴き間違えやすいので、音声のポイントに注意して自分でも発音して練習しておきましょう。

【短い発話：イラスト選択問題】を攻略する「精読（文法）の型」

Day 05と同様の短い発話のイラスト問題です。数量に関する問題や、位置関係を問う問題が頻出するので、ここでパターンをおさえておきましょう。

「精読の型」のステップ

1
「聴き取りの型」を使う

Day 05で解説した「聴き取りの型」を使って取り組みます。

2
数量、位置関係の表現に注意する

使われている数量、位置関係の表現に注意して音声を聴きます。

3
条件を満たす選択肢を選ぶ

聴き取った条件に当てはまる選択肢を選びます。

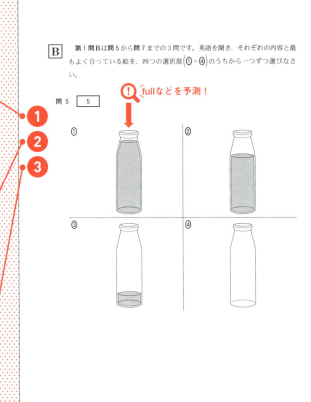

B　第1問Bは問5から問7までの3問です。英語を聞き，それぞれの内容と最もよく合っている絵を，四つの選択肢（①～④）のうちから一つずつ選びなさい。

問5　　⑤

! fullなどを予測！

① ② ③ ④

内容 2023年度の第１問Bの問題は易しいので全問正解を目指しましょう。余裕があれば音声を一度聴いただけで解く練習もしてみてください。また、今後は難しい問題が出題される可能性もあるため、使われている表現をしっかり覚えておきましょう。

※第１問Bでは、問5、6、7はイラストが複数ある同じパターンなので、以下の図では問7を省略しています。

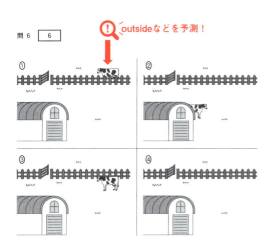

では、「聴き取りの型」を活かしつつ、「精読の型」を使って、次ページの問題に取り組みましょう！ ☞

B　第1問Bは問5から問7までの3問です。英語を聞き，それぞれの内容と最もよく合っている絵を，四つの選択肢(①~④)のうちから一つずつ選びなさい。

問5　　5

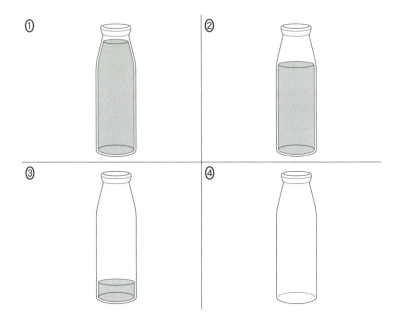

問 6　　6

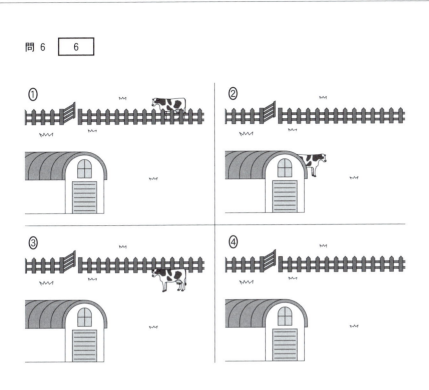

Day
06

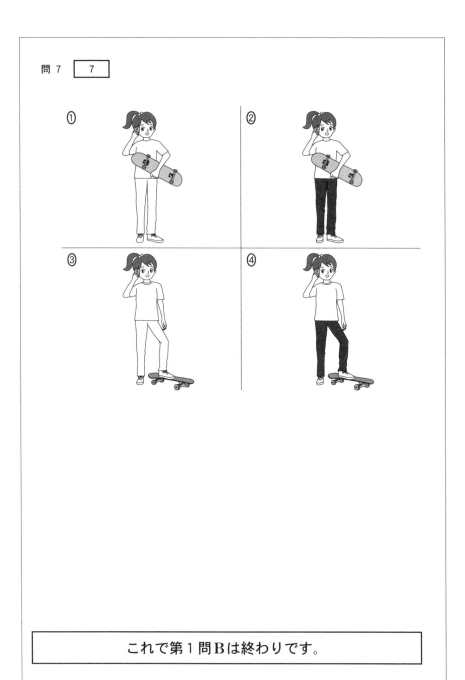

これで第1問Bは終わりです。

問 5 | 正解③ 問題レベル【易】 配点 3点 | 音声スクリプト 🔊 TRACK **D06_02**

W: There's **not** much tea left in the bottle.
　　　　　❶✕
【訳】「ボトルにはお茶があまり残っていない」

音声のポイント

🎙️❶ not の [t] は脱落し、「ノッ」のように発音されている。

選択肢

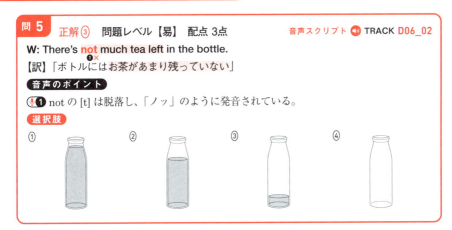

❶「聴き取りの型」→❷数量、位置関係の表現に注意→❸条件を満たす選択肢を選ぶ

❶イラストの相違点から、「中身がどのくらい残っているか」に注意して聴きましょう。❷「量」に関する表現は not much「あまり〜ない」が使われています。left は過去分詞の形容詞的用法で、tea を修飾して「残っている」という意味になります。❸「中身があまり残っていないもの」を選べばよいので③が正解です。

問 6 | 正解① 問題レベル【易】 配点 3点 | 音声スクリプト 🔊 TRACK **D06_03**

W: I **can't** see any cows. Oh, I see one **behind** the fence.
　　　　　　　　　　　　　　　　　❷✕
【訳】「牛が全く見当たらない。あ、フェンスの後ろに一頭見える」

音声のポイント

🎙️❶ can't の [t] の音が弱めに発音されている。脱落し「キャン」と発音されることもあるので注意する。

🎙️❷ behind の [d] の音が脱落し「ビハイン」のように発音されている。

選択肢

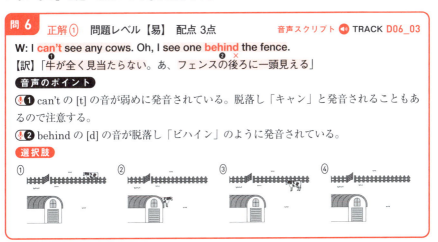

❶イラストの相違点から、「牛の位置」に注意して聴きましょう。❷最初に can't see any cows「牛が全く見当たらない」と言っていますが、その後に see one **behind** the fence と言い直しています。❸「フェンスの後ろに牛がいるもの」を選べばよいので①が正解です。

問 7 　正解 ② 　問題レベル【易】 　配点 3点 　　音声スクリプト 🔊 TRACK D06_04

W: I'm over here. I'm wearing black pants and holding a skateboard.

【訳】「私はここにいるよ。黒いパンツをはいて^{❶×}スケートボードを手に持っている^{❷×}」

音声のポイント

🎙❶ and の [d] の音は脱落し「アン」のように発音されている。

🎙❷ skateboard の [t] の音は脱落し「スケイボー d」のように発音されている。

選択肢

① 　　　　② 　　　　③ 　　　　④

❶イラストの相違点から、「スケートボードの位置」と「パンツの色」に注意して聴きましょう。❷ black pants と holding a skateboard が聴き取れれば十分です。❸「黒いパンツ」で「スケートボードを持っているもの」を選べばよいので②が正解です。

B 　第1問Bは問5から問7までの3問です。英語を聞き，それぞれの内容と最もよく合っている絵を，四つの選択肢（①〜④）のうちから一つずつ選びなさい。

問5　□ 5 □

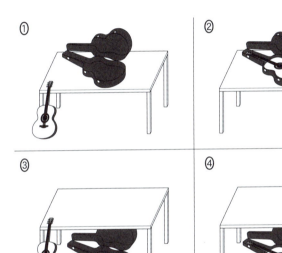

問 6　6

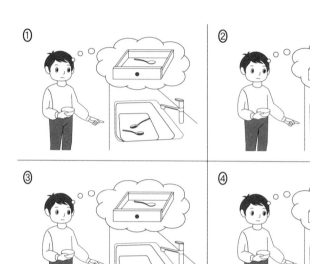

① 　 ② 　 ③ 　 ④

これで第1問Bは終わりです。

問 5 　正解④　問題レベル【易】　配点 3点　　音声スクリプト 🔊 TRACK D06_07

M: The guitar is **inside the case under the table.**

【訳】「ギターは**テーブルの下のケースに入っている**」

選択肢

①  ② ③  ④

❶「聴き取りの型」→❷数量、位置関係の表現に注意→❸条件を満たす選択肢を選ぶ

❶イラストの相違点から、「ギターの位置」に注意して聴きましょう。❷ inside the case と under the table が聴き取れれば十分です。❸「ギターがケースの中にあり、テーブルの下にあるもの」を選べばよいので④が正解です。

問 6 　正解①　問題レベル【普通】　配点 3点　　音声スクリプト 🔊 TRACK D06_08

M: These spoons are dirty, **but** there's **another** in the drawer.

【訳】「これらのスプーンは汚れているけれど、引き出しにもう1本入っている」

音声のポイント

🎤❶ These の [z] の音は飲み込まれ、spoons と連結して「ズィースプーン z」のように発音されている。

🎤❷ but の [t] の音は脱落し「バッ」のように発音されている。

🎤❸ another はアクセントが o の位置にあるため、最初の「ア」の音が聴き取りにくいので注意する。

選択肢

①  ② ③ ④

❶イラストの相違点から「流しにあるスプーンが1本か2本か」、「引き出しにスプーンがあるかないか」に注意して聴きましょう。複数形かどうかは聴き分けが難しいので前後の表現も利用して判断しましょう。❷ spoons の [z] の音が聴き取りにくいですが、These の「ズィー」の音や、後ろに続く are から複数形であると判断しましょう。dirty「汚れている」と言っているので「流しに2本ある」①か②に絞れます。また、another in the drawer から「引き出しにはスプーンがあること」がわかります。❸「流しにスプーンが複数あり、引き出しにスプーンがあるもの」を選べばよいので①が正解です。

問 7　　**正解 ③**　**問題レベル【易】　配点 3点**　　　音声スクリプト 🔊 TRACK D06_09

M: Turn left at the tree and go straight. The apartment building will be on the right.
　　　　❶×　❷　　　　❸×
【訳】「木の所で左折してから直進してください。アパートの建物は右側にあります」

音声のポイント

🎙❶ left の [t] の音は脱落し「レフ」のように発音されている。

🎙❷ at the の at の [t] の音は脱落し「アッザ」のように発音されている。

🎙❸ and の [d] の音は脱落し「アン」のように発音されている。

選択肢

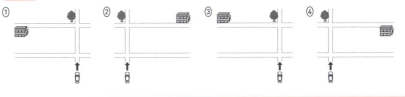

Day
06

　❶イラストから「地図問題」だとわかります。「地図問題」では、目印になりそうな単語を予測しておきましょう。今回は tree「木」が予測できれば十分ですが、traffic light「信号機」を単に light と言って、right と間違えさせる問題が出されることもあるため注意しておきましょう。light と right の聴き分けは難しいため、at the light「信号の所で」のようにフレーズで覚え、前後の表現で判断しましょう。❷ Turn left at the tree が聴き取れれば「木の所で左に曲がる」ことがわかります。また、will be on the right が聴き取れれば「右手にある」ことがわかります。❸「木の所で左に曲がり、建物が右手にあるもの」を選べばよいので③が正解です。

【短い対話：イラスト選択問題】を攻略する「聴き取りの型」

第2問のイラスト問題では、場所を問う問題や、持ち物を問う問題が出題されています。場所を問う問題では、前置詞を使った位置関係の表現を覚えることが効果的な対策になります。

「聴き取りの型」のステップ

① 選択肢のイラストを先読みする

問題の説明が流れている間に選択肢を先読みします。先読みの際は選択肢の相違点に注目しましょう。

② 内容を予想する

イラストからどういった内容の音声になるのか予想します。イラストに描かれているもの、イラストの中で対比されている（相違点がある）物や人物、行動に注意して聴きましょう。

第2問 （配点 16） 音声は2回流れます。

第2問は問8から問11までの4問です。それぞれの問いについて，対話の場面が日本語で書かれています。対話とそれについての問いを聞き，その答えとして最も適切なものを，四つの選択肢（①～④）のうちから一つずつ選びなさい。

問8 部屋の片づけをしています。 | 8 |

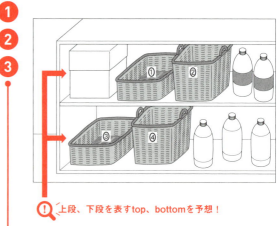

🔍 上段、下段を表すtop、bottomを予想！

内容 第2問は、2人の短い会話（発言は男女2回ずつ）を聴いて、設問に合うイラストを選ぶ問題です。服装を問う問題や場所の説明など、テーマは日常的です。

※第2問では、問8、9、10、11はイラストが複数ある同じパターンなので、以下の図
では問10、11を省略しています。

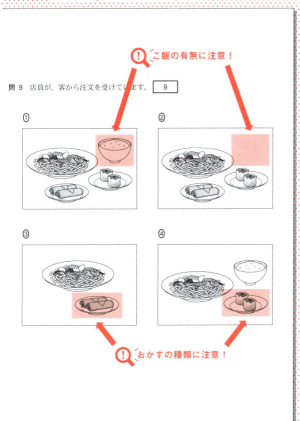

! ご飯の有無に注意！

問9 店員が、客から注文を受けています。 ⬚9

3

選択肢を絞る

音声を聴き、聴き取った内容に相当するイラストを選びます。

! おかずの種類に注意！

では、この「聴き取りの型」を使って、次ページの問題に取り組みましょう！ 👉

第2問 （配点　16）　**音声は2回流れます。**

　　第2問は**問8**から**問11**までの4問です。それぞれの問いについて，対話の場面が日本語で書かれています。対話とそれについての問いを聞き，その答えとして最も適切なものを，四つの選択肢（**①～④**）のうちから一つずつ選びなさい。

問8　部屋の片づけをしています。　| 8 |

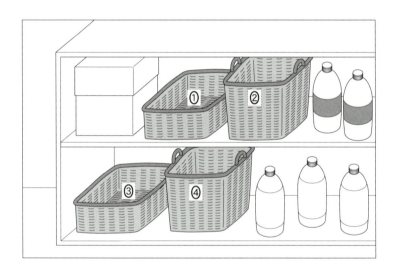

問 9　店員が，客から注文を受けています。　9

①

②

③

④

問10　息子が，母親にシャツの取り扱い表示について尋ねています。　10

①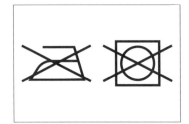

②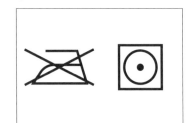

③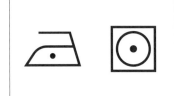

④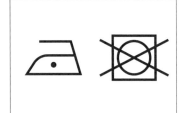

問11　映画館のシートマップを見ながら座席を決めています。 ┃ 11 ┃

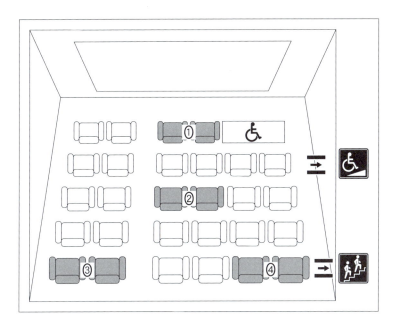

┏━━━━━━━━━━━━━━━━━━━━━━━━━━━━━━━┓
┃　　　　これで第２問は終わりです。　　　　┃
┗━━━━━━━━━━━━━━━━━━━━━━━━━━━━━━━┛

問 8　　正解③　問題レベル【普通】　配点 4点　　音声スクリプト 🔊 TRACK D07_02

W①: Oh, I forgot. Where should these towels go?

M①: In the **basket** on the **bottom** shelf.
❶×

W②: The one **beside the** bottles?
❷

M②: No, the other one.

Question: Where should the woman put the towels?

【訳】女性①：あ、忘れちゃった。このタオルはどこに入れるんだっけ？

　　　男性①：下の棚のカゴの中だよ。

　　　女性②：ボトルの隣にあるやつ？

　　　男性②：違う、もう一つのほう。

　　　質問：女性はタオルをどこに入れるべきか。

音声のポイント

🎤❶ basket の t は脱落し「バスケッ」のように発音されている。

🎤❷ beside the は beside の d の音がやや脱落、後の the と連結し「ビサイザ」のように発音されている。

選択肢

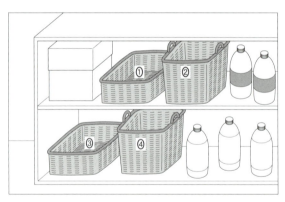

語句 bottom　形 一番下にある

❶イラストを先読み→❷内容を予想する→❸選択肢を絞る

❶イラストから、棚の上下、カゴとボトルの位置関係に注意すればいいことがわかります。❷棚の上下を表す top「上」、bottom「下」という表現が予測できれば理想的です。❸ bottom shelf から下の棚の③④に絞ります。beside the bottles「ボトルの隣」のものかと尋ねられ、No と答えているので③が正解です。

W① : Are you ready to order, sir?

M① : Yes, I'd like the fried noodle set.

W② : **Certainly**. Would you like rice with that?

M② : Well.... It comes with **two side dishes**, so **that's enough.**

Question: What did the man order?

【訳】 **女性①** ：ご注文はお決まりでしょうか、お客様。

　　　男性① ：はい、焼きそばセットをお願いします。

　　　女性② ：かしこまりました。ご飯はお付けしますか。

　　　男性② ：うーん……。副菜が2つ付いているから、それで十分です。

　　　質問 ：男性は何を注文したか。

音声のポイント

🎙❶ certainly は「サーテインリー」ではなく「サートゥンリー」[sə́:tnli] のように発音されるので注意。

🎙❷ with that は脱落により「ウィッザッ」のように発音されている。

選択肢

① ② ③ ④

語句 order 　自 注文する 　　come with 〜 熟 （商品に）〜が付いている

　　　 fried noodle (s) 名 焼きそば 　side dish 名 副菜

❶ イラストからご飯の有無、副菜の数に注意すればいいことがわかります。 ❷ rice や noodle が予測できれば十分です。 ❸ Would you like rice with that? と尋ねられ、最終的に that's enough「それで十分」と言っていることからご飯は不要とわかり、②③に絞れます。また two side dishes から副菜が2つ付くものを選べばいいので②が正解です。

M① : Can I put this shirt in the dryer?

W① : No, look at the square symbol. It's crossed out.
❶ ❷ ×

M② : Do I have to iron it?
❸ ❹ ×

W② : Well, this symbol shows that you can.
❺ ❻

Question: Which picture shows what they are looking at?

【訳】男性① ：このシャツを乾燥機に入れてもいい？

　　　女性① ：いいえ、その正方形の記号を見て。バツ印が付いてる。

　　　男性② ：アイロンをかけなきゃだめかな？

　　　女性② ：まあ、この記号は、かけてもいいって示してるわね。

　　　質問：彼らが見ているものを示しているのはどの絵か。

【音声のポイント】

🎤❶ look at the は連結・脱落により「ルッカッザ」のように発音されている。

🎤❷ crossed は「クロスド」ではなく「クロ st」。out と連結し、out の t は脱落するので「クロ s タウ」のように発音されている。

🎤❸ to は弱形で短く発音されている。

🎤❹ iron は「アイロン」ではなく「アイアン」[áɪən]。『アイアンマン』が有名ですね。

🎤❺ that と you は連結・変化により「ザッチュー」のように発音されている。

🎤❻ can は助動詞なので弱形で「ク n」のように発音されることが多いが、文末では普通に「キャン」と発音される。

【選択肢】

① ② ③ ④

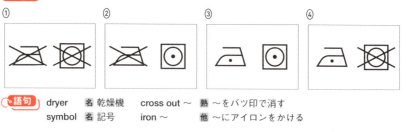

【語句】　dryer　名 乾燥機　　cross out ~　熟 ~をバツ印で消す
　　　　symbol　名 記号　　iron ~　他 ~にアイロンをかける

❶イラストから衣服のラベルの話であると考えましょう。アイロンはわかりますが、右の記号は判断しにくいでしょう。❷アイロンは「アイアン」という発音まで含めて予測しましょう。❸音声の dryer「乾燥機」がわかれば判断しやすくなりますが、square symbol「正方形の記号」と言っているのでわからなくても問題ありません。It's crossed out. から正方形に×印が付いた①④に絞れます。Do I have to iron it? と尋ねられ、you can と答えているのでアイロンに×がついていない④が正解です。

問11 正解 ③ 問題レベル【易】 配点 4点

W①: I'd rather **not** sit near the exit.
M①: But **not** too near the screen, either.
W②: **Isn't** the sound better **at the** back?
M②: Do you think so? Let's sit there, then.
Question: Which seats will the speakers choose?

【訳】女性①：出口の近くにはあまり座りたくない。
　　　男性①：だけどスクリーンに近過ぎるのも嫌だね。
　　　女性②：後ろのほうが音はいいんじゃない？
　　　男性②：そう思う？　じゃあ、そこに座ろう。
　　　質問：話者たちはどの座席を選ぶか。

音声のポイント

❶ not の t は脱落し「ナッ」のように発音されている。

❷ isn't の t は脱落し「イズ n」のように発音されている。

❸ at the は連結し「アッザ」のように発音されている。

選択肢

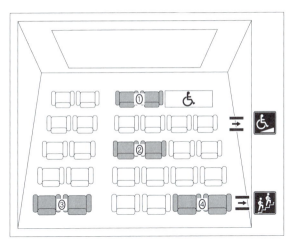

語句 would rather not (V) 熟（むしろ）Vしたくない　　exit 名 出口

❶ イラストから映画館での座席の話だとわかります。❷ exit「出口」や screen「スクリーン」、「位置関係」を表す表現を予測しておきましょう。❸ I'd rather not sit near the exit. から「出口の近く」である④は不正解。not too near the screen から「スクリーンの近く」である①も不正解。Isn't the sound better at the back? に対して、Let's sit there, then. と答えているので「後ろの席」の③が正解です。Isn't the sound better at the back?「後ろのほうが音はいいんじゃない？」は否定疑問文になっていますが、これは「肯定の答えを予期しての確認」という意味のもので、返答は普通の疑問文と同じなので混乱しないようにしましょう。

Day 07

第2問 （配点 16） **音声は2回流れます。**

　　第2問は**問8**から**問11**までの4問です。それぞれの問いについて，対話の場面が日本語で書かれています。対話とそれについての問いを聞き，その答えとして最も適切なものを，四つの選択肢（①～④）のうちから一つずつ選びなさい。

　　問8　電話で，落とし物の問い合わせをしています。　　8

①　　　　　　　②　　　　　　　③　　　　　　　④

問 9　どのスピーカーを買うか話をしています。　9

①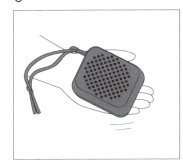

②

③

④

Day
07

問10　弟が，出かけようとしている姉に話しかけています。 ‎10‎

問11 友人同士が，車を停めたところについて話しています。 11

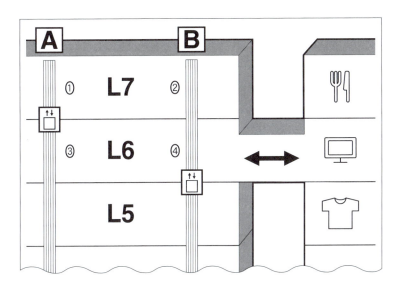

これで第2問は終わりです。

問 8　正解 ④　問題レベル【普通】　配点 4点　音声スクリプト 🔊 TRACK D07_08

W①: Well, the **glove** I lost is white.

M①: Can you describe it more?

W②: There's a heart, oh... no, three of them, and a button.

M②: It's here. Please come and get it.

Question: Which one is her lost glove?

【訳】女性①：ええと、私のなくした手袋は白です。

　　　男性①：もう少し説明してもらえますか。

　　　女性②：ハートが1つ、あ……いえ、3つと、ボタンが1つ付いています。

　　　男性②：こちらにあります。どうぞ取りに来てください。

　　　質問：女性がなくした手袋はどれか。

【音声のポイント】

❶ glove は「グローブ」ではなく「グラ v」[glʌ́v]。

❷ and a は連結し「アンダ」のように発音されている。

❸ button は t が飲み込まれ「バ (t) ン」のように発音されるので注意する。

【選択肢】

① 　② 　③ 　④

【語句】 glove 名 手袋　　describe ～ 他 ～を説明する

❶イラストを先読み→❷内容を予想する→❸選択肢を絞る

❶イラストの相違点から、「ハートの数」、「ボタンの有無」が問われることがわかります。❷ heart「ハート」、button「ボタン」が使われることを予測し、その前後の表現に気を付けて聴きましょう。❸ There's a heart, oh... no, three of them, and a button. からハートは3つ、ボタンは1つ付いていることがわかるので、④が正解です。a heart「ハートが1つ」と言った後、すぐに no で否定し、three of them で3つと言い直しています。今回は three が聴き取れれば正解が選べますが、このように発言を訂正するパターンはよく出題されます。

M①: Will you just use it in your room?

W①: No, sometimes I'll take it outside.

M②: So, how about this square one?

W②: Cool. And it tells the time, too.

Question: Which one will the woman buy?

【訳】 男性①：お部屋の中だけで使われるのですか。

　　　女性①：いいえ、時には外に持って行きます。

　　　男性②：では、こちらの四角いのはどうですか。

　　　女性②：いいですね。それに時刻も表示するんですね。

　　　質問：女性が買うのはどれか。

音声のポイント

🔊❶ And it tells は連結・脱落により「アンディッテ lz」のように発音されている。

選択肢

① ② ③ ④

語句 outside　副 屋外に　　tell the time　熟 時刻を表示する
　　　　square　形 四角い

❶イラストから、スピーカーの種類が問われることがわかります。形状や持ち運び可能なものか、時刻表示があるかといった相違点があります。❷「形」、「持ち運び可能かどうか」を表す表現、time などを予測しましょう。❸ I'll take it outside.「外に持って行きます」が聴き取れれば持ち運び可能な①②④に絞れます。how about this square one?「こちらの四角いのはどうですか」と尋ねられ、Cool.「いいですね」と答えているので四角い①②のどちらかになります。さらに it tells the time「時刻を表示する」から、時刻表示もある②が正解です。

M①: Nice coat.

W①: Thanks. It's new and goes well with these boots.

M②: But it's so warm today.

W②: OK, I'll wear these instead. But I'll keep this on. Bye.

Question: How is the sister dressed when she goes out?

【訳】男性①：いいコートだね。

女性①：ありがとう。新しいし、このブーツとよく合うの。

男性②：でも今日はとても暖かいよ。

女性②：そうね、代わりにこっちを履くわ。でもこれは着たままにする。行ってきます。

質問：姉は出掛ける際にどんな服装をしているか。

音声のポイント

！❶ dressed の t の音は口の形だけ残し「ドレ s(t)」のようにかなり弱く発音されている。

選択肢

① ② ③ ④

語句 go (well) with ~ 熟 ~と（よく）合う　keep ~ on 熟 ~を身に着け続ける
instead 副 代わりに

❶イラストの相違点から、「ブーツの有無」、「コートの有無」が問われることがわかります。❷コートなどの季節物の衣服がある場合は「気温」に関する話が出ることを予測しましょう。❸まず Nice coat.「いいコートだね」と言われて、女性は Thanks. と答えています。そして It's new and goes well with these boots.「このブーツとよく合うの」と言っていることから、「今コートを着ていて、ブーツを履いている」ことがわかります。次に男性の But it's so warm today.「でも今日はとても暖かいよ」に対し、OK, I'll wear these instead. と答えます。この these（複数形）は③④のイラストのハイヒールを表していると考えられるので「ブーツを脱ぎ、代わりにハイヒールを履く」ことがわかります。wear は「身に着けるもの全般」に使えることに注意しておきましょう。服だけでなく、靴、香水、メガネ、帽子、指輪、口紅、シートベルトなどにも使えます。続いて I'll keep this on. と言い、this（単数形）はコートを表しているので「コートは着たままでいる」ことがわかります。よってハイヒールを履き、コートを着ている③が正解です。

M①: Didn't we park the car on Level 6?

W①: Not 7? No! You're right.

M②: It was next to Elevator A.

W②: Yeah, we walked directly across the bridge into the store.

Question: Where did they park their car?

【訳】男性①：車は 6 階にとめたんじゃなかった？

女性①：7 階じゃなくて？　違った！　あなたの言うとおりだわ。

男性②：エレベーター A の隣だったよ。

女性②：そう、連絡通路を渡ってお店に直接歩いて入ったわ。

質問：彼らが車をとめたのはどこか。

音声のポイント

🎙❶ on は弱形で弱く短く発音されている。

🎙❷ walked の k と t の音は口の形だけ残し「ウォ (k)(t)」のように弱く発音されている。

🎙❸ directly の t は脱落し「ダイレ k(t) リ」[daɪrékli] のように発音されている。

選択肢

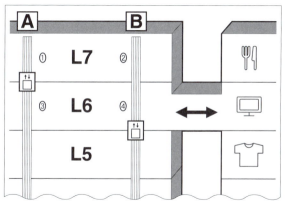

語句　park 〜　他 〜を駐車する　　bridge　名 連絡通路（skybridge、flying bridge などを略
level　名 階　　　　　　　　　　　　　　　している）

❶イラストから、「エレベーター」や「階数」の話が出ることがわかります。❷ bridge「連絡通路」は難しかったかもしれませんが、今後は予測できるようにしましょう。ここでは出てきませんが food court「フードコート」、appliance「家電」も予測できます。❸ Didn't we park the car on Level 6?「車は 6 階にとめたんじゃなかった？」と尋ね、Not 7? No! You're right.「7 階じゃなくて？　違った！　あなたの言うとおりだわ」と答えているので、車をとめたのは 6 階だとわかります。駐車場などの階数は floor ではなく level で表されることもあるので覚えておきましょう。続いて It was next to Elevator A.「エレベーター A の隣だったよ」から、エレベーター A の隣だとわかるので、③が正解です。next to 〜「〜の隣」は頻出なので注意しておきましょう。

【短い対話:イラスト選択問題】を攻略する「識別の型」

今日はイラスト問題の「識別の型」を身に付けましょう。「ゴミの分別」を問う問題では消去法で答える必要があります。また、音声の最後まで聴かないと質問がわからないため、1回目の最後で質問を確認し、2回目に質問を意識しながら聴く練習をしましょう。

「識別の型」のステップ

❶ 「聴き取りの型」を使う

Day 07で解説した「聴き取りの型」を使って取り組みます。

❷ 「識別」する

音声を聴くのと同時に選択肢を絞っていきます。

第2問 (配点 16) 音声は2回流れます。

　第2問は問8から問11までの4問です。それぞれの問いについて、対話の場面が日本語で書かれています。対話とそれについての問いを聞き、その答えとして最も適切なものを、四つの選択肢 (①~④) のうちから一つずつ選びなさい。

問8　バーチャルイベントで、友人同士のプロフィール画像 (avatar) を当てあっています。　8

①

②
❗メガネがない!

③
❗飲み物がない!

④

内容 Day 07と同様のイラスト問題です。「日常生活で使われる語彙」や「発言の意図を読み取る力」が要求されます。比較的易しめの問題が多いですが、一部表現の使い方を知らないと解きにくい問題が出題されています。今回出てくる表現や、解説で紹介する表現を確実に覚えて本番に備えましょう。

※第2問では、問8、9、10、11はイラストが複数ある同じパターンなので、以下の図では問10、11を省略しています。

問9 ホームパーティーの後で、ゴミの分別をしています。 ▢9

paper、plastic など素材の単語を予測！

では、「聴き取りの型」を活かしつつ、「識別の型」を使って、次ページの問題に取り組みましょう！

第2問 (配点 16) **音声は2回流れます。**

　第2問は問8から問11までの4問です。それぞれの問いについて，対話の場面が日本語で書かれています。対話とそれについての問いを聞き，その答えとして最も適切なものを，四つの選択肢 (①~④) のうちから一つずつ選びなさい。

問8　バーチャルイベントで，友人同士のプロフィール画像 (avatar) を当てあっています。　 8

①

②

③

④

問 9　ホームパーティーの後で，ゴミの分別をしています。　9

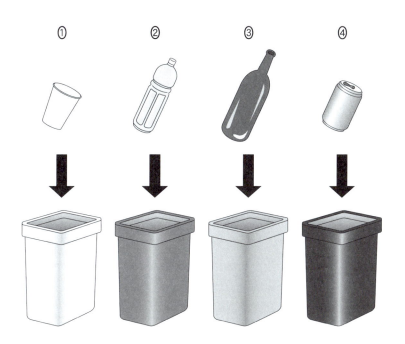

問10　靴屋で，店員と客が会話をしています。　10

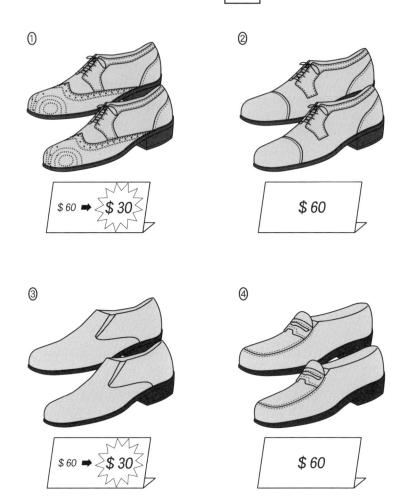

問11 友人同士が，野球場の案内図を見ながら，待ち合わせ場所を決めています。

11

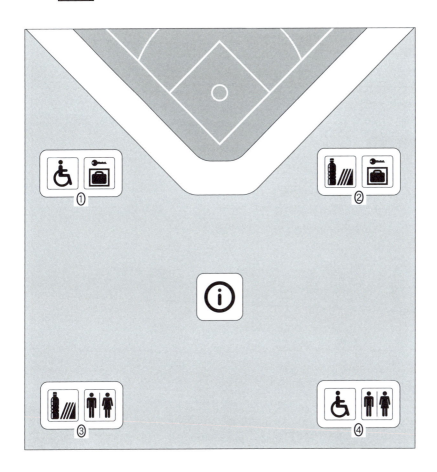

これで第2問は終わりです。

問 8 　正解 ④ 　問題レベル【普通】 配点 4点 　　音声スクリプト 🔊 TRACK D08_02

M①: This avatar **with the** glasses **must** be you!
　　　　　　　❶　　　　　　　　❷✕

W①: Why, because I'm holding my favorite drink?

M②: Of course! And **you** always have your computer with you.
　　　　　　❸✕

W②: You're **right**!
　　　　❹✕

Question: Which avatar is the woman's?

【訳】男性①：このメガネをかけたアバターがきっと君だね！

　　　女性①：なぜ？　私がお気に入りのドリンクを持っているから？

　　　男性②：もちろんさ！　それに君はいつもコンピューターを持ち歩いているし。

　　　女性②：そのとおり！

　　　質問：どのアバターが女性のものか。

音声のポイント

⚠❶ with the は with が弱形で「ウィ」と発音され、連結して「ウィッザ」のように発音されている。

⚠❷ must の [t] は脱落し「マス」のように発音されている。

⚠❸ And you は and の [d] が脱落し、連結して「アンニュ」のように発音されている。

⚠❹ right の [t] は脱落し「ライ」のように発音されている。

選択肢

① 　② 　③ 　④

❶聴き取りの型→❷識別する

❶イラストの相違点から「メガネの有無」、「髪型」、「服の色」、「持ち物の違い」に注意して聴きましょう。glasses「メガネ」、laptop「ノートパソコン」などの単語を予測しておきましょう。**❷** glasses を含む発言に対し、Why「なぜ？」と答えています。because 以下も特にメガネをかけていることを否定していないので、メガネをかけていない②は不正解です。また、because I'm **holding my favorite drink?** という問いに対して **Of course!** と答えていることから、飲み物を持っていない③は不正解です。さらに、you always **have your computer with you** に対して **You're right!** と言っているので、コンピューターを持っている④が正解となります。

M①: Plastic bottles go in here, and paper cups here.

W①: How about this, then? Should I **put this** in here?

M②: No, **that one is** for glass. **Put it** over here.

W②: OK.

Question: Which item is the woman holding?

【訳】男性①：ペットボトルはここに入って、紙コップはここだよ。

　　　女性①：じゃあ、これはどうなの？ これはここに入れればいいの？

　　　男性②：いや、それはガラスを入れる所だ。それはこっちに入れて。

　　　女性②：わかった。

　　　質問：女性が持っている物はどれか。

音声のポイント

❶ put this の put の [t] の音は脱落し「プッディ s」のように発音されている。

❷ that one is の that の [t] は脱落し、one の [n] と is の [i] が連結し「ザッワニ z」のように発音されている。

❸ Put it は連結し「プティ t」のように発音されている。

選択肢

語句 plastic bottle 名 ペットボトル　item 名 品、物

❶ イラストから「ゴミの種類」に注意して聴きましょう。paper cup「紙コップ」、plastic bottle「ペットボトル」、glass bottle「ガラス瓶」、can「缶」などを予測しましょう。❷ この問題は 1 回目の音声では、何が問われるのか予測するのが難しいので、質問の Which item is the woman holding? を聴いた後の 2 回目で解答できれば OK です。まず Plastic bottles go in here, and paper cups here. に対して女性が How about **this** と尋ねていることから、this は女性が持っているゴミを指し、ペットボトルでも紙コップでもないことがわかります。そのため①と②は不正解です。次に女性の Shoud I put this in here? という問いに対し、No, that one is for glass. と答えています。つまり女性が持っているのはガラスでもありません。よって③が不正解となるので、残った④が正解です。

W①: How about this pair?

M①: No, tying shoelaces takes too much time.

W②: Well, this other style is popular. These are 50% off, too.
　　　　　　　　　　　　　　　　　　　　　　　　❶

M②: Nice! I'll take them.

Question: Which pair of shoes will the man buy?

【訳】 **女性①**：こちらはいかがですか？

　　　男性①：いや、靴ひもを結ぶのは時間がかかり過ぎるから。

　　　女性②：でしたら、こちらの別のスタイルは人気ですよ。しかも50%引きですし。

　　　男性②：いいですね！　それをもらいます。

　　　質問：男性はどの靴を買うか。

音声のポイント

⚠️❶ % (percent) off は percent の [t] が脱落し、off と連結し「パーセンノf」のように発音されている

選択肢

①　②　③　④

語句 tie 〜 他 〜を結ぶ（tyingは動名詞）　shoelace 名 靴ひも

❶イラストから「靴ひもの有無」「装飾の有無」「セール価格かどうか」に注意して聴きましょう。セール価格については 〜 off「〜引き」や half price「半額」を予測しましょう。❷ tying shoelaces takes too much time から、男性は靴ひもがないものがいいと考えていることがわかります。よって①と②は不正解。女性の These are **50% off** に対し、Nice! I'll take them. と答えていることから、男性は50%引きになっているものを選ぶとわかります。よって③が正解です。

W①: Where **shall** we meet?
　　　　　❶
M①: Well, I **want to** get some food before the game.
　　　　　　❷ ×
W②: And I **need to** use a locker.
　　　　　❸×
M②: Then, let's meet there.
Question: Where will they **meet up** before the game?
　　　　　　　　　　　❹ ×

【訳】女性①：どこで会おうか？
　　　男性①：うーん、僕は試合前に食べ物を買いたいな。
　　　女性②：それに私はロッカーを使う必要がある。
　　　男性②：じゃあ、そこで落ち合おう。
　　　質問：彼らは試合前にどこで落ち合うか。

音声のポイント

🎤❶ shall は「シャゥ」のように発音され、[l] の音は「ゥ」のように聞こえる。

🎤❷ want to は want の [t] が脱落し「ウォントゥ」のように発音されている。

🎤❸ need to は need の [d] が脱落し「ニートゥ」のように発音されている。

🎤❹ meet up は meet の [t] が [d] に変化し、up と連結して「ミーダッ p」のように発音
されている。

選択肢

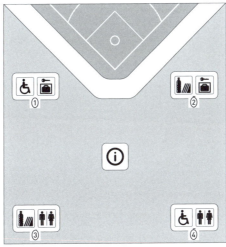

語句 meet up 熟 会う、落ち合う

❶イラストから wheelchair「車椅子」、locker「ロッカー」、food「食べ物」、drink「飲み物」、bathroom / toilet「トイレ」などを予測しておきましょう。❷ I want to **get some food** から、「食べ物」のイラストがある②と③に絞ります。food の [d] が脱落しているためやや聴き取りにくいですが、イラストから予測しておくことで聴き逃しにくくなります。I need to **use a locker** から、②と③のうち、「ロッカー」のイラストがある②が正解です。

Day
08

第2問 (配点 16) **音声は2回流れます。**

　第2問は問8から問11までの4問です。それぞれの問いについて，対話の場面が日本語で書かれています。対話とそれについての問いを聞き，その答えとして最も適切なものを，四つの選択肢（①～④）のうちから一つずつ選びなさい。

問8　教科書を見ながら，ゲンジボタルの成長について話をしています。　8

問 9　来週の文化祭で販売するエコバッグのデザインについて話し合っています。

9

①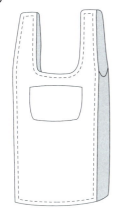

②

③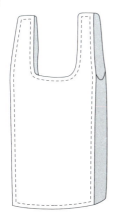

④

問10 キャンプ場に着いた妹が，携帯電話で兄と話をしています。 10

①

②

③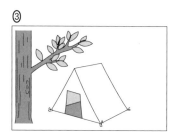

④

問11 フェリー乗り場で，今日の観光の予定を決めています。 | 11 |

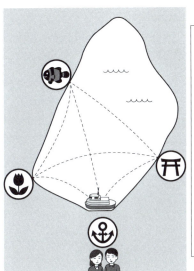

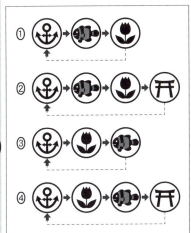

これで第 2 問は終わりです。

問 **8**　正解 ③　問題レベル【普通】　配点 4点　　音声スクリプト 🔊 TRACK D08_08

W①: Fireflies hatch from eggs. And in the next stage, they live underwater.

M②: I know that. But then, they continue developing underground?

W①: Yes. Didn't you know that?

M②: No. Aren't fireflies amazing?

Question: Which stage has the man just learned about?

女性①：ホタルは卵から孵化（ふか）する。そして次の段階では、水中で生活をするの。

男性②：それは知ってる。でもそれから、地中で成長し続けるの？

女性①：そうよ。知らなかったの？

男性②：知らなかった。ホタルってすごいよね。

質問：男性がたった今知ったのはどの段階か。

音声のポイント

🔊❶ Didn't you は [t] の音が変化し、you と連結して「ディドゥンチュー」のように発音されている。

選択肢

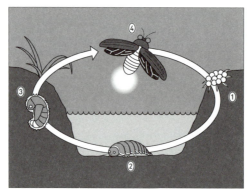

語句　firefly　名 ホタル　　stage　名 段階
　　　　hatch　自 孵化する　　develop　自 成長する

❶聴き取りの型 → ❷識別する

❶イラストと問題文から「ホタルの成長の段階」を選ぶ問題とわかりますが、単語を予測するのは難しいです。こういった場合は1回目の音声で質問を確認した後、2回目で質問を意識して聴くようにすればOKです。質問は Which stage has the man just learned about?「男性がたった今知ったのはどの段階か」なので、男性が「知らなかった」と反応した段階が正解になります。❷女性の they live underwater という発言には、男性は I know that. と答えています。その後男性は教科書を見て、But then, they continue developing underground? と尋ねます。その質問に女性は、Yes. Didn't you know that? と応じ、男性は No. と答えています。否定疑問で尋ねているので少しわかりにくくなりますが、No と答えた場合は I didn't know that. の意味になり、「知らなかった」ことになります。よって、男性がたった今知った

のは continue developing underground「地中で成長し続ける」という段階なので、その様子を表す③が正解です。

問 9　**正解①**　問題レベル【普通】　配点 4点　　音声スクリプト 🔊 TRACK **D08_09**

M①: We need to make twenty eco-friendly bags, so a simple design is best.
W①: Is a pocket necessary?
M②: **Definitely**, but we don't have enough time to add buttons.
W②: So, this design!
Question: Which eco-friendly bag will they make?

男性①：エコバッグを 20 枚作る必要があるから、シンプルなデザインが一番だな。
女性①：ポケットは必要？
男性②：絶対に必要だけど、ボタンを付けている時間はない。
女性②：じゃあ、このデザインね！
質問：彼らが作るのはどのエコバッグか。

音声のポイント

🎙️❶ Definitely は [t] の音が詰まったような音になり「デフィニッリー」のように発音されている。

選択肢

① ② ③ ④

語句　eco-friendly bag 名 環境に優しいバッグ、　definitely 副 絶対に、間違いなく
エコバッグ

---

❶ イラストから「ポケットの有無」、「ボタンの有無」に注意して聴きましょう。❷ 女性の Is a pocket necessary? という質問に対し、男性は Definitely と答えています。definitely はこのように質問に対する答えとして使うと「絶対にそうだ（必要だ）」という肯定の意味になります。否定の場合は Definitely not. となります。Of course. や Certainly. も同じように使われるので覚えておきましょう。ポケットが付いたものが正解となるので①と②に絞れます。次に、we don't have enough time to add buttons という発言に対し、女性は So, this design! と答えています。「ボタンを付ける時間がないこと」を否定してはいないので、①と②のうち、ボタンが付いていない①が正解です。

問 10 　正解 ② 　問題レベル【易】 　配点 4点 　　　音声スクリプト 🔊 TRACK **D08_10**

W①: I'm here. Wow, there are so many different tents. **Which one's yours?**

M①: **Mine's round. Can't you** see it?
　　　　　　　　　　　　　　❶

W②: No. Where is it?

M②: **It's between the trees.**

Question: Which one is the brother's tent?

【訳】 女性①：着いたよ。わあ、いろいろなテントがすごくたくさんある。お兄ちゃんの
　　　　　　はどれ？

　　　男性①：僕のは丸いよ。わからないの？

　　　女性②：わからないわ。どこにあるの？

　　　男性②：木と木の間にあるよ。

　　　質問：兄のテントはどれか。

音声のポイント

🎤❶ Can't you は [t] の音が変化し、you と連結し「キャンチュー」のように発音されて
いる。

選択肢

① 　② 　③ 　④

　❶イラストから、「テントの形」、「木の本数」に注意して聴きましょう。❷ Which one's
yours? と尋ねられ、Mine's round. と答えていることから、丸いテントの①か②に絞ります。
次に男性の発言の It's between the trees. から、①と②のうち、木と木の間にテントがある
②が正解です。

M①: We can take the ferry to the garden, then the aquarium.

W①: I want to visit the shrine, too.

M②: But, don't forget, dinner is at six.

W②: OK. Let's go there tomorrow.

Question: Which route will they take today?

【訳】男性①：僕たち、フェリーに乗って庭園と、それから水族館に行けるよ。

　　　女性①：神社にも行きたいな。

　　　男性②：でも、夕食は6時だよ、忘れないでね。

　　　女性②：わかった。そこには明日行きましょう。

　　　質問：彼らは今日、どのルートを使うか。

選択肢

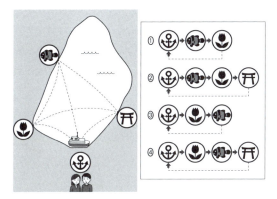

語句　aquarium 名 水族館　shrine 名 神社

❶イラストから、「どの順番で進むか」が問われると考えましょう。特に「花」と「魚」のどちらが先か、「神社」に行くかどうかに注意して聴きましょう。❷We can take the ferry to the garden, then the aquarium. から「フェリー」の次は「庭」、そして「水族館」に行くことがわかります。つまり「花」→「魚」の順になっている③と④に絞れます。次に、女性がI want to visit the shrine, too. と言っているので、「神社」に行く④を選びたくなりますが、男性は But, don't forget, dinner is at six. と言い、「夕食に間に合わなくなるから行けない」ことを伝えています。女性は OK. Let's go there tomorrow. と納得しているので、今日は神社には行かないと判断します。よって③が正解です。順番を問う問題での、こういった引っかけのパターンは頻出なので警戒しておきましょう。

【短い対話：応答問題】を攻略する「聴き取りの型」

DAY 09

第2問とほぼ同じアプローチになりますが、1回しか音声が流れないため、より先読みが重要となります。「どこまで先読みすればいいのか」といった先読みの際の注意点や、定番のシチュエーションを今日で確実にマスターしましょう。

「聴き取りの型」のステップ

❶ 場面と問いを先読みする

場面説明と問いを必ず読みましょう。第3問から音声が1回のみになるので、選択肢の先読みは余裕があればでOKです。

❷ 設問の答えを探しながら音声を聴く

会話の内容を予想する必要はないので、問いで問われていることに集中しましょう。

❸ 選択肢を絞る

音声を聴き、聴き取った内容に相当する選択肢を選びます。

第3問 （配点 18）　**音声は1回流れます。**

第3問は問12から問17までの6問です。それぞれの問いについて，対話の場面が日本語で書かれています。対話を聞き，問いの答えとして最も適切なものを，四つの選択肢（①～④）のうちから一つずつ選びなさい。（問いの英文は書かれています。）

> **❗ 場面と問いは絶対に見る！**

❶ ❷ ❸ 問12 学校で，友人同士が話をしています。

What is the boy likely to do?　12

① Hurry to the train station
② Stay at school with the girl
③ Tell the girl to wait for him
④ Wait for the rain to stop

問13 病院の受付で，男性が次回の予約を取っています。

On which date will the man go to the doctor?　13

> **❗ あいまいな問いは選択肢を先読み！**

① March 1st
② March 2nd
③ March 3rd
④ March 4th

問14 男性が女性と話をしています。

What is **the man likely to do?**　14

① Buy a shoulder bag with his sister
② Choose a birthday gift for his aunt
③ Find a store with his mother
④ Get a handbag for his mother

第3問は、2人の短い会話を聴いて、話の要点を把握し、設問に合う選択肢を選ぶ問題です。今日扱う共通テストの問題では、第2問よりも英文の難易度が上がっています。第3問からは1回しか音声が流れません。2回聴いて解くことに慣れていると、最初に聴く時の集中力が落ちてしまうので、どの問題でも最初の1回で答えを出す練習はしておきましょう。

問15 観光案内所で，観光客が質問をしています。

Why is the **woman disappointed?** 　15

① American art is not on display.
② Asian art is not exhibited today.
③ The museum is now closed permanently.
④ The website is temporarily not working.

問16 コンピューターの前で，生徒同士が話をしています。

Why is the boy having a problem? 　16

① He didn't enter a username.
② He didn't use the right password.
③ He forgot his password.
④ He mistyped his username.

問17 女性が男性と話をしています。

What does **the man think about the concert?** 　17

① It should have lasted longer.
② It was as long as he expected.
③ The performance was rather poor.
④ The price could have been higher.

これで第3問は終わりです。

では、この「聴き取りの型」を使って、次ページの問題に取り組みましょう！ 👉

第3問 (配点 18) **音声は1回流れます。**

　第3問は**問12**から**問17**までの6問です。それぞれの問いについて，対話の場面が日本語で書かれています。対話を聞き，問いの答えとして最も適切なものを，四つの選択肢(①〜④)のうちから一つずつ選びなさい。(問いの英文は書かれています。)

問12　学校で，友人同士が話をしています。

　What is the boy likely to do?　[12]

① Hurry to the train station
② Stay at school with the girl
③ Tell the girl to wait for him
④ Wait for the rain to stop

問13　病院の受付で，男性が次回の予約を取っています。

　On which date will the man go to the doctor?　[13]

① March 1st
② March 2nd
③ March 3rd
④ March 4th

問14　男性が女性と話をしています。

　What is the man likely to do?　[14]

① Buy a shoulder bag with his sister
② Choose a birthday gift for his aunt
③ Find a store with his mother
④ Get a handbag for his mother

問15　観光案内所で，観光客が質問をしています。

Why is the woman disappointed?　15

① American art is not on display.
② Asian art is not exhibited today.
③ The museum is now closed permanently.
④ The website is temporarily not working.

問16　コンピューターの前で，生徒同士が話をしています。

Day
09

Why is the boy having a problem?　16

① He didn't enter a username.
② He didn't use the right password.
③ He forgot his password.
④ He mistyped his username.

問17　女性が男性と話をしています。

What does the man think about the concert?　17

① It should have lasted longer.
② It was as long as he expected.
③ The performance was rather poor.
④ The price could have been higher.

これで第３問は終わりです。

問12　正解① 　問題レベル【易】　配点 3点　　音声スクリプト 🔊 TRACK D09_02

W①: It's **just about** to rain.
　　　　　　❶　　　　×

M①: Then **I'm leaving right now**, so I **won't get wet**.
　　　　　　　　×　　　　　　❷ ×　　×

W②: You can't get to the train station before it starts raining.
　　　　　　　　　　　　　　　　×

M②: I think I can.
　　　　　　×

W③: Well, the rain won't last long anyway. I'm waiting here.

M③: Once it starts, I **don't** think **it'll** stop that soon.
　　　　　　　×　　　　　❸×　　　❹

【訳】女性①：雨が今にも降りそう。

　　　男性①：じゃあ、僕は今すぐ出発するよ、ぬれずに済むように。

　　　女性②：雨が降り出す前に電車の駅には着けないよ。

　　　男性②：着けると思うよ。

　　　女性③：まあ、どっちにしても雨は長く続かないでしょ。私はここで待つことにする。

　　　男性③：いったん降り出したら、そんなにすぐにはやまないと思うよ。

音声のポイント

🎤❶ just about は脱落・連結・弱形により「ジャスタバウ t」のように発音されている。

🎤❷ won't get wet は脱落により「ウォンゲッツウェット t」のように発音されている。

🎤❸ don't の [t] は脱落し「ドン」のように発音されている。

🎤❹ it'll は「イ t ゥ」のように発音されている。

問いと選択肢

What is the boy likely to do? 「少年はどうする可能性が高いか」

① Hurry to the train station 「急いで電車の駅まで行く」

② Stay at school with the girl 「少女と一緒に学校に残る」

③ Tell the girl to wait for him 「少女に自分のことを待つように言う」

④ Wait for the rain to stop 「雨がやむのを待つ」

🔊 語句　be (just) about to (V) 熟 （まさに）V するところだ　　last long 熟 長く続く

❶場面と問いを先読み→❷問いの答えを探しながら音声を聴く→❸選択肢を絞る

　❶問いは少年のこれからの行動について。選択肢には少女や雨の話があります。❷少年のこれからの行動に注意して聴くと I'm leaving right now とあり、少年は今すぐ出発しようとしていることがわかります。❸最後まで聴いても予定に変更はないため、急いで駅に行く①が正解です。the rain won't last long anyway の last は「続く」で、少女は「雨が降ったとしてもすぐにやむ」と思っています。それに対し、少年は Once it starts, I don't think it'll stop that soon.「いったん雨が降り出せば、そんなにすぐにはやまないと思う」と言っています。once SV は「いったん SV すると」、that は副詞で「そんなに」という意味です。

M①: The doctor says I **need to** come back in two weeks.
　　　　　　　　　　　　　❶×

W①: The first available appointment is March **2nd** at 5. How's that?
　　　　　　　　　　　　　　　　　　　　❷×

M②: I'm afraid that's no good. How about the next day?

W②: There are openings at 11:30 and 4. Which is better?

M③: Hmm, I guess I'll come in the morning.

【訳】男性①：先生に、2週間後にまた来るようにと言われました。

　　　女性①：一番早く入れられる予約日時は3月2日の5時です。いかがですか。

　　　男性②：残念ながらだめなんです。翌日はどうでしょうか。

　　　女性②：11時30分と4時に空きがあります。どちらがいいですか。

　　　男性③：うーん、午前中に来ようと思います。

🔊 **音声のポイント**

🔊❶ need to は脱落・弱形により「ニー t」のように発音されている。

🔊❷ 2nd は [d] が脱落し「セカン」のように発音されている。

問いと選択肢

On which date will the man go to the doctor? 「男性が医者に行くのはどの日か」

① March 1st 「3月1日」

② March 2nd 「3月2日」

③ March 3rd 「3月3日」

④ March 4th 「3月4日」

🔊 **語句** available　形 利用できる　opening 名 空き

　　　　　 appointment 名 予約

❶問いは男性が医者に行く日付について。選択肢は全て日付になっていますが、直接的に表現されない可能性も考えておきましょう。❷日付に注意して聴くと、女性が March 2nd はどうか尋ねています。その後男性は I'm afraid that's no good. と答えているので②は不正解です。I'm afraid SV は「残念ながら SV」。続けて男性が How about the next day?「翌日はどうでしょうか」と尋ね、女性は There are openings「空きがある」と答えています。❸つまり2nd の翌日にあたる③が正解です。

問14 正解 ④　問題レベル【普通】　配点 3点　　　音声スクリプト 🔊 TRACK **D09_04**

M①: That's a nice **handbag**! Where did you **get it**?
　　　　　❶×　　　　　　　　　　❷
W①: At the new department store.
M②: I want to buy one just like that for my mother's birthday.
　　　×　　　　　×　　　　　×　　　　×
W②: Actually, I'm going there with my sister tomorrow to find a shoulder bag for
　　my aunt.
M③: Can I go with you?
W③: Of course.

【訳】男性①：それ、いいハンドバッグだね！　どこで買ったの？
　　　女性①：新しいデパートで。
　　　男性②：母の誕生日にちょうどそういうハンドバッグを買いたいんだ。
　　　女性②：実は、姉［妹］と一緒に明日、叔母のショルダーバッグを探しにそこへ行
　　　　　　　くつもりなの。
　　　男性③：僕も一緒に行っていい？
　　　女性③：もちろん。

【音声のポイント】
🎙❶ handbag の [d] は脱落し「ハンバッグ」[hǽnbæg] のように発音されている。
🎙❷ get it は連結・脱落により「ゲティ」のように発音されている。

【問いと選択肢】
What is the man likely to do?　「男性は何をする可能性が高いか」
① Buy a shoulder bag with his sister　「姉［妹］と一緒にショルダーバッグを買う」
② Choose a birthday gift for his aunt　「叔母の誕生日の贈り物を選ぶ」
③ Find a store with his mother　「母と一緒に店を探す」
④ Get a handbag for his mother　「母のためにハンドバッグを買う」

❶問いは男性のこれからの行動について。選択肢では shoulder bag、handbag などの単語が使われています。❷男性の行動に注意して聴くと、男性は最初の発言 That's a nice handbag! でハンドバッグの話題を出した後、2回目の発言で I want to buy one just like that for my mother's birthday. 「母の誕生日にちょうどそういうハンドバッグを買いたい」と言っています。❸つまり、母にハンドバッグを買う④が正解です。①は一緒に行くのは男性の姉［妹］ではなく、女性と彼女の姉［妹］なので不正解。②は aunt にプレゼントを買うのは女性なので不正解。③は母と店を探すとは言っていないので不正解。

W① : How do I get to the museum?

M① : You mean the new city museum?

W② : Yeah, the one featuring American art.

M② : That museum displays works from Asia, not from America. ❶

W③ : Really? I saw American art on their website once.

M③ : That was a temporary exhibit, on loan from another ❷ museum.

W④ : Too bad.

【訳】 **女性①**：美術館にはどう行けばいいですか。

　　　男性①：新しい市立美術館のことですか。

　　　女性②：はい、アメリカ美術を特集している所です。

　　　男性②：あの美術館はアジアの作品を展示しています、アメリカのではなく。

　　　女性③：本当ですか？　前にそこのウェブサイトでアメリカ美術を見たのですが。

　　　男性③：あれは別の美術館から貸し出された、一時的な展示だったんです。

　　　女性④：残念です。

音声のポイント

🎤❶ from America は弱形・連結により「f ラマメリカ」のように発音されている。

🎤❷ from another は弱形・連結により「f ラマナザ」のように発音されている。

Day 09

問いと選択肢

Why is the woman disappointed? 「**女性ががっかりしているのはなぜか**」

① American art is not on display. 「アメリカ美術は展示されていない」

② Asian art is not exhibited today. 「アジア美術が今日は展示されていない」

③ The museum is now closed permanently.
　「その美術館はもはやずっと閉館されている」

④ The website is temporarily not working.
　「ウェブサイトが一時的に機能していない」

語句

feature ~	他（イベントなどで）~を特集する	on loan from ~	熟 ~から貸し出されて
		on display	熟 展示されて
temporary	形 一時的な	permanently	副 永久に、ずっと
exhibit	名 展示	temporarily	副 一時的に

　❶問いは女性ががっかりしている理由についてです。選択肢から museum や website の情報に注意します。❷女性ががっかりしている理由に注意して聴きます。男性の2回目の発言 That museum displays works from Asia, not from America. に対して女性は Really? と反応し、男性の3回目の発言で That was a temporary exhibit「一時的な展示だった」と伝えられて Too bad. と答えています。❸見たかったアメリカ美術が見られないことががっかりしている原因なので①が正解です。②は、その美術館ではアジア美術が展示されているので不正解。③は、美術館は閉館になってはいないので不正解。④は、website が言及されているので紛らわしいですが、not working はアクセスできないことを表すので不正解。

M①: Hey, I can't log in.
　　　❶ ×
W①: Did you put in the right password?
M②: Yes, I did. I retyped it several times.
　　　　　　　　×　　×
W②: And is your username correct?
M③: I think so.... It's my student number, isn't it?
W③: Yes. But is that your student number?
M④: Uh-oh, I entered two zeros instead of one.
　　　　　❷×

【訳】男性①：ねえ、ログインできないよ。
　　　女性①：正しいパスワードを入れた？
　　　男性②：うん、入れた。何度かパスワードを再入力した。
　　　女性②：それじゃ、ユーザーネームは正しい？
　　　男性③：そう思うけど……。それって学生番号だよね？
　　　女性③：そう。でも、それってあなたの学生番号？
　　　男性④：おっと、ゼロを１つ入力する代わりに２つ入力してた。

音声のポイント

❶ can't の [t] は脱落し「カーン」のように発音されている（イギリス英語）。
❷ entered の [d] は口の形だけ残して「エンター (d)」のように発音されている。

問いと選択肢

Why is the boy having a problem?　「少年はなぜ問題を抱えているか」

① He didn't enter a username. 「ユーザーネームを入力しなかった」
② He didn't use the right password. 「正しいパスワードを使わなかった」
③ He forgot his password. 「パスワードを忘れた」
④ He mistyped his username. 「ユーザーネームを打ち間違えた」

語句 retype ～　他 ～を再入力する　　mistype ～　他 ～を打ち間違う

❶問いは少年の問題の原因について。選択肢からログインできない状況などを予測しましょう。❷少年の問題の原因に注意して聴きます。女性の２回目の発言 And is your username correct? でユーザーネームが合っているか確認されています。さらに女性の３回目の発言 But is that your student number? で、自分の学生番号を入力しているか確認され、Uh-oh, I entered two zeros instead of one.「ゼロを１つ入力する代わりに２つ入力していた」と答えています。❸つまり、ユーザーネームである学生番号を間違えて入力していたことがわかります。よって④が正解。

W①: How was the concert yesterday?

M①: Well, I enjoyed the performance a lot, but the concert only lasted an hour. ❶ ❷

W②: Oh, that's kind of short. How much did you pay?

M②: About 10,000 yen.

W③: Wow, that's a lot! Do you think it was worth that much?

M③: No, not really.

【訳】女性①：昨日のコンサートはどうだった？

　　　男性①：まあ、演奏はとても楽しめたけど、コンサートが1時間の長さしかなかったんだ。

　　　女性②：あら、それはちょっと短いわね。いくら払ったの？

　　　男性②：1万円ほど。

　　　女性③：わあ、高いわね！　そんなにたくさん払った価値はあったと思う？

　　　男性③：いや、そうでもないな。

音声のポイント

⚠❶ lasted は「ラステッド」ではなく「ラスティ d」[lǽstɪd] なので注意。

⚠❷ lasted an hour は連結し「ラスティダンナワ」のように発音されている。

問いと選択肢

What does the man think about the concert?

「男性はコンサートについてどう思っているか」

① It should have lasted longer. 「もっと長く続いたほうがよかった」

② It was as long as he expected. 「予想どおりの長さだった」

③ The performance was rather poor. 「演奏があまりよくなかった」

④ The price could have been higher. 「料金はもっと高くてもよかった」

語句　be worth ～ 熟 ～の価値がある　　much 代 多額

❶問いは男性のコンサートに関する感想について。選択肢からコンサートの長さや演奏、値段についての話を予測しておきましょう。❷男性の感想に注意して聴くと、1回目の発言 but the concert only lasted an hour. で「1時間しかなかった」と不満を述べています。女性の3回目の発言 Do you think it was worth that much? で「1万円という値段の価値があったか」と尋ねられていますが、No, not really.「いや、そうでもない」と答えています。❸つまり、長さについて不満があることから①が正解。

Day 09

第 3 問 (配点 18) 音声は 1 回流れます。

第 3 問は問 12 から問 17 までの 6 問です。それぞれの問いについて，対話の場面が日本語で書かれています。対話を聞き，問いの答えとして最も適切なものを，四つの選択肢(①～④)のうちから一つずつ選びなさい。(問いの英文は書かれています。)

問12 道で，男性が女性に話しかけています。

Which is true according to the conversation?   12

① The man doesn't have a good research topic.
② The man wants to get rid of his stress.
③ The woman doesn't have time for the interview.
④ The woman thinks the man is very busy.

問13 姉が弟と，いつ両親に会いに行くかについて話をしています。

What will the woman probably do next weekend?   13

① Meet her brother and father on Saturday
② Meet her brother and mother on Sunday
③ Meet her mother and father on Saturday
④ Meet her mother and father on Sunday

問14 友人同士が，アルバイトについて話をしています。

How many days does the woman work in a week?   14

① 2 days
② 3 days
③ 5 days
④ 7 days

問15　公園から帰った後で，姉と弟が話をしています。

What did the boy do? 　15

① He left the park immediately.

② He looked for his sister in the park.

③ He talked to his sister on the phone.

④ He went home with his sister.

問16　オフィスで，男性が女性と話をしています。

What do the man and the woman decide to do? 　16

① Get away from the station

② Go out for Italian food

③ Have Japanese food nearby

④ Stay close to the office

問17　学校で，友人同士が話をしています。

Which is true about the girl? 　17

① She rode the same train as the boy.

② She saw the boy alone at the station.

③ She talked to the boy on the train.

④ She took the boy to the station.

> # これで第3問は終わりです。

問12　正解③　問題レベル【普通】　配点 3点　　音声スクリプト 🔊 TRACK D09_10

M①: Excuse me. Do you have time for a short interview?

W①: What's it about?

M②: We're doing research on how people deal with stress.

W②: That's interesting! I'm really busy, but I can spare a couple of minutes. How long will it take?

M③: It should take about 10 minutes.

W③: Oh, sorry.

【訳】**男性①**：すみません。短いインタビューに答える時間はありますか。

　　　女性①：何に関するものですか。

　　　男性②：人々のストレス対処法について調査しています。

　　　女性②：それは面白いですね！　とても忙しいけれど、2、3分なら時間を割けます。どれぐらいかかりますか。

　　　男性③：10分ほどかかるはずです。

　　　女性③：じゃあ、ごめんなさい。

音声のポイント

🔊❶ will it take は連結・脱落により「ウィッリッテイk」のように発音されている。

問いと選択肢

Which is true according to the conversation?

「この会話によると正しいものはどれか」

① The man doesn't have a good research topic.
「男性にはきちんとした調査テーマがない」

② The man wants to get rid of his stress.
「男性は自分のストレスを取り除きたい」

③ The woman doesn't have time for the interview.
「女性にはインタビューに答える時間がない」

④ The woman thinks the man is very busy.
「女性は男性がとても忙しいと思っている」

語句　deal with ～ 熟 ～に対処する　spare ～ 他（時間など）を割く

❶場面と問いを先読み→❷問いの答えを探しながら音声を聴く→❸選択肢を絞る

❶問いは「正しいもの（選択肢）はどれか」なので、ここからは何も予想できません。選択肢も相違点がつかみにくいので、research topic、stress、doesn't have time、busy など部分的に内容を確認しておきましょう。❷ Do you have time for a short interview?「短いインタビューに答える時間はありますか」と言われ、女性はインタビューの内容について That's interesting!「それは面白いですね！」といった発言をしています。しかし、I'm really busy「とても忙しい」と言ってから所要時間を確認した際に It should take about 10 minutes.「10分ほどかかるはずです」と言われ、Oh, sorry.「じゃあ、ごめんなさい」と言っ

ています。❸つまり時間がかかるならインタビューは受けないことがわかるので、言い換えとなる③ The woman doesn't have time for the interview.「女性にはインタビューに答える時間がない」が正解です。

問13 　**正解③**　問題レベル【やや難】　配点 3点　　　　音声スクリプト 🔊 TRACK D09_11

W①: Let's all get together next weekend.
M①: Sure! I'm busy on Saturday, but Sunday would be fine. How about Mom and Dad?
W②: Mom says either day is OK, but Dad is only free on Saturday.
M②: I see.... Why don't you go ahead without me? I'll come next time!
W③: Oh well, OK.

【訳】女性①：次の週末にみんなで集まりましょう。
　　　男性①：いいよ！　土曜日は忙しいけど、日曜日なら大丈夫だろう。ママとパパはどうなの？
　　　女性②：ママはどちらの日でもいいって言っているけど、パパは土曜日しか空いていないって。
　　　男性②：なるほど……。僕抜きで集まったらどうだい？　僕は次回行くよ！
　　　女性③：あらそう、わかったわ。

問いと選択肢

What will the woman probably do next weekend?
「女性は次の週末におそらく何をするか」
① Meet her brother and father on Saturday 「土曜日に弟と父に会う」
② Meet her brother and mother on Sunday 「日曜日に弟と母に会う」
③ Meet her mother and father on Saturday 「土曜日に母と父に会う」
④ Meet her mother and father on Sunday 「日曜日に母と父に会う」

語句 go ahead 熟（計画などを）進める、遠慮せずにやる

❶問いは「女性（姉）の週末の予定」です。選択肢から「家族の誰に会うか」、「何曜日に会うか」に注意して聴きましょう。❷週末の予定に注意して聴きます。まず弟の I'm busy on Saturday, but Sunday would be fine. How about Mom and Dad?「土曜日は忙しいけど、日曜日なら大丈夫だろう。ママとパパはどうなの？」から、弟は土曜日は空いていないことがわかります。また Mom says either day is OK, but Dad is only free on Saturday.「ママはどちらの日でもいいって言っているけど、パパは土曜日しか空いていないって」から母親は土日どちらでも OK、父親は土曜日のみ空いていることがわかります。この時点ではまだ答えは選べませんが、弟が最後に Why don't you go ahead without me?「僕抜きで集まったらどうだい？」と言っています。❸姉が OK と答えていることから、弟は行かないこと、姉は両親と会うこと、曜日は父親が空いている土曜日になることがわかります。よって③が正解です。

問14 正解③ 問題レベル【普通】 配点 3点　　音声スクリプト 🔊 TRACK D09_12

M①: I didn't know you were working at the convenience store.

W①: Yes, I used to work there every day, but now just three times a week, on weekdays.

M②: Are you working anywhere else besides that?

W②: Yes, at the café near the station, two days, every weekend.

M③: Wow! You're working a lot!

【訳】男性①：君がコンビニで働いているとは知らなかったよ。

女性①：そうなの、以前は毎日そこで働いていたんだけど、今は週に平日の３日だけ。

男性②：コンビニに加えて、どこかほかの場所でも働いているの？

女性②：ええ、駅の近くのカフェで、毎週末、２日間。

男性③：わあ！　君は働き者だね！

問いと選択肢

How many days does the woman work in a week? 「女性は週に何日働いているか」

① 2 days 「２日」

② 3 days 「３日」

③ 5 days 「５日」

④ 7 days 「７日」

語句 convenience store 名 コンビニエンス・ストア　　besides ～ 前 ～に加えて

❶問いは「女性が週に何日働いているか」です。選択肢は日数になっているので、weekdays「平日」、weekend「週末」、曜日などに注意して聴きましょう。❷日数に注意して聴くと、three times a week, on weekdays「週に平日の３日」があり、さらに別の場所でtwo days, every weekend「毎週末、２日間」とあります。❸つまり合計５日働いていることになります。よって③が正解です。数字関連の問題は今回のように途中で追加や変更があるパターンが定番です。

問15 正解② 問題レベル【普通】 配点 3点　　　音声スクリプト 🔊 TRACK **D09_13**

W①: What happened? Where did you go?

M①: I got lost and **ended up in** the rose garden.
　　　　　　　　　　❶

W②: So, you decided to come straight home then?

M②: Well, no. First, I tried to find you.

W③: Why didn't you call me?

M③: I didn't have my phone. But I was OK. The flowers were nice.

【訳】女性①：どうしたの？　どこに行ってたの？

　　　男性①：迷子になって最後はバラ園まで行っちゃった。

　　　女性②：じゃあ、それからまっすぐ家に帰ることにしたのね？

　　　男性②：あー、ううん。まずはお姉ちゃんを見つけようとした。

　　　女性③：どうして私に電話しなかったの？

　　　男性③：電話を持っていなかったんだ。でも大丈夫だったよ。花もきれいだったし。

音声のポイント

🎤❶ ended up in は連結し「エンディダッピン」のように発音されている。

問いと選択肢

What did the boy do? 「男の子は何をしたか」

① He left the park immediately. 「公園をすぐに出た」

② He looked for his sister in the park. 「公園の中で姉を探した」

③ He talked to his sister on the phone. 「電話で姉と話した」

④ He went home with his sister. 「姉と一緒に家に帰った」

語句 get lost 熟 迷子になる　　　straight 副 まっすぐに、直接
　　　　end up 熟 最終的に至る

❶問いは「男の子（弟）の行動について」です。選択肢に park「公園」、sister「姉」、phone「電話」などがあることを確認しておきましょう。❷男の子の行動に注意して聴きます。姉に So, you decided to come straight home then?「それからまっすぐ家に帰ることにしたのね？」と言われ、男の子は Well, no. First, I tried to find you.「ううん。まずはお姉ちゃんを見つけようとした」と答えています。❸つまり「姉を探していた」ことがわかり、言い換えとなる② He looked for his sister in the park. が正解です。Why didn't you call me?「どうして電話しなかったの？」や phone が出てくるので③が紛らわしいですが、I didn't have my phone. とあることから「電話はしていない」ので③は不正解です。

問16　正解 ②　問題レベル【普通】　配点 3点　　　音声スクリプト 🔊 TRACK D09_14

M①: Do you want to eat dinner after work?

W①: I guess so, but where? The sushi place across from the office?

M②: Not there again! Let's get away from the office.

W②: OK... what about the ❶ Italian restaurant near the station, then?

M③: That's far!

W③: Is it? It's on your way home!

M④: Yeah, OK.

【訳】**男性**①：仕事の後、ディナーでもどう？

　　　女性①：そうね、でもどこにする？　オフィスの向かいのすし屋？

　　　男性②：またあそこは嫌だな！　オフィスから離れようよ。

　　　女性②：わかった……じゃあ、駅の近くの**イタリアン・レストラン**はどう？

　　　男性③：それは遠いよ！

　　　女性③：そう？　あなたの帰り道よ！

　　　男性④：そうか、いいよ。

音声のポイント

❶ what about the は変化・連結・脱落により「ワラバウジ」のように発音されている。

問いと選択肢

What do the man and the woman decide to do?

「男性と女性は何をすることに決めるか」

① Get away from the station　「駅から離れる」

② Go out for Italian food　「イタリア料理を食べに出かける」

③ Have Japanese food nearby　「近くで和食を食べる」

④ Stay close to the office　「オフィスの近くにいる」

語句　guess ～　　他 ～だと思う　　　get away from ～　熟 ～から離れる
　　　　across from ～　熟 ～の向かい側に

　❶問いは「男性と女性の予定」です。選択肢に station、Italian food、Japanese food、office などがあることを確認しておきましょう。❷、❸予定に注意して聴きます。sushi が出てくるので Japanese food への言い換えが考えられますが、直後に **Not there again!**「またあそこは嫌だな！」と言っているので③は不正解です。what about **the Italian restaurant near the station, then?**「じゃあ、駅の近くのイタリアン・レストランはどう？」に対し、That's far!「それは遠いよ！」と一度は否定していますが、Is it? **It's on your way home!**「そう？　あなたの帰り道よ！」と言われて OK しているので、② Go out for Italian food「イタリア料理を食べに出かける」が正解です。

W①: You took the 7:30 train this morning, right?

M①: Yes. Did you see me at the station?

W②: No, I saw you on the train. I took that train, too.

M②: Why didn't you say hello?

W③: Weren't you talking with somebody?

M③: No, I was alone.

W④: Really? That **must've been** someone else, then.

【訳】女性①：あなたは今朝、7時半の電車に乗ったでしょ？

　　　男性①：うん。駅で見かけたの？

　　　女性②：いいえ、電車の中で見かけたの。私もその電車に乗っていたのよ。

　　　男性②：どうしてあいさつしてくれなかったの？

　　　女性③：誰かと話してなかった？

　　　男性③：いや、一人だったよ。

　　　女性④：本当に？　じゃあ、あれはきっと別の人だったのね。

音声のポイント

⚠️❶ must've been は [v] の音がほぼ脱落し「マスタ (v) ビン」のように発音されている。

問いと選択肢

Which is true about the girl?　「女の子について正しいものはどれか」

① She rode the same train as the boy.　「男の子と同じ電車に乗った」

② She saw the boy alone at the station.　「駅で男の子が一人でいるのを見かけた」

③ She talked to the boy on the train.　「電車の中で男の子に話しかけた」

④ She took the boy to the station.　「男の子を駅まで連れて行った」

語句　take the train　熟 電車に乗る

❶問いは「女の子について正しいものはどれか」です。選択肢から「男の子に対する行動」に注意して聴きましょう。❷、❸女の子の発言 I saw you on the train. I took that train, too. 「電車で見かけたの。私もその電車に乗っていたのよ」から、「同じ電車に乗っていたこと」がわかります。よって①が正解です。他の選択肢も確認しておきましょう。女の子は Why didn't you say hello? と言われ、Weren't you talking with somebody? と言っており、「女の子は男の子に話しかけてはいないこと」がわかるので③は不正解です。男の子の No, I was alone.「いや、一人だったよ」で alone が使われているので②も紛らわしいですが、「駅に一人でいた」とは言っていないことや、女の子が見かけたのは「誰かと話している男の子」なので、不正解です。④は took ～「～を連れて行った」という話は出ていないので不正解です。

【短い対話：応答問題】を攻略する「言い換えの型」

今日のテーマは「言い換え」です。2023年度の問題は比較的易しく、正解に音声と同じ表現が使われることもありますが、音声そのままの場合、引っかけであることが多いのが共通テストの定番パターンです。基本的には別の表現に言い換えられると考えましょう。

「言い換えの型」のステップ

① Day 09で学んだ「聴き取りの型」を使う

Day 09と同様、場面と問い、余裕があれば選択肢を先読みしましょう。

② 言い換えを探す

流れた音声と選択肢を比較し、言い換えられている箇所を探し正解を選びます。

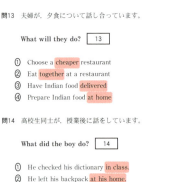

第3問 （配点 18） **音声は1回流れます。**

第3問は問12から問17までの6問です。それぞれの問いについて、対話の場面が日本語で書かれています。対話を聞き、問いの答えとして最も適切なものを、四つの選択肢（①〜④）のうちから一つずつ選びなさい。（問いの英文は書かれています。）

問12 地下鉄の駅で、男性が目的地への行き方を質問しています。

Which subway line will the man use first?　12

「最初に」に注意！

① The Blue Line
② The Green Line
③ The Red Line
④ The Yellow Line

問13 夫婦が、夕食について話し合っています。

What will they do?　13

① Choose a cheaper restaurant
② Eat together at a restaurant
③ Have Indian food delivered
④ Prepare Indian food at home

問14 高校生同士が、授業後に話をしています。

What did the boy do?　14

① He checked his dictionary in class.
② He left his backpack at his home.
③ He took his backpack to the office.
④ He used his dictionary on the bus.

内容 Day 09と同様の第3問の形式です。「夕食をどうするか」や「レストランで何を注文するか」といった、センター試験のころからよく出されているテーマの問題が出題されています。第3問では、音声に、あえて混乱させる情報が含まれることに注意しなくてはいけません。今日でパターンをしっかりつかんでおきましょう。

問15　寮のパーティーで，先輩と新入生が話をしています。

What is true about the new student? ☐ 15

① He grew up in England.
② He is just visiting London.
③ He is studying in Germany.
④ He was born in the UK.

問16　同僚同士が話をしています。

What will the man do? ☐ 16

① Buy some medicine at the drugstore
② Drop by the clinic on his way home
③ Keep working and take some medicine
④ Take the allergy pills he already has

問17　友人同士が，ペットについて話をしています。

What is the man going to do? ☐ 17

① Adopt a cat
② Adopt a dog
③ Buy a cat
④ Buy a dog

これで第3問は終わりです。

では、「聴き取りの型」を活かしつつ、「言い換えの型」を使って、次ページの問題に取り組みましょう！ 👉

第3問 （配点　18）　**音声は1回流れます。**

　第3問は**問12**から**問17**までの6問です。それぞれの問いについて，対話の場面が日本語で書かれています。対話を聞き，問いの答えとして最も適切なものを，四つの選択肢 $(①～④)$ のうちから一つずつ選びなさい。（問いの英文は書かれています。）

問12　地下鉄の駅で，男性が目的地への行き方を質問しています。

　　　Which subway line will the man use first?　　12

　　① The Blue Line
　　② The Green Line
　　③ The Red Line
　　④ The Yellow Line

問13　夫婦が，夕食について話し合っています。

　　　What will they do?　　13

　　① Choose a cheaper restaurant
　　② Eat together at a restaurant
　　③ Have Indian food delivered
　　④ Prepare Indian food at home

問14　高校生同士が，授業後に話をしています。

　　　What did the boy do?　　14

　　① He checked his dictionary in class.
　　② He left his backpack at his home.
　　③ He took his backpack to the office.
　　④ He used his dictionary on the bus.

問15　寮のパーティーで，先輩と新入生が話をしています。

What is true about the new student? 　15

 ① He grew up in England.

 ② He is just visiting London.

 ③ He is studying in Germany.

 ④ He was born in the UK.

問16　同僚同士が話をしています。

What will the man do? 　16

 ① Buy some medicine at the drugstore

 ② Drop by the clinic on his way home

 ③ Keep working and take some medicine

 ④ Take the allergy pills he already has

問17　友人同士が，ペットについて話をしています。

What is the man going to do? 　17

 ① Adopt a cat

 ② Adopt a dog

 ③ Buy a cat

 ④ Buy a dog

これで第３問は終わりです。

問12 　正解 ② 　問題レベル【普通】 配点 3点 　　　音声スクリプト 🔊 TRACK **D10_02**

M①: Excuse me. I'd like to go to Central Station. What's the best way **to** get there?
　　　　　　　　　　　　　　　　　　　　　　　　　　　　　❶ ×

W①: **After you take the Green Line,** just transfer to the Blue Line or the Yellow Line
　　　　　　　　　　　　　　　　　　　　　×
　at Riverside Station.

M②: Can I also take the Red Line first?

W②: Usually that's faster, **but it's** closed for maintenance.
　　　　　　　　　　　　　　❷

【訳】男性①：すみません。セントラル駅に行きたいのですが。そこに行くための一番い
　　　　い方法は何ですか？

　　　女性①：グリーン線に乗ったら、リバーサイド駅でブルー線かイエロー線に乗り換
　　　　えるだけでいいですよ。

　　　男性②：レッド線に最初に乗ることもできますか？

　　　女性②：普段ならそのほうが早いのですが、メンテナンスで運休しています。

音声のポイント

🎤❶ to は弱形でかなり短く「タ」のように発音されている。ほぼ [t] の音のみになると思
ってよい。

🎤❷ but it's の but は [t] が [d] に変化し、it's と連結し「バディッツ」のように発音され
ている。

問いと選択肢

Which subway line will the man use first?
「男性は最初にどの地下鉄の路線に乗るか」

① The Blue Line 　「ブルー線」
② The Green Line 　「グリーン線」
③ The Red Line 　「レッド線」
④ The Yellow Line 　「イエロー線」

🎤 **語句** transfer 自 乗り換える 　 maintenance 名 保守、メンテナンス

❶聴き取りの型→❷言い換えを探す

❶問いの first に注目しましょう。「最初にどの路線に乗るか」に注意して聴きましょう。ま
た選択肢は「色」のみ異なるものになっています。こういった場合は直接表現されるので言い
換えを探す必要はありません。❷ After you take the Green Line「グリーン線に乗った後」
と言っていることから、この時点では最初に乗るのは「グリーン線」になります。その後、
Can I also take the Red Line first?「レッド線に最初に乗ることもできますか？」と尋ねて
おり、first とあるため「レッド線」を候補に入れますが、次の女性の発言に but it's closed
for maintenance「しかし、メンテナンスで運休しています」とあることから、「レッド線」
に乗ることはないと判断できます。よって「グリーン線」の②が正解です。この問題のように
紛らわしい情報が話されるのは共通テストの定番のパターンです。

M①: Would you like to go out for dinner?
❶

W①: Well, I'm not sure.

M②: What about an Indian restaurant?
❷

W②: You know, I like Indian food, but we shouldn't spend too much money this week.

M③: Then, why don't we just cook it ourselves, instead?
❸

W③: That's a better idea!

【訳】男性①：夕飯を外に食べに行きたい？

　　　女性①：うーん、どうかしら。

　　　男性②：インド料理店はどうだい？

　　　女性②：あのね、インド料理は好きだけど、私たちは今週はあまりお金を使わないほうがいいでしょ。

　　　男性③：じゃあ、代わりに自分たちでインド料理を作っちゃおうか。

　　　女性③：そのほうがいい考えだわ！

音声のポイント

🎤❶ Would you は Would の [d] が変化し、you と連結して「ウッヂュ」のように発音されている。

🎤❷ What about an は What の [t] が [d] に変化、about の [t] が [d] に変化し、連結して「ワダバウダン」のように発音されている。

🎤❸ it ourselves は it の [t] が [d] に変化し、「イダワセル vz」のように発音されている。

問いと選択肢

What will they do?　「彼らはどうするか」

① Choose a cheaper restaurant　「もっと安いレストランを選ぶ」

② Eat together at a restaurant　「一緒にレストランで食べる」

③ Have Indian food delivered　「インド料理を配達してもらう」

④ Prepare Indian food at home　「インド料理を宅宅で作る」

🔊語句　prepare 〜　他（食事）を作る

❶問いから「夕食をどうするか」が問われるとわかります。選択肢は相違点が少ないですが、それぞれの英文が短いので余裕があれば「安いレストラン」「一緒にレストラン」「デリバリー」「家で作る」のように簡単に内容を確認しておきましょう。❷ Would you like to go out for dinner? に対し、I'm not sure. と答えています。この段階ではまだ何も確定できません。What about an Indian restaurant? に対し、〜 we shouldn't spend too much money と言っていることから「外食はしない」と判断できます。さらに why don't we just cook it ourselves に対し、That's a better idea! と答えていることから、自分たちで料理をすることがわかります。選択肢から言い換えを探すと Prepare Indian food at home が見つかるので④が正解です。

Day
10

M①: I can't find my dictionary!

W①: When did you use it last? In class?

M②: No, but I took it out of my backpack this morning in the bus to check my homework.

W②: You must have left it there. The driver will take it to the office.

M③: Oh, I'll call the office, then.

【訳】男性①：辞書が見つからない！

女性①：最後に使ったのはいつ？ 授業で？

男性②：ううん、でも今朝、バスの中で、宿題を調べようとしてバックパックから取り出した。

女性②：きっとそこに置き忘れたのね。運転手さんが事務所に持って行くでしょう。

男性③：そうか、じゃあ事務所に電話しよう。

音声のポイント

🎤❶ can't は [t] が脱落し、「キャン」のように発音される。肯定の can は「クン」のような音になることが多い。

🎤❷ took it out of は、脱落と連結により「トゥッキッアウダv」のように発音されている。

問いと選択肢

What did the boy do? 「男の子は何をしたか」

① He checked his dictionary in class. 「授業で辞書を調べた」

② He left his backpack at his home. 「バックパックを家に置いてきた」

③ He took his backpack to the office. 「バックパックを事務所に持って行った」

④ He used his dictionary on the bus. 「バスの中で辞書を使った」

❶問いと選択肢から「辞書」、「バックパック」をどうしたかに注意します。❷I can't find my dictionary! から「辞書をなくしたこと」がわかります。それに対し、When did you use it last? In class? と尋ねていますが、No と答えていることから、「授業中には使っていないこと」がわかります。よって①は不正解です。その後 but I took it out of my backpack this morning in the bus to check my homework と言っています。つまり「バスの中で辞書を使ったこと」がわかるので、言い換えとなる④ He used his dictionary on the bus. が正解です。

問15　正解 ④　問題レベル【易】　配点 3点　　音声スクリプト 🔊 TRACK D10_05

W①: How was your first week of classes?

M①: Good! I'm enjoying university here.

W②: So, are you originally from here? I mean, London?

M②: Yes, but my family moved to Germany after I was born.

W③: Then, you must be fluent in German.

M③: Yes. That's right

【訳】女性①：授業の最初の週はどうだった？

　　　男性①：順調です！　ここの大学を楽しんでます。

　　　女性②：それで、もともとはここの出身なの？　つまり、ロンドン？

　　　男性②：そうですけど、僕が生まれた後に家族でドイツに引っ越しました。

　　　女性③：じゃあ、あなたはきっとドイツ語が流ちょうなのね。

　　　男性③：ええ。そうなんです。

問いと選択肢

What is true about the new student?　「新入生に関して正しいことは何か」

① He grew up in England.　「イングランドで育った」

② He is just visiting London.　「ロンドンをただ訪れているところだ」

③ He is studying in Germany.　「ドイツで勉強しているところだ」

④ He was born in the UK.　「英国で生まれた」

🔊 語句　originally 副 もともと　　fluent 形 流ちょうな

❶選択肢の相違点は見つけにくいですが、どの選択肢も短く表現が易しいので「イングランド育ち」「ロンドンを訪れている」「ドイツで勉強中」「英国生まれ」といった内容を確認しておきましょう。❷ So, are you originally from here? I mean, London? という質問に対し、Yes と答えているので、「男性はロンドン生まれ」であることがわかります。ロンドンは英国（the UK）にあるため、言い換えとなる④が正解です。

Day 10

W①: How are you?

M①: Well, I have a runny nose. I always suffer from **allergies** in the spring.
❶

W②: **Do you have some medicine?**

M②: No, **but I'll** drop by the drugstore on my way home to get my regular allergy
❷   ×
pills.

W③: You should leave the office early.

M③: Yes, I think I'll leave now.

【訳】女性①：調子はどう？

男性①：それが、鼻水が出て。春はいつもアレルギーに苦しむんだ。

女性②：薬は持ってる？

男性②：ないけど、家に帰る途中にドラッグストアに寄って、いつものアレルギー
薬を買うよ。

女性③：会社を早退したほうがいいわね。

男性③：うん、今から帰ろうと思うよ。

音声のポイント

🎤❶ allergies は「アレルギーズ」ではなく「アラジー z [ǽlədʒiz]」なので注意する。

🎤❷ but I'll は but の [t] が [d] に変化し、「バドアイゥ」のように発音されている。

問いと選択肢

What will the man do? 「男性は何をするか」

① Buy some medicine at the drugstore 「ドラッグストアで薬を買う」

② Drop by the clinic on his way home 「家に帰る途中に診療所に寄る」

③ Keep working and take some medicine 「働き続けて薬を飲む」

④ Take the allergy pills he already has 「すでに持っているアレルギー薬を飲む」

語句
have a runny nose	熟 鼻水が出る	regular	形 通常の、いつもの
allergy	名 アレルギー	pill	名 錠剤
drop by ～	熟 ～に立ち寄る		

❶選択肢の相違点は見つけにくいので、「薬を買う」「診療所に寄る」「働いて薬を飲む」「持っている薬を飲む」などの内容を確認しておきましょう。❷先読みで「薬」を頭に入れておけば Do you have some medicine? に反応できます。この質問に No, but I'll drop by the drugstore on my way home to get my regular allergy pills. と答えており、「ドラッグストアに寄って薬を買う」ことがわかります。よって、その内容を表した①が正解です。②は drop by という、会話中に出てくる表現を使った引っかけなので注意しましょう。

正解① 問題レベル【易】 配点 3点　　　　音声スクリプト 🔊 TRACK **D10_07**

M① : **What a** cute dog!
　　　 ❶＿＿ ×

W① : Thanks. Do you have a pet?

M② : I'm planning to get a cat.

W② : Do you want to adopt or buy one?

M③ : What do you mean by 'adopt'?

W③ : Instead of buying **one at a** petshop, you could give a new home to a rescued
　　　　　　　　　　　 ❷＿＿＿＿
　　　pet.

M④ : That's a good idea. I'll do that!

【訳】男性① ：なんてかわいい犬だ！

　　　女性① ：ありがとう。あなたはペットを飼ってるの？

　　　男性② ：ネコを手に入れようと思っているんだ。

　　　女性② ：引き取りたいの？　それとも買いたいの？

　　　男性③ ：「引き取る」ってどういう意味？

　　　女性③ ：ペットショップで買う代わりに、保護されたペットに新しい家を与えるこ
　　　　　　　　とができるのよ。

　　　男性④ ：それはいい考えだな。そうするよ！

音声のポイント

🎤❶ What a は [t] が [d] に変化して、a と連結し「ワダ」のように発音されている。

🎤❷ one at a は at が弱形で弱く発音され、連結し「ワンナタ」のように発音されている。
「ナタ」の部分が弱くなるので注意する。

問いと選択肢

What is the man going to do?　「男性はどうするつもりか」

① Adopt a cat　「ネコを引き取る」

② Adopt a dog　「犬を引き取る」

③ Buy a cat　「ネコを買う」

④ Buy a dog　「犬を買う」

🔊**語句**　adopt ～　他 ～を養子に迎える、　　rescue ～　他 ～を救出［救済］する
　　　　　　　　　　　　　　　～を引き取る

Day
10

❶問いと選択肢から、男性が「ネコ」もしくは「犬」を「引き取る」のか「買う」のかに注
意して聴きましょう。❷男性の I'm planning to get a cat. から、「犬かネコか」は「ネコ」だ
とわかります。女性に Do you want to adopt or buy one? と尋ねられ、adopt について質問
していますが、最終的に That's a good idea. I'll do that! と言うため、adopt「引き取る」と
わかります。よって①が正解です。

第3問 (配点 18) **音声は1回流れます。**

　第3問は**問12**から**問17**までの6問です。それぞれの問いについて，対話の場面が日本語で書かれています。対話を聞き，問いの答えとして最も適切なものを，四つの選択肢(①〜④)のうちから一つずつ選びなさい。(問いの英文は書かれています。)

問12　女性が男性と，夏休みの予定について話をしています。

Why does the man want to drive?　12

①　He prefers to stop wherever he likes.
②　He wants to go directly to the coast.
③　The train goes just part of the way.
④　The train is much more flexible.

問13　郵便局で，女性が質問をしています。

What will the woman do?　13

①　Buy the less expensive postage
②　Mail the letter on Friday or later
③　Pay the higher price for postage
④　Send the letter by standard delivery

問14　男性が女性と，観たい映画について話をしています。

What did they decide to do?　14

①　Choose a movie next week
②　Go to a comedy movie today
③　Select a movie this week
④　Watch a horror movie tonight

問15　友人同士が，先週末の出来事について話をしています。

Who did she eat lunch with?　15

① Both her brother and sister

② Everyone in her family

③ Her brother's and sister's children

④ Her two nieces and two nephews

問16　レストランで，夫婦が何を注文するか話をしています。

What is true according to the conversation?　16

① The man will order fish and pie.

② The man will order pasta and cake.

③ The woman will order fish and cake.

④ The woman will order pasta and pie.

問17　道で，男性が同僚の女性に話しかけています。

What will the man do?　17

① Go to the subway with the woman

② Help the woman with one of the bags

③ Take the bags home for the woman

④ Walk with the woman to the bus stop

これで第3問は終わりです。

問12 正解① 問題レベル【易】 配点 3点　　音声スクリプト ◀ TRACK D10_10

W①: Are you going somewhere this summer?

M①: Yes, I'm going to drive **to** the coast.
   ❶

W②: That's quite far. Why don't you take the train, instead?
                                         ×
M②: If I drive, I can park and go sightseeing anywhere along the way.
                                         ×
W③: Isn't driving more expensive?
        ×
M③: Well, maybe, but I like the flexibility.

【訳】**女性**①：この夏はどこかに行くの？

　　　男性①：うん、海岸まで車で行くつもりだよ。

　　　女性②：それはかなり遠いわね。代わりに電車に乗ったら？

　　　男性②：運転したら、途中で、どこでも車をとめて観光できるからね。

　　　女性③：運転するほうが高くつくんじゃない？

　　　男性③：まあ、そうかもね、でも融通の利くところが好きなんだ。

音声のポイント

🎤❶ to は弱形で弱く「タ」のように発音されている。

問いと選択肢

Why does the man want to drive?　「男性が運転したいのはなぜか」

① He prefers to stop wherever he likes.　「どこでも好きな所に止まるほうを好むから」

② He wants to go directly to the coast.　「海岸まで直接行きたいから」

③ The train goes just part of the way.　「電車は途中までしか行かないから」

④ The train is much more flexible.　「電車のほうがずっと融通が利くから」

🔊語句

sightseeing	名 観光	flexibility	名 柔軟性、融通が利くこと
along the way	熟 道中、行く途中	flexible	形 柔軟な、融通が利く

❶聴き取りの型→❷言い換えを探す

❶問いから、「男性が運転したい理由」に注意して聴きましょう。drive はこの場合「車を運転する」という意味なので、電車のほうがよいという内容になっている④はこの段階で不正解だとわかります。❷男性の If I drive, I can park and go sightseeing anywhere along the way. から、「どこでも駐車して観光できること」が理由だとわかります。よって言い換えとなる① He prefers to stop wherever he likes. が正解です。anywhere が wherever に言い換えられるのは定番のパターンなので覚えておきましょう。

W①: How much does it cost to send this letter to London?

M①: Hmm. Let me check. That's about £2 for standard delivery, or about £8 for special delivery. Which do you prefer?

W②: I really want it to arrive by Friday.

M②: With special delivery, it will.

W③: I'll do that then.

【訳】女性① : この手紙をロンドンまで送るのにいくらかかりますか。

男性① : うーん。お調べします。普通便で約2ポンドか、速達便で約8ポンドです。どちらがいいですか。

女性② : どうしても金曜日までに届いてほしいんです。

男性② : 速達便だと、届くでしょうね。

女性③ : では、そうします。

問いと選択肢

What will the woman do? 「女性はどうするか」

① Buy the less expensive postage 「高くないほうの郵便料金を払う」

② Mail the letter on Friday or later 「金曜日かそれ以降に手紙を郵送する」

③ Pay the higher price for postage 「高いほうの郵便料金を払う」

④ Send the letter by standard delivery 「普通便で手紙を送る」

語句　standard delivery 名 普通便　　postage 名 郵便料金
　　　　　special delivery 名 速達便

Day
10

❶問いから、「女性の行動」に注意して聴きましょう。選択肢から、postage「郵便料金」や「配達の方法」などに注意しましょう。❷ That's about £2 for standard delivery, or about £8 for special delivery. Which do you prefer? という発言で「普通便と速達便のどちらがよいか」と尋ねられています。女性の「金曜日までに届けたい」という発言に対し、With special delivery, it will. と答えていることから「速達便であれば間に合う」ことがわかります。そして、女性は I'll do that then. と言い「速達便」を選んでいます。①は less expensive とありますが、「速達便」のほうが高いので不正解です。②は on Friday or later が「金曜日に間に合わせたい」という内容に矛盾するので不正解です。③は「速達便のほうが高い」という内容が Pay the higher price に言い換えられているので正解となります。④は by standard delivery が「速達便」を選ぶことに矛盾するため不正解です。

正解 ① 問題レベル【易】 配点 3点　　　音声スクリプト ◀ TRACK D10_12

M①: **Would you** like to see a movie next week?
　　　❶
W①: Sure, but what kind of movie?
M②: I'd like to watch a horror movie.
W②: Well, I don't see one scheduled, but there's a comedy currently showing.
M③: I really don't like comedies. Maybe we can check the schedule again next week.
W③: Sure, let's do that.

【訳】**男性**①：来週、映画を見に行かない？
　　　女性①：いいわよ、でもどんな種類の映画？
　　　男性②：僕はホラー映画を見たいな。
　　　女性②：うーん、上映が予定されているホラー映画はないわね。でも現在上映されているコメディーならあるけど。
　　　男性③：僕はコメディーは本当に好きじゃないんだ。来週また予定表をチェックしてもいいかもね。
　　　女性③：そうね、そうしましょう。

音声のポイント

🔊❶ Would you は変化と連結により「ウッヂュー」のように発音されている。

問いと選択肢

What did they decide to do? 「彼らはどうすることに決めたか」

① Choose a movie next week 「来週、映画を選ぶ」
② Go to a comedy movie today 「今日、コメディー映画に行く」
③ Select a movie this week 「今週、映画を選ぶ」
④ Watch a horror movie tonight 「今夜、ホラー映画を見る」

語句 schedule ～ 他 ～を予定する　　show 自 上映［上演］される
　　　　 currently 副 現在

❶問いと選択肢から、「いつ、どの映画を見るか」もしくは「いつ映画を選ぶのか」に注意して聴きましょう。❷途中、コメディーやホラーなどのジャンルについて話していますが、決定はしていません。最終的に Maybe we can check the schedule again next week. と言い、Sure, let's do that. と答えているので、「来週スケジュールを確認すること」がわかります。選択肢から言い換えを探すと、Choose a movie next week という表現が見つかり、①が正解だとわかります。

M①: What did you do last weekend?

W①: I took all my nieces and nephews to lunch.

M②: Really? How many do you have?

W②: Well, my sister has two boys, and my brother has three girls.

M③: That sounds like a nice family gathering.

W③: Yes, we had a really good time together.

【訳】男性①：先週末は何をしたの？

女性①：私のめいとおいを全員ランチに連れて行ったのよ。

男性②：本当に？　何人いるの？

女性②：ええと、姉には息子が２人いて、兄には娘が３人いるの。

男性③：それは楽しい家族の集まりのようだね。

女性③：ええ、一緒にとても楽しい時間を過ごしたわ。

問いと選択肢

Who did she eat lunch with? 「彼女は誰と一緒にランチを食べたか」

① Both her brother and sister 「兄と姉の両方」

② Everyone in her family 「家族全員」

③ Her brother's and sister's children 「兄と姉の子どもたち」

④ Her two nieces and two nephews 「めい２人とおい２人」

語句 niece 名 めい　　gathering 名 集まり
nephew 名 おい

❶問いは「女性が誰とランチを食べたか」です。選択肢は全て「家族の誰か」になっていることを確認しておきましょう。❷I took all my nieces and nephews to lunch. という発言から「めいたち」と「おいたち」とランチに行ったことがわかります。複数形であることに注意しましょう。次に How many do you have? と尋ねられ、my sister has two boys, and my brother has three girls と答えています。「姉の息子２人」と「兄の娘３人」とランチに行っています。選択肢から言い換えを探すと、Her brother's and sister's children とあり、③が正解となります。④がやや紛らわしいですが、「めい」は３人なので不正解です。

M①: I think I'll have the pasta.

W①: The fish looks nice. I'll order that.

M②: What about for dessert?

W②: Both the pie and the cake look delicious.

M③: Well, why don't we each order different ones? Then we can share.

W③: OK, I'll order the pie and you can order the cake.

M④: Sure, that's fine.

【訳】男性①：僕はパスタを食べようと思う。

　　　女性①：魚がおいしそう。私はそれを注文するわ。

　　　男性②：デザートはどうする？

　　　女性②：パイもケーキもどっちもおいしそうね。

　　　男性③：じゃあ、僕たちそれぞれ別のものを注文しない？　そうすればシェアできるよ。

　　　女性③：わかった、私はパイを頼むから、あなたはケーキを頼んでね。

　　　男性④：いいよ、それでいい。

問いと選択肢

What is true according to the conversation?　「会話によると、正しいのはどれか」

① The man will order fish and pie.　「男性は魚とパイを注文する」

② The man will order pasta and cake.　「男性はパスタとケーキを注文する」

③ The woman will order fish and cake.　「女性は魚とケーキを注文する」

④ The woman will order pasta and pie.　「女性はパスタとパイを注文する」

❶選択肢から「女性、もしくは男性が何を注文するか」に注意して聴きましょう。❷I think I'll have the pasta. から、まず「男性はパスタを頼むこと」がわかります。次に女性のThe fish looks nice. I'll order that. から「女性は魚を頼むこと」がわかります。次にデザートをシェアすると話していますが、女性の I'll order the pie and you can order the cake. から「女性はパイ、男性はケーキを頼むこと」がわかります。選択肢から当てはまるものを探すと、②が正解となります。

問17　正解 ②　問題レベル【やや難】　配点 3点　　音声スクリプト 🔊 TRACK **D10_15**

M①: Hi, Monica, **would you** like some help?
　　　　　　　　　　❶

W①: Ah, thank you. **Could you** take **one of** these bags?
　　　　　　　　❷　　　　　　❸

M②: **Sure**, are you going to the subway?

W②: No, I'm going to take them home in my car. **I've** parked just around the corner.
　　　　　　　　　　　　　　　　　　　　　　❹

M③: That's fine. **Actually**, it's on my way. That's just before my bus stop.
　　　　　　　　❺

【訳】男性①：こんにちは、モニカ、手伝おうか？

　　　女性①：あら、ありがとう。ここにあるバッグを一つ持って行ってくれるかしら？

　　　男性②：いいよ、地下鉄まで行くところなの？

　　　女性②：いいえ、車に積んで家まで持って帰るつもりなの。ちょうどそこの角を曲
　　　　　　　がったところに駐車しているのよ。

　　　男性③：それはいい。実は、僕の通り道だよ。僕が使うバス停のちょうど前だ。

🎙 音声のポイント

🎙❶ would you は変化と連結により、「ウッヂュー」のように発音されている。

🎙❷ Could you は変化と連結により、「クッヂュー」のように発音されている。

🎙❸ one of は連結して「ワノブ」のように発音されている。

🎙❹ I've の [v] の音は、口の形を作るだけではっきり発音しないので注意する。

🎙❺ Actually は「アクチュアリー」より「アクチャリー」に近い音で発音される。

問いと選択肢

What will the man do?　「男性はどうするか」

① Go to the subway with the woman　「女性と一緒に地下鉄に行く」

② Help the woman with one of the bags　「女性のバッグを一つ持ってあげる」

③ Take the bags home for the woman　「女性のためにバッグを家まで持って行く」

④ Walk with the woman to the bus stop　「バス停まで女性と一緒に歩く」

❶問いから「男性のこれからの行動」に注意しましょう。選択肢は全て女性が関わることが共通していますが、やや相違点がつかみにくいです。可能であれば内容を簡単に確認しておきましょう。❷女性に Could you take one of these bags? と頼まれ Sure と答えていることから、男性は女性の荷物を持つことがわかります。男性は are you going to the subway? と尋ねますが、女性は No, I'm going to take them home in my car. と答えており、「地下鉄には乗らず、車に乗ること」がわかります。そして男性が Actually, it's on my way. That's just before my bus stop. と言っていることから「男性は荷物を持って女性の車がとめてある場所まで女性について行くこと」がわかります。選択肢から言い換えを探すと、Help the woman with one of the bags が見つかり、②が正解となります。①は、地下鉄には乗らないので不正解です。③は、「家まで」ではなく「車の場所まで」のため不正解です。④は、「バス停まで」ではなく「車の場所まで」のため不正解です。

【モノローグ:表読み取り問題】を攻略する「聴き取りの型」

DAY 11

今日は【図表問題】です。第3問までに比べてやや難易度が高いので、対策しておかなければ高得点は難しい問題です。問題文と図表を読む時間が十分に与えられ、先読みの重要性も増してきます。「どこに注目すればいいか」を今日しっかりつかみましょう。

「聴き取りの型」のステップ

❶ 問題文、図表、選択肢を先読みする

並べ替え問題：問題文とイラストに目を通す**時間が与えられます**。イラストからどういった単語が使われるか予測しつつ、それぞれのイラストがどのような状況を表しているか確認しておきましょう。

表問題：前の問題が終わったらすぐに**表問題の先読み**を始めましょう。日本語で示される状況設定をしっかり頭に入れ、どう**グループ分けすればよいのか**想定しておきましょう。

グラフ問題：問題文と図表を読むための時間が与えられます。日本語の問題文と図表の英語のタイトルをしっかり見ておきましょう。選択肢を読む時間も十分に与えられるので意味を頭に入れて音声を聴きましょう。

第4問 （配点 12） 音声は1回流れます。

第4問はAとBの二つの部分に分かれています。

A 第4問Aは問18から問25までの8問です。話を聞き、それぞれの問いの答えとして最も適切なものを、選択肢から選びなさい。問題文と図表を読む時間が与えられた後、音声が流れます。

❶

⚠ **テーマを確認！**

問18~21 友人が、子どもの頃のクリスマスの思い出について話しています。話を聞き、その内容を表した四つのイラスト（①~④）を、出来事が起きた順番に並べなさい。 18 → 19 → 20 → 21

❷

⚠ **時刻を確認**

①

②

③

④

⚠ **ornamentを予測！**

問22～25 あなたは、留学先で、集めた衣類などを整理して福祉施設に送るボランティア活動に参加しています。話を聞き、次の表の四つの空欄 22 ～ 25 に入れるのに最も適切なものを、五つの選択肢（①～⑤）のうちから一つずつ選びなさい。選択肢は2回以上使ってもかまいません。

Collected Items

Item number	Category	Item	Box number
0001	Men's	down jacket	22
0002	Men's	belt	23
0003	Women's	ski wear	24
0004	Boys'	ski wear	25
0005	Girls'	coat	
0006	Men's	cotton sweater	

子どもと大人を区別する！

① Box 1
② Box 2
③ Box 3
④ Box 4
⑤ Box 5

Day 11

2 聴きながら情報を整理し空欄を埋める

音声は一度しか読まれないため、音声を聴きながら空所を埋めていきましょう。

では、この「聴き取りの型」を使って、次ページの問題に取り組みましょう！

第 4 問 （配点 12）　**音声は 1 回流れます。**

第 4 問は **A** と **B** の二つの部分に分かれています。

A　　第 4 問 **A** は問 18 から問 25 までの 8 問です。話を聞き，それぞれの問いの答えとして最も適切なものを，選択肢から選びなさい。**問題文と図表を読む時間が与えられた後，音声が流れます。**

問18～21　友人が，子どもの頃のクリスマスの思い出について話しています。話を聞き，その内容を表した四つのイラスト（①～④）を，出来事が起きた順番に並べなさい。　18 → 19 → 20 → 21

①

②

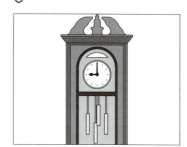

③

④

問22～25　あなたは，留学先で，集めた衣類などを整理して福祉施設に送るボランティア活動に参加しています。話を聞き，次の表の四つの空欄 | 22 | ～ | 25 | に入れるのに最も適切なものを，五つの選択肢(①～⑤)のうちから一つずつ選びなさい。選択肢は2回以上使ってもかまいません。

Collected Items

Item number	Category	Item	Box number
0001	Men's	down jacket	22
0002	Men's	belt	23
0003	Women's	ski wear	24
0004	Boys'	ski wear	25
0005	Girls'	coat	
0006	Men's	cotton sweater	

① Box 1
② Box 2
③ Box 3
④ Box 4
⑤ Box 5

問18〜21　正解18 ② / 19 ④ / 20 ① / 21 ③　　音声スクリプト 🔊 TRACK **D11_02**

問題レベル【易】 配点 4点　※問18-21全部正解の場合のみ4点。

I always enjoy the holidays. One of my happiest memories is about a snowy night just before Christmas. As the hall clock struck nine, there was a loud knock at the door. "Who could it be❶?" we wondered. My father went to the door, and in a surprised voice we heard, "Oh, my... look who's here!" We all ran to the hall, and there was my favorite uncle with his❷ arms full of gifts. He surprised us with a visit. Then, he helped us decorate our Christmas tree. We had so much fun

【訳】私はいつもクリスマスの時期を楽しく過ごします。最高に楽しい思い出の一つは、クリスマス直前のある雪の晩のことです。玄関の時計が９時を鳴らすと、ドアをノックする大きな音がしました。「いったい誰だろう」と私たちは思いました。父がドアまで行き、驚いた声で、「おやおや……誰が来たか見てごらん！」と言うのが聞こえました。私たちがみんなで玄関に走っていくと、私の大好きな叔父が腕いっぱいにプレゼントを抱えていました。訪ねて来てくれてびっくりしました。その後、叔父はクリスマスツリーの飾り付けをするのを手伝ってくれました。とても楽しかったです。

音声のポイント

⚠❶ could it be は脱落・連結により「クディッビー」のように発音されている。

⚠❷ with his は弱形により「ウィズィ z」のように発音されている。

選択肢 ① ② ③ ④

語句 holiday 名 (the 〜sで) クリスマスの時期　　hall 名 玄関、玄関ホール
snowy 形 雪の降る　　strike 〜 他 (時計が) (時刻) を鳴らす

❶問題文、図表、選択肢を先読みする→❷聴きながら情報を整理し空欄を埋める

❶問題文から「クリスマスの出来事」がテーマであることや、イラストの状況を確認しておきましょう。使われる単語は clock や present、gift などが予測できます。❷ As the hall clock struck nine, there was a loud knock at the door.「玄関の時計が９時を鳴らすと、ドアをノックする大きな音がしました」と聞こえ、その後に My father went to the door と聞こえるので②→④の順番が決まります。さらに there was my favorite uncle with his arms full of gifts から「ドアをノックしたのは gifts を抱えた叔父」だったことがわかるので、次は①。最後に Then, he helped us decorate our Christmas tree. とあり、ツリーに飾り付けをする③が入ります。よって答えは②→④→①→③の順番で、18 → 19 → 20 → 21 に入ります。今回は聞こえた順番どおりでしたが、before that「その前に」などが使われ、答えが聞こえた順番どおりにはならない可能性があることは想定しておきましょう。

問題レベル【やや難】　配点各1点

Here are all the items that were **donated**❶ last week. Please help me sort them into the proper boxes. First, summer **clothes**❷ go into Box 1, whether they are for men or for women. In the same way, all winter clothes for men and women go into Box 2. Box 3 is for children's clothes, regardless of the season they're worn in. Shoes and bags should be put into Box 4. All other items go into Box 5.

【訳】 ここにあるのは先週寄付された全ての品物です。適切なボックスに分類するのを手伝ってください。まず、夏物衣料は男性用でも女性用でもボックス1に入ります。同様に、男性用と女性用の冬物衣料は全てボックス2に入ります。ボックス3は、着られる季節に関係なく、子ども服です。靴とバッグはボックス4に入れてください。他の全ての品物はボックス5に入れます。

音声のポイント

🎤❶ donated は「ドネイティ d」[dóuneɪtɪd] なので注意。

🎤❷ clothes は「クロウ z」[klóuðz] なので注意。

収集品

品目番号	分類	品物	ボックス番号
0001	男性用	ダウンジャケット	22
0002	男性用	ベルト	23
0003	女性用	スキーウエア	24
0004	男児用	スキーウエア	25
0005	女児用	コート	
0006	男性用	コットンセーター	

選択肢 ① Box 1　② Box 2　③ Box 3　④ Box 4　⑤ Box 5

語句 donate ～ 他 ～を寄付する　　in the same way 熟 同様に
sort ～ into ... 熟 ～を…に分類する　regardless of ～ 熟 ～に関係なく

❶説明文で「衣類の整理についての説明」であることを確認しましょう。表と選択肢から男性用、女性用、子ども用などの分類、down jacket などの種類別の分類が求められることがわかります。❷問題用紙の選択肢の横に、各 Box に何が入るのかメモしておきましょう。例えば summer clothes go into Box 1, whether they are for men or for women から、① Box 1の横に「夏・男女」などと書きます。all winter clothes for men and women go into Box 2から、winter clothes に該当する0001 down jacket、0003 skiwear は Men's、Women's 共に Box 2に入ります。つまり 22 、 24 は②。0004も ski wear ですが、Boys'なので当てはまらないと考えてよいでしょう。Box 3 is for children's clothes, regardless of the season they're worn in から、子ども服は Box 3なので 25 は③。Shoes and bags should be put into Box 4. All other items go into Box 5. から、0002 belt は靴とバッグ以外の物なので、Box 5に入るとわかります。つまり 23 は⑤ が正解です。

Day 11

第 4 問　(配点　12)　**音声は 1 回流れます。**

第 4 問は **A** と **B** の二つの部分に分かれています。

A　　第 4 問 A は**問** 18 から**問** 25 までの 8 問です。話を聞き，それぞれの問いの答えとして最も適切なものを，選択肢から選びなさい。**問題文と図表を読む時間が与えられた後，音声が流れます。**

問18〜21　先生が，保護者向けのイベントについて，当日のスケジュールを生徒たちと確認しています。話を聞き，その内容を表した四つのイラスト（①〜④）を，スケジュールに沿った順番に並べなさい。

| 18 | → | 19 | → | 20 | → | 21 |

①

②

③

④

問22～25　あなたは，留学先で，世界の食品フェアに友人と来ています。受付で話を聞いてきた友人の説明を聞き，次のメモの四つの空欄 22 ～ 25 に入れるのに最も適切なものを，六つの選択肢（①～⑥）のうちから一つずつ選びなさい。選択肢は 2 回以上使ってもかまいません。

Things to buy		Section
Canadian maple candy	—	22
Greek cheese	—	23
Indonesian instant ramen	—	24
Kenyan bottled coffee	—	25

① A and B
② B
③ C
④ C and F
⑤ D
⑥ E and F

これで第 4 問 A は終わりです。

問18~21

正解18 ③ / 19 ② / 20 ④ / 21 ①　　　音声スクリプト 🔊 TRACK D11_08

問題レベル【普通】　配点 4点　※問18-21全部正解の場合のみ4点。

Let's review the schedule for Parents' Day. The event will open with a performance by the chorus club. Next, we had originally planned for the school principal to make a welcome speech. But he prefers that the president of the student council make the speech, so she will do that. Instead, the principal will make the closing address just after the live performance by the dance team. Finally, a small welcome reception for parents will be held following the closing address. I think we're all set for the big day.

【訳】ペアレンツデーのスケジュールを確認しましょう。イベントは合唱部の合唱で幕を開けます。次は、もともとは校長先生が歓迎スピーチをする予定でした。しかし、彼（校長先生）は生徒会長がそのスピーチをするほうがいいとお考えなので、それは彼女（生徒会長）が行います。その代わりに、校長先生は、ダンスチームのライブ・パフォーマンスのすぐ後に閉会のあいさつをします。最後に、その閉会のあいさつに引き続いて、親御さんたちのためのちょっとした歓迎パーティーが開かれます。この大事な日の準備はすっかり整っているようですね。

選択肢 ① ② ③ ④

review ～	他 ～を見直す、～を確認する	principal	名 校長
		student council	名 生徒会
Parents' Day	名 ペアレンツデー（両親に感謝する記念日で、アメリカでは7月第4日曜日）	address	名 演説、あいさつ
		reception	名 歓迎会、パーティー
		following ～	前 ～に引き続いて
		be all set for ～	熟 ～の準備がすっかり整っている
originally	副 もともとは		

❶問題文、図表、選択肢を先読みする→❷聴きながら情報を整理し空欄を埋める

❶日本語の説明文から「保護者向けのイベントのスケジュール」についての音声であることや、選択肢に「歌を歌っている様子」や「ダンス」があることを確認しておきましょう。❷まず The event will open with a performance by the chorus club. 「イベントは合唱部の合唱で幕を開けます」とあることから、歌を歌っている③が最初になります。次に Next, we had originally planned for the school principal to make a welcome speech. 「次は、もともとは校長先生が歓迎スピーチをする予定でした」に originally「もともとは」とあるため、この後は「予定の変更」があると考えましょう。But he prefers that the president of the student council make the speech, so she will do that. 「しかし、彼（校長先生）は生徒会長がそのスピーチをするほうがいいとお考えなので、それは彼女（生徒会長）が行います」とあるので、スピーチは the school principal「校長」ではなく、the president of the student council「生徒会長」が行うことになります。よって③の次は②になります。principal や president で混

乱するかもしれませんが、**she will do that** で she が使われていることから最初のスピーチを行うのは女性だとわかるので、ここから判断しても OK です。

そして Instead, **the principal will make the closing address** just **after the live performance by the dance team.**「その代わりに、校長先生は、ダンスチームのライブ・パフォーマンスのすぐ後に閉会のあいさつをします」から「ダンスの後に校長先生のあいさつが行われる」ことがわかり、最終的な答えは③→②→④→①の順番で <u>18</u> → <u>19</u> → <u>20</u> → <u>21</u> に入ります。address「演説、あいさつ」を知らなかった人はここで覚えておきましょう。

問22～25　　正解22 ③ / 23 ⑥ / 24 ② / 25 ⑤　　　音声スクリプト 🔊 **TRACK D11_11**

問題レベル【やや難】　配点各 1 点

The receptionist said the products are grouped by the type of food, like a supermarket. **Sweets** are available in **Section C.** **Dairy** or milk-based products are in **Section E.** We can get **noodles** in **Section B.** That's next to Section A, where the fruits are located. **Drinks** are sold in **Section D.** Oh, and **Section F** features a different country each day. Today, items from **Greece** are there as well as in their usual sections.

【訳】受付の人は、製品はスーパーマーケットみたいに食べ物の種類によって分類されていると言っていたよ。**スイーツ**は **C 売り場**で買える。**乳製品**つまり**牛乳を使った製品**は **E 売り場**だ。**麺類**は **B 売り場**で買える。そこの隣は A 売り場で、そこにはフルーツがある。**飲み物**は **D 売り場**で売っている。ああ、**F 売り場**は毎日違う国の特設になるんだ。今日は**ギリシャ**製品が、通常の売り場だけでなく、そこにも出ているんだよ。

音声のポイント

🎙❶ dairy は「デアリ」[déəri]。

買う物		売り場
カナダ産メープルキャンディー	——	<u>22</u>
ギリシャ産チーズ	——	<u>23</u>
インドネシア産インスタントラーメン	——	<u>24</u>
ケニア産瓶入りコーヒー	——	<u>25</u>

選択肢 ① A and B　② B　③ C　④ C and F　⑤ D　⑥ E and F

語句　receptionist 名 受付係　　　　　　dairy products 名 乳製品
group ~ 他 ~を分類する　　　　be located 熟 位置する、ある
section 名 (仕切られた) 場所

❶日本語の説明文から「世界の食品フェア」に関する説明であることを確認しておきましょう。表と選択肢から「買う物」と section「売り場」を照らし合わせることを予測しておきましょう。❷リストにあるそれぞれの「買う物」に注意して聴くと、**Sweets** are available in **Section C.**「スイーツは C 売り場で買える」で sweets と言われ、sweets に該当するのは

Canadian maple candy になります。よって 22 には③ C が入ります。

　次に **Dairy or milk-based products are in Section E.**「乳製品つまり牛乳を使った製品は E 売り場」で dairy や milk と言われ、これらに該当するのは Greek cheese です。E という選択肢がなく、⑥が E and F となっていますが、23 には⑥を入れておきましょう。この時点で追加情報で F についても言及されると予想できます。

　続いて **We can get noodles in Section B.**「麺類は B 売り場で買える」と流れます。noodles に該当するのは Indonesian instant ramen です。よって 24 には② B が入ります。また **Drinks are sold in Section D.**「飲み物は D 売り場で売っている」と流れるので、drink に該当する Kenyan bottled coffee の 25 には⑤ D が入ります。

　最後に **Section F** features a different country each day. Today, items from **Greece** are there as well as in their usual sections.「F 売り場は毎日違う国の特設になるんだ。今日はギリシャ製品が、通常の売り場だけでなく、そこにも出ているんだよ」で Section F について述べられており、こちらに該当する Greek cheese は F にも置いてあることがわかります。今回は追加情報で答えは変わりませんでしたが、答えが変わるパターンが出題される可能性もあるので注意しましょう。

MEMO

【モノローグ:表読み取り問題】を攻略する「表読・分類の型」

DAY 12

長い問題になると、混乱して何も聞こえなくなってしまう可能性があります。今回は特に表を埋める問題の難易度が高くなっています。演習を通して「聴きながら答えを出す」感覚をつかみましょう。

「表読・分類の型」＋数値表現のステップ

①
「聴き取りの型」を使う

Day 11で解説した「聴き取りの型」を使って取り組みます。

②-1
グラフ問題は数値表現に注目して解く

先読みの段階で数値にも目を通しますが、50%はhalf、25%はquarterなどに言い換えられたり、グラフ上の各項目を比較する際に比較級や最上級が使われたりすることも想定しておきましょう。

第4問 （配点 12） 音声は1回流れます。

第4問は**A**と**B**の二つの部分に分かれています。

① **A** 第4問Aは問18から問25までの8問です。話を聞き、それぞれの問いの答えとして最も適切なものを、選択肢から選びなさい。問題文と図表を読む時間が与えられた後、音声が流れます。

問18〜21 あなたは、大学の授業で配られたワークシートのグラフを完成させようとしています。先生の説明を聞き、四つの空欄 18 〜 21 に入れるのに最も適切なものを、四つの選択肢（①〜④）のうちから一つずつ選びなさい。

②-1 🔍 タイトルに注目！

The Four Most Popular Factors in Choosing a Job

① Content of work
② Income
③ Location
④ Working hours

内容 Day 11と同様の第4問Aの形式です。情報処理に慣れが必要な問題なので、今日の問題や付属の模試でしっかりと対策しておきましょう。「グラフ問題」の頻出表現が多く含まれているので、今回の演習で出てきたものを確実に覚えておきましょう。

2-2
表問題は条件を聴いて分類する

途中で条件が変わる場合など、分類が複雑になることもあるので、必要に応じてメモを取りましょう。（本書や模試などで、メモを取る練習もしておきましょう。）

問22～25 あなたは、自宅のパソコンから、ゲームの国際大会にオンラインで参加しています。結果と賞品に関する主催者の話を聞き、次の表の四つの空欄 22 ～ 25 に入れるのに最も適切なものを、六つの選択肢（①～⑥）のうちから一つずつ選びなさい。選択肢は2回以上使ってもかまいません。

International Game Competition: Summary of the Results

Teams	Stage A	Stage B	Final Rank	Prize
Dark Dragons	3rd	3rd	4th	22
Elegant Eagles	1st	2nd	1st	23
Shocking Sharks	4th	1st	2nd	24
Warrior Wolves	2nd	4th	3rd	25

① Game
② Medal
③ Trophy
④ Game, Medal
⑤ Game, Trophy
⑥ Medal, Trophy

Day 12

これで第4問Aは終わりです。

では、「聴き取りの型」を活かしつつ、「表読・分類の型」を使って、次ページの問題に取り組みましょう！

第 4 問 （配点　12）　**音声は 1 回流れます。**

第 4 問は **A** と **B** の二つの部分に分かれています。

A　　第 4 問 **A** は**問 18** から**問 25** までの **8 問**です。話を聞き，それぞれの問いの答えとして最も適切なものを，選択肢から選びなさい。**問題文と図表を読む時間が与えられた後，音声が流れます。**

問18〜21　あなたは，大学の授業で配られたワークシートのグラフを完成させようとしています。先生の説明を聞き，四つの空欄　18　〜　21　に入れるのに最も適切なものを，四つの選択肢（①〜④）のうちから一つずつ選びなさい。

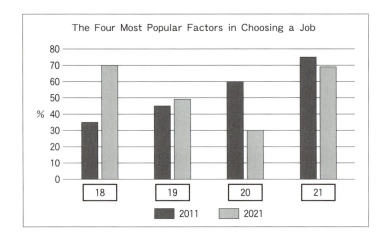

The Four Most Popular Factors in Choosing a Job

①　Content of work
②　Income
③　Location
④　Working hours

問22〜25　あなたは，自宅のパソコンから，ゲームの国際大会にオンラインで参加
しています。結果と賞品に関する主催者の話を聞き，次の表の四つの空欄
22 〜 25 に入れるのに最も適切なものを，六つの選択肢 (①〜⑥) の
うちから一つずつ選びなさい。選択肢は2回以上使ってもかまいません。

International Game Competition: Summary of the Results

Teams	Stage A	Stage B	Final Rank	Prize
Dark Dragons	3rd	3rd	4th	22
Elegant Eagles	1st	2nd	1st	23
Shocking Sharks	4th	1st	2nd	24
Warrior Wolves	2nd	4th	3rd	25

① Game
② Medal
③ Trophy
④ Game, Medal
⑤ Game, Trophy
⑥ Medal, Trophy

Day
12

これで第4問Aは終わりです。

問18~21 正解18① / 19④ / 20③ / 21②　　　音声スクリプト 🔊 TRACK **D12_02**

問題レベル【普通】 配点 4点 ※問18-21全部正解の場合のみ4点。

Each year we survey our graduating students on why they chose their future jobs. We compared the results for 2011 and 2021. The four most popular factors were "content of work," "income," "location," and "working hours." The graph shows that "content of work" **increased the most**. "Income" **decreased a little** in 2021 compared **with** 2011. Although "location" was **the second most chosen answer** in 2011, it **dropped significantly** in 2021. Finally, "working hours" was chosen **slightly more** by graduates in 2021.

【訳】 毎年私たちは、これから就く職業を選んだ理由について、卒業していく学生たちを調査しています。私たちは2011年と2021年の結果を比較しました。最も一般的な4つの要因は「仕事の内容」、「収入」、「場所」、「労働時間」でした。グラフは「仕事の内容」が最も増えたことを示しています。「収入」は2011年と比べて、2021年はわずかに減りました。「場所」は2011年には2番目に多く選ばれた回答でしたが、2021年には著しく減りました。最後に「労働時間」は、2021年の卒業生のほうがわずかに多く選びました。

音声のポイント

🔊❶ increased the most は increased の [t] と most の [t] が脱落し「インクリース (t) ザモゥス」のように発音されている。

🔊❷ with は弱形で「ウィ」のように発音されている。

🔊❸ dropped significantly は dropped の [t] と significantly の [t] が脱落し「ドロップ (t) シグニフィカン (t) リ」のように発音されている。

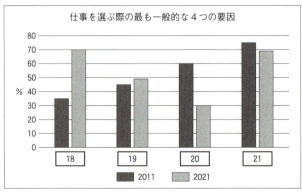

仕事を選ぶ際の最も一般的な4つの要因

選択肢 ① Content of work 「仕事の内容」
② Income 「収入」
③ Location 「場所」
④ Working hours 「労働時間」

語句	survey ～ 他 ～を調査する	increase 自 増える
	graduate 自 卒業する 名 卒業生	decrease 自 減る
	content 名 内容	significantly 副 大いに、著しく
	income 名 収入	slightly 副 わずかに

❶聴き取りの型を使う→❷数値表現に注目して解く

❶グラフのタイトルは The Four Most Popular Factors in Choosing a Job「仕事を選ぶ際の最も一般的な４つの要因」です。選択肢を見て、どのような要因があるか確認しておきましょう。❷まず "content of work" increased the most で、最上級の the most が使われていることに気付きましょう。４つのうち「最も増えた」 18 に ① Content of work が入ります。次に、"Income" decreased a little in 2021 compared with 2011. から「わずかに減っている」 21 が ② Income となります。③ Location に関しては、"location" was the second most chosen answer in 2011「『場所』は2011年には２番目に多く選ばれた回答だった」、もしくは it dropped significantly「著しく減った」が聴き取れれば、条件に当てはまる 20 になるとわかります。残った 19 には ④ Working hours が入ります。"working hours" was chosen slightly more by graduates in 2021から「わずかに増えている」ものを選べばよいことが根拠となります。今回使われていた、increase「増える」、decrease「減る」、drop「減る」、slightly「わずかに」、significantly「著しく」、the most「最も」はグラフ問題の頻出表現なので覚えておきましょう。

問22〜25 正解22① / 23⑥ / 24② / 25① 音声スクリプト TRACK D12_05

問題レベル【やや難】 配点各1点

We are delighted to announce the prizes! Please look at the summary of the results on your screen. First, the top team in Stage A will be awarded medals. The top team in Stage B will also receive medals. Next, the team that got the highest final rank will win the champion's trophies. Team members not winning any medals or trophies will receive a game from our online store. The prizes will be sent to everyone next week.

【訳】賞品を発表できることをうれしく思います！　画面上の結果の概要をご覧ください。まず、ステージＡでトップとなったチームにはメダルが授与されます。ステージＢのトップのチームもメダルをもらえます。次に、最終順位が最も高かったチームはチャンピオン・トロフィーを獲得します。メダルもトロフィーも獲得できなかったチームのメンバーたちは、当社オンラインストアからゲームをもらえます。賞品は来週、皆さんに送られます。

音声のポイント

🎤❶ awarded は「アワーデッド」ではなく「アウォーディッ d」のように発音されるので注意する。

🎤❷ our は弱形で弱く発音されるので注意する。

Day 12

国際ゲーム大会：結果の概要

チーム	ステージ A	ステージ B	最終順位	賞品
ダーク・ドラゴンズ	3位	3位	4位	22
エレガント・イーグルズ	1位	2位	1位	23
ショッキング・シャークス	4位	1位	2位	24
ウォリアー・ウルブズ	2位	4位	3位	25

選択肢 ① Game 「ゲーム」
② Medal 「メダル」
③ Trophy 「トロフィー」
④ Game, Medal 「ゲーム、メダル」
⑤ Game, Trophy 「ゲーム、トロフィー」
⑥ Medal, Trophy 「メダル、トロフィー」

語句 be delighted to (V) 熟 喜んで〜する、〜す　award (A) (B) 他 AにBを授与する
　　　　　　　　　　　ることをうれしく思う　win 〜　　　　他 〜を勝ち取る、〜を
　　　　summary 名 要約、概要　　　　　　　　　　　　　獲得する

❶聴き取りの型を使う→❷条件を聴いて分類する

❶問題文に「**結果と賞品に関する主催者の話**」とあります。表と選択肢から、Stage A、Stage B、Final Rank での順位によって賞品が決まることを確認しておきましょう。❷まず **the top team in Stage A** will be awarded **medals** から、Stage A で 1 位になっている 23 に Medal が入ることがわかります。**The top team in Stage B** will also receive **medals** から、Stage B で 1 位になっている 24 にも Medal が入ることがわかります。次に、Next, the team that got **the highest final rank** will win the champion's **trophies.** から、Final Rank で 1 位の 23 に Trophy が入ることがわかります。最後に Team members **not winning any medals or trophies** will receive a **game** from our online store. に、「メダルもトロフィーも獲得していないチームのメンバーたちはゲームがもらえる」とあるので、22 と 25 には Game が入ります。以上をまとめると 22 がゲームの①、23 がメダルとトロフィーの⑥、24 がメダルの②、25 がゲームの①となります。

第4問 (配点 12) 音声は1回流れます。

第4問はAとBの二つの部分に分かれています。

A 　第4問Aは問18から問25までの8問です。話を聞き，それぞれの問いの答えとして最も適切なものを，選択肢から選びなさい。**問題文と図表を読む時間が与えられた後，音声が流れます。**

問18〜21　あなたは，大学の授業で配られた資料のグラフを完成させようとしています。クラスメートの発表を聞き，四つの空欄 | 18 | 〜 | 21 | に入れるのに最も適切なものを，四つの選択肢（①〜④）のうちから一つずつ選びなさい。

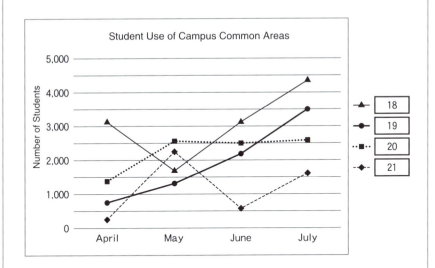

① Cafeteria
② Computer Room
③ Library
④ Student Lounge

問22～25　あなたは，留学生の友達のために，英語が通じるフィットネスクラブを探していて，受付で一緒に料金プランの説明を聞いています。次の表の四つの空欄 22 ～ 25 に入れるのに最も適切なものを，六つの選択肢 (①～⑥) のうちから一つずつ選びなさい。選択肢は2回以上使ってもかまいません。

Club Membership Plans and Monthly Fees

Membership plans	All areas	Pool only	Towel service
Regular	¥8,000	23	24
Daytime	¥5,000	¥3,000	25
Student	22	¥2,000	¥1,000

① ¥0
② ¥1,000
③ ¥2,500
④ ¥3,000
⑤ ¥4,000
⑥ ¥6,000

これで第4問Aは終わりです。

問18~21　　正解18 ③ / 19 ④ / 20 ① / 21 ②　　　音声スクリプト 🔊 TRACK D12_08

問題レベル【普通】　配点 4点　※問18-21全部正解の場合のみ4点。

To understand our campus services, we researched the **number of students** who ❶ used the cafeteria, computer room, library, and student lounge over the last semester. As you can see, the student lounge **had a** continuous rise in users over ❷ all four months. The use of the computer room, however, was **the least consistent, with some increase and some decrease**. Library usage **dropped in May** but grew each month after that. Finally, cafeteria use **rose in May,** and then the numbers became **stable.**

【訳】キャンパスのサービスを把握するために、私たちは前の学期中に学食、コンピューター室、図書館、学生ラウンジを利用した学生の数を調べました。ご覧のとおり、学生ラウンジは4カ月全ての月において、利用者が連続して増えました。しかし、コンピューター室の利用は最も安定しておらず、増加も減少もありました。図書館の使用は5月に下落しましたが、その後は毎月伸びました。最後に、学食の利用は5月に上昇し、それから人数は安定しました。

音声のポイント

🎙❶ number of students の of は弱形で「ォ」のようになり「ナンバーォステューデンツ」のように発音されている。

🎙❷ had a は連結して「ハダ」のように発音されている。

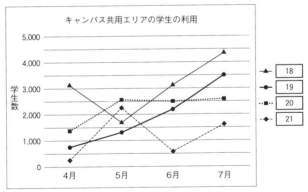

選択肢 ① Cafeteria 「学食」　② Computer Room 「コンピューター室」
③ Library 「図書館」　④ Student Lounge 「学生ラウンジ」

語句

semester	名（2学期制の）学期	increase	名 増加
continuous	形 連続した	decrease	名 減少
rise	名 増加	usage	名 使用
consistent	形 一貫した、安定した	stable	形 安定した

Day 12

❶聴き取りの型を使う→❷数値表現に注目して解く

❶グラフのタイトルは Student Use of Campus Common Areas「キャンパス共用エリアの学生の利用」です。グラフ問題なので increase、decrease、drop などの増減を表す表現が使われることを予測しておきましょう。❷増減に関わる表現に注意して聴くと、the student lounge **had a continuous rise** in users over all four months「学生ラウンジは4カ月全ての月において、利用者が連続して増えました」とあります。4カ月間増え続けている 19 に④ Student Lounge が入ることがわかります。have a continuous rise「増加し続ける」を覚えておきましょう。次に、The use of the computer room, however, was **the least consistent, with some increase and some decrease**.「しかし、コンピューター室の利用は最も安定しておらず、増加も減少もありました」とあります。the least consistent「最も安定していない」がやや難しいですが、こちらが聴き取れなくても with some increase and some decrease「増加も減少もあった」が聴き取れれば、 21 に② Computer Room が入るとわかります。次に Library usage **dropped in May** but grew each month after that.「図書館の使用は5月に下落しましたが、その後は毎月伸びました」とあり、dropped in May「5月に下落した」が聴き取れれば 18 には③ Library が入るとわかります。残った 20 には① Cafeteria が入ります。cafeteria use **rose in May**, and then the numbers became **stable**.「学食の利用は5月に上昇し、それから人数は安定しました」が根拠となります。今回出てきた、consistent「安定した」と stable「安定した」もグラフ問題の頻出表現なので覚えておきましょう。

問22〜25 　正解22 ⑤ / 23 ⑥ / 24 ① / 25 ②　　音声スクリプト 🔊 TRACK D12_11

問題レベル【やや難】　配点各1点

Let me explain our monthly membership plans. A regular membership with 24-hour access to all areas is ¥8,000. Daytime members can access all areas for ¥5,000. Students with a valid ID **get half-off our regular membership fee**. We also offer pool-only options for **¥2,000 off** the price of our regular, daytime, and student memberships. Oh, and our towel service is **included** in our regular membership **with no extra charge** but is available to daytime and student members for an **additional ¥1,000**.

【訳】私たちの月額会員プランをご説明します。全エリアを24時間利用できるレギュラー会員は8,000円です。デイタイム会員は全エリアを5,000円で利用できます。有効な身分証明書のある学生はレギュラー会員料金から半額となります。また、レギュラー、デイタイム、学生会員の料金から2,000円引きで、プールのみの選択も提供しております。あっ、それからタオルのサービスは、レギュラー会員には追加料金なしで含まれていますが、デイタイム会員と学生会員は追加1,000円でご利用いただけます。

音声のポイント

🎤❶ ¥（yen）は「エン」ではなく「イェン」に近い発音なので注意する。

クラブの会員プランと月額料金

会員プラン	全エリア	プールのみ	タオルのサービス
レギュラー	￥8,000	23	24
デイタイム	￥5,000	￥3,000	25
学生	22	￥2,000	￥1,000

選択肢 ① ￥0　② ￥1,000　③ ￥2,500　④ ￥3,000　⑤ ￥4,000　⑥ ￥6,000

語句　access　名 利用する権利　half-off ~　熟 ~から半額割引して
　　　　　　　　他 ~を利用する　　　　　　　　　　（このoffは前置詞）
　　　valid　形 有効な　　　　　　　extra　形 追加の
　　　ID (= identification)　　　　　charge　名 料金、請求金額
　　　　　　　　名 身分証明書　　　　additional　形 追加の

❶聴き取りの型を使う→❷条件を聴いて分類する

❶問題文から、「**フィットネスクラブの料金プラン**」に関する英文であることがわかります。表からは、**使えるエリアやタオルのサービスの有無**が基準となることを確認しておきましょう。❷空白になっている箇所に注意して聴くと、Students with a valid ID get **half-off** our regular membership fee.「有効な身分証明書のある学生はレギュラー会員料金から半額となります」とあります。Regular の8,000円の半額になるので、22 には⑤ ￥4,000が入ります。次に、プールのみのレギュラープランが空白となっているので注意して聴くと、We also offer pool-only options for **￥2,000 off** the price of our regular, daytime, and student memberships. とあります。All areas の8,000円の2,000円引きになるので、23 には⑥ ￥6,000が入ります。次にタオルのサービスに注意して聴くと、our towel service is **included** in our regular membership with **no extra charge**「タオルのサービスは、レギュラー会員には追加料金なしで含まれています」とあるので、24 には① ￥0が入ります。デイタイムについては、is available to daytime and student members for an **additional ￥1,000**「デイタイム会員と学生会員は追加1,000円でご利用いただけます」とあるので、25 には② ￥1,000が入ることがわかります。追加料金を表す extra charge や additional ~を覚えておきましょう。

Day 12

DAY 13

【モノローグ：発話比較問題】を攻略する「聴き取りの型」

ここまでの問題はメモを取る必要はほとんどありませんでしたが、今日の形式は表に書き込みながら解いたほうが解きやすくなります。条件に当てはまるものに「○」、当てはまらないものに「×」、曖昧なものには「△」のように記入しましょう。

「 聴 き 取 り の 型 」の ス テ ッ プ

① 状況と条件を先読みする

日本語で書かれている状況、条件をしっかり確認しておきましょう。表と選択肢には同じ内容が書かれていますが、後でメモの記入がしやすいように、表のほうを確認しておきましょう。どのような単語が使われるかも確認します。

B　第4問Bは問26の1問です。話を聞き、示された条件に最も合うものを、四つの選択肢(①~④)のうちから一つ選びなさい。後の表を参考にしてメモを取ってもかまいません。<u>状況と条件を読む時間が与えられた後、音声が流れます。</u>

① 状況

あなたは、来月の読書会で読む本を一冊決めるために、四人のメンバーが推薦する本の説明を聞いています。

あなたが考えている条件

A．長さが250ページを超えないこと

B．過去1年以内に出版されていること

C．ノンフィクションで、実在の人物を扱っていること

！ **状況と条件を確認！**

②

Book titles	Condition A	Condition B	Condition C
① *Exploring Space and Beyond*			
② *Farming as a Family*			
③ *My Life as a Pop Star*			
④ *Winning at the Olympics*			

！ **○×△などを記入する！**

問26　[26]　is the book you are most likely to choose.

① *Exploring Space and Beyond*

② *Farming as a Family*

③ *My Life as a Pop Star*

④ *Winning at the Olympics*

> これで第4問Bは終わりです。

内容 第4問Bは複数の人物（4人）の説明を聴いて、与えられた条件に最も合う選択肢を選ぶ問題です。聴きながら情報を整理していく必要がありますが、条件を一つでも満たしていなければ不正解と判断できる問題が多く、さほど複雑ではありません。

2

条件に当てはまる
ものを選ぶ

音声を聴きながら表に○×などを記入します。3つの条件を満たしたものが正解になります。

Day
13

では、この「聴き取りの型」を使って、次ページの問題に取り組みましょう！

B 　第4問Bは問26の1問です。話を聞き，示された条件に最も合うものを，四つの選択肢 **(①〜④)** のうちから一つ選びなさい。後の表を参考にしてメモを取ってもかまいません。**状況と条件を読む時間が与えられた後，音声が流れます**。

状況
　あなたは，来月の読書会で読む本を一冊決めるために，四人のメンバーが推薦する本の説明を聞いています。

あなたが考えている条件
　A．長さが250ページを超えないこと
　B．過去1年以内に出版されていること
　C．ノンフィクションで，実在の人物を扱っていること

Book titles	Condition A	Condition B	Condition C
① *Exploring Space and Beyond*			
② *Farming as a Family*			
③ *My Life as a Pop Star*			
④ *Winning at the Olympics*			

問26 　26 　is the book you are most likely to choose.

① *Exploring Space and Beyond*
② *Farming as a Family*
③ *My Life as a Pop Star*
④ *Winning at the Olympics*

これで第4問Bは終わりです。

問26　正解②　問題レベル【普通】　配点 4点　音声スクリプト 🔊 TRACK D13_02〜05

① There are so many books to choose from, but one I think would be good is <u>a science fiction novel</u>, *Exploring Space and Beyond*, that was <u>published last month</u>. It can be read in one sitting because it's just <u>150 pages</u> long.

② I read a review online <u>about a</u> ❶ book that was <u>published earlier this year</u>, titled *Farming as a Family*. It's <u>a true story</u> about a man who decided to move with his family to the countryside to farm. It's an easy read... <u>around 200 pages</u>.

③ I know a really good <u>autobiography</u> called *My Life as a Pop Star*. It's <u>300 pages</u> in length. I think it would be an interesting discussion topic for our group. I learned a lot when <u>I read it several years ago</u>.

④ I heard about <u>a new book</u>, *Winning at the Olympics*. It features Olympic athletes who won medals. <u>It has</u> ❷ so many interesting photographs and some really amazing <u>true-life stories</u>. It's <u>275 pages</u> long

【訳】①とても多くの本がある中から選ぶのですが、よさそうに思える1冊が**SF小説**『宇宙とその先を探検する』で、**先月刊行されました**。長さが**150ページ**しかないので、一気に読めます。

②**今年初めに出版された**『家族で農業』というタイトルの本の書評を、オンラインで読みました。農業をするために家族と一緒に田舎に移り住むことに決めた男性の**実話**です。楽に読める本で……**200ページ**ぐらいです。

③『ポップスターの人生』という、とてもいい**自叙伝**を知っています。長さは**300ページ**です。私たちのグループにとって面白い話し合いのテーマになるだろうと思います。**私が数年前に読んだ**時には、たくさんのことを学びました。

④**新刊**の『オリンピックで勝つこと』について耳にしました。メダルを取ったオリンピック選手を取り上げています。とてもたくさんの興味深い写真と、本当に驚かされる**実話**がいくつか載っています。長さは**275ページ**です。

音声のポイント

🎙❶ about a は連結・変化により「アバウラ」のように発音されている。

🎙❷ It has の has の[h]はかなり弱く発音されている。

問いと選択肢

[26] is the book you are most likely to choose.

「[26] が、あなたが選ぶ可能性の最も高い本である」

① *Exploring Space and Beyond*　『宇宙とその先を探検する』

② *Farming as a Family*　『家族で農業』

③ *My Life as a Pop Star*　『ポップスターの人生』

④ *Winning at the Olympics*　『オリンピックで勝つこと』

語句

science fiction	名 空想科学小説、SF		autobiography	名 自叙伝
in one sitting	熟 一気に		length	名 長さ
review	名 批評、書評		true-life	形 実話の

Day
13

❶状況と条件を先読み→❷条件に当てはまるものを選ぶ

❶「読む本を一冊決める」という**状況**とそれぞれの**条件**を確認します。❷音声と条件を照らし合わせていきます。条件は A. 長さが250ページを超えないこと、B. 過去1年以内に出版されていること、C. ノンフィクションで、実在の人物を扱っていることです。

①は a science fiction novel が聴き取れれば、Condition C のノンフィクションという条件に当てはまらないので不正解と判断できます。published last month で先月出版されたこと、it's just 150 pages long で150ページであることから A、B の条件は○。表の A、B に○、C に×入れておきましょう。②は a book that was published earlier this year から1年以内に出版されているので B は○。It's a true story から C も○。It's an easy read... around 200 pages から A も○。つまり②が正解です。練習として③以降も確認しておきましょう。③は autobiography「自叙伝」であることから C は○。It's 300 pages から A は×。I read it several years ago から B は×。④は I heard about a new book から B はおそらく○。some really amazing true-life stories から C は○。It's 275 pages long から A は×。

Book titles	Condition A	Condition B	Condition C
① *Exploring Space and Beyond*	○	○	✕
② *Farming as a Family*	○	○	○
③ *My Life as a Pop Star*	✕	✕	○
④ *Winning at the Olympics*	✕	○	○

B　　第4問Bは問26の1問です。話を聞き，示された条件に最も合うものを，四つの選択肢 (①〜④) のうちから一つ選びなさい。後の表を参考にしてメモを取ってもかまいません。**状況と条件を読む時間が与えられた後，音声が流れます。**

状況

あなたは，ある美術館の館内ツアーの中から，参加するものを一つ決めるために，四人の学芸員の説明を聞いています。

あなたが考えている条件

　A．現代美術を鑑賞できること

　B．絵画と彫刻の両方を鑑賞できること

　C．ガイドから対面で説明を受けられること

Tours	Condition A	Condition B	Condition C
① Tour No. 1			
② Tour No. 2			
③ Tour No. 3			
④ Tour No. 4			

問26　| 26 |　is the tour you are most likely to choose.

　① Tour No. 1

　② Tour No. 2

　③ Tour No. 3

　④ Tour No. 4

これで第4問Bは終わりです。

問 26 正解 ② 問題レベル【普通】 配点 4点 音声スクリプト 🔊 TRACK D13_08〜11

① Tour No. 1 allows you to experience a variety of contemporary works that well-known artists have produced between the years 2010 and 2020. It includes both sculptures and paintings. It's self-guided, so you can go along at your own pace, using a detailed guidebook.

② Tour No. 2, which is available only this week, focuses on great works of art of the 21st century. The tour guide, who is an art professor at a local university, will personally guide you through the painting and sculpture exhibits.

③ Tour No. 3 allows you to use a smartphone to listen to a recorded explanation by an art expert. The guide will first cover the painting galleries and then, later, proceed to the ancient sculpture exhibit outdoors. This is great for the independent tourist.

④ In Tour No. 4, the guide, who is a local volunteer, will accompany you through a series of exhibits that focus on paintings from various art periods. It covers works from the 17th century to contemporary times. The sculpture exhibits are not included in this tour.

【訳】 ①ツアー No.1では、有名な芸術家たちが2010年から2020年の間に制作したさまざまな現代美術作品を体験することができます。彫刻と絵画の両方が含まれます。ガイドが付かないので、詳細なガイドブックを使いながら自分のペースで進むことができます。

②今週だけ参加できるツアー No.2は、21世紀の美術の名作に注目します。地元の大学の美術教授が務めるツアーガイドが、直接、絵画と彫刻の展示を案内してくれます。

③ツアー No.3では、スマートフォンを使って、美術専門家による録音された説明を聴くことができます。ガイドはまず絵画展示室の説明をし、それからその後、屋外の古代彫刻展示へと進みます。これは個人客にお勧めです。

④ツアー No.4では、地元のボランティアが務めるガイドが、さまざまな芸術時代の絵画に注目した一連の展示に同行します。17世紀から現代までの作品を扱います。このツアーには彫刻展示は含まれません。

音声のポイント

🔊❶ a は弱形でかなり弱く発音されている。

問いと選択肢

26 is the tour you are most likely to choose.

「 26 が、あなたが選ぶ可能性の最も高いツアーである」

① Tour No.1 ② Tour No.2 ③ Tour No.3 ④ Tour No.4

語句

contemporary	形	現代の	self-guided	形	ガイドなしの
work	名	作品	detailed	形	詳細な
sculpture	名	彫刻	focus on 〜	熟	〜に注目する

personally	副 自ら、直接に		ancient	形 古代の
exhibit	名 展示（品）		independent	形 独立した、集団に属さない
explanation	名 説明、解説		accompany ~	他 ~に同行する
cover ~	他 ~を取り扱う		a series of ~	熟 一連の~
proceed	自 進む			

❶「美術館のツアーの中から参加するものを決める」という**状況を確認**しておきましょう。**条件**は A. 現代美術を鑑賞できること、B. 絵画と彫刻の両方を鑑賞できること、C. ガイドから対面で説明を受けられることです。❷ ① Tour No.1 は Tour No.1 allows you to experience a variety of **contemporary works** that well-known artists have produced between the years 2010 and 2020. と言っており、contemporary「現代の」がわかればAの現代美術に当てはまるので表のAに〇をつけましょう。between the years 2010 and 2020と言っているので、こちらから判断しても OK です。It includes **both sculptures and paintings.** からBも〇になります。しかし It's **self-guided**「ガイドなしの」からCが✕になり、①は不正解になります。S allow O to V は「許可する」の意味で考えてしまいがちですが、「SのおかげでOはVできる」という意味で使われる超重要表現です。リーディングやリスニングの第5問でこの表現が使われている時は解答に関わっていることが多いので必ず覚えておきましょう。

② Tour No.2 は great works of art **of the 21st century** からAは〇です。また The tour guide, who is an art professor at a local university, will **personally guide you** through the **painting and sculpture** exhibits. からB、Cどちらも〇になり、②が正解となります。

練習として③④も確認しましょう。

③ Tour No.3 は Tour No.3 allows you to **use a smartphone to listen to a recorded explanation** by an art expert. から「説明にはスマートフォンを利用する」ことがわかるのでCが✕になり不正解です。The guide will first cover the **painting** galleries and then, later, proceed to the **ancient sculpture** exhibit outdoors. からBは〇。painting については時代は述べられておらず、sculpture は ancient「古代の」なのでAは✕と考えられます。

④ Tour No.4 は In Tour No.4, **the guide**, who is a local volunteer, **will accompany you** through a series of exhibits that focus on **paintings** from various art periods. から、対面のガイドがあるのでCは〇。It covers works from the 17th century to **contemporary** times. から、現代も含まれているのでAも〇。しかし The **sculpture exhibits are not included** in this tour. とあるのでBが✕となります。

Day 13

	Tours	Condition A	Condition B	Condition C
①	Tour No. 1	〇	〇	✕
②	Tour No. 2	〇	〇	〇
③	Tour No. 3	✕	〇	✕
④	Tour No. 4	〇	✕	〇

DAY 14

【モノローグ:発話比較問題】を攻略する「照合の型」

今日も表に〇×△などを書き込みながら音声を聴きましょう。本番でいきなりメモを取ろうとすると混乱することがあります。練習の段階で、聴きながら条件と照合し、表に書き込むことに慣れておきましょう。

「 照 合 の 型 」 の ス テ ッ プ

①
聴き取りの型を使う

Day 13で解説した「聴き取りの型」を使って取り組みます。

B 第4問Bは問26の1問です。話を聞き，示された条件に最も合うものを，四つの選択肢（①〜④）のうちから一つ選びなさい。後の表を参考にしてメモを取ってもかまいません。**状況と条件を読む時間が与えられた後，音声が流れます。**

①
状況

あなたは，交換留学先の高校で，生徒会の会長選挙の前に，四人の会長候補者の演説を聞いています。

！ 状況と条件を確認！

あなたが考えている条件

A. 全校生徒のための行事を増やすこと
B. 学校の食堂にベジタリアン向けのメニューを増やすこと
C. コンピューター室を使える時間を増やすこと

②

Candidates	Condition A	Condition B	Condition C
① Charlie			
② Jun			
③ Nancy			
④ Philip			

問26 | 26 | is the candidate you are most likely to choose.

！ 〇×△などを記入する！

① Charlie
② Jun
③ Nancy
④ Philip

これで第4問Bは終わりです。

昨日と同じ第4問Bの形式です。情報処理自体はそこまで複雑ではありません
が、音声がやや聴き取りにくい箇所が出てきます。音声のポイントに注意し
て、しっかり復習しておきましょう。

❷ 情報を照合する

音声を聴きながら**条件と情報を照合**していきます。**直接的に表現されていないものにも注意**しておきましょう。3つの条件を満たしたものが正解になります。

では、「聴き取りの型」を活かしつつ、「照合の型」を使って、次ページの問題に取り組みましょう！ 👉

B 　第4問Bは問26の1問です。話を聞き，示された条件に最も合うものを，四つの選択肢（①～④）のうちから一つ選びなさい。後の表を参考にしてメモを取ってもかまいません。**状況と条件を読む時間が与えられた後，音声が流れます。**

状況

あなたは，交換留学先の高校で，生徒会の会長選挙の前に，四人の会長候補者の演説を聞いています。

あなたが考えている条件

A．全校生徒のための行事を増やすこと

B．学校の食堂にベジタリアン向けのメニューを増やすこと

C．コンピューター室を使える時間を増やすこと

Candidates	Condition A	Condition B	Condition C
① Charlie			
② Jun			
③ Nancy			
④ Philip			

問26 　| 26 | 　is the candidate you are most likely to choose.

① Charlie
② Jun
③ Nancy
④ Philip

これで第4問Bは終わりです。

問26 　**正解 ④**　問題レベル【普通】　配点 4点　　音声スクリプト 🔊 TRACK **D14_02〜05**

① Hi there! Charlie, here. I'll work to increase the opening hours of the computer room. Also, there should be more events for all students. Finally, our student athletes need energy! So I'll push for more meat options in the cafeteria.

② Hello! I'm Jun. I think school meals would be healthier if our cafeteria increased vegetarian choices. The computer lab should also be open longer, especially in the afternoons. Finally, our school should have fewer events. We should concentrate on homework and club activities!

③ Hi guys! I'm Nancy. I support the school giving all students computers; then we wouldn't need the lab! I also think the cafeteria should bring back our favorite fried chicken. And school events need expanding. It's important for all students to get together!

④ Hey everybody! I'm Philip. First, I don't think there are enough events for students. We should do more together! Next, we should be able to use the computer lab at the weekends, too. Also, vegans like me need more vegetable-only meals in our cafeteria.

【訳】①こんにちは!　チャーリーです。僕はコンピューター室の利用時間を増やすように努力します。また、全生徒のための行事がもっとたくさんあるべきです。最後に、わが校の学生運動選手たちにはエネルギーが必要です!　そのため、学食のお肉の選択肢がもっとあるよう強く求めます。

②こんにちは!　私はジュンです。私は、もし学食がベジタリアン向けの選択肢を増やしたら、学校給食がもっと健康的になるだろうと思います。また、コンピューター室はもっと長く開いているべきで、特に午後はそうです。最後に、わが校は行事を減らすべきです。私たちは宿題とクラブ活動に専念すべきです!

③こんにちは、皆さん!　私はナンシーです。私は学校が全生徒にコンピューターを配布することを支持します。そうすればコンピューター室が不要になるでしょう!また、学食は私たちの大好きなフライドチキンを再販すべきだと思います。そして、学校行事は増やされる必要があります。全生徒が団結することが重要なのです!

④やあ、みんな!　僕はフィリップです。最初に、僕は生徒のための行事が十分ではないと思っています。私たちは一緒にもっと多くのことをやるべきです!　次に、コンピューター室は週末も使えるべきです。また、僕のようなビーガンは、学食で野菜だけの食事をもっと必要としています。

問いと選択肢

26 is the candidate you are most likely to choose.
「 26 が、あなたが選ぶ可能性の最も高い候補者である」

① Charlie　② Jun　③ Nancy　④ Philip

Day
14

語句			
athlete	名 運動選手	expand	自 拡大する、増える
push for ～	熟 ～を強く求める	get together	熟 団結する
lab（laboratoryの略）		vegan	名 完全な菜食主義者、ビーガン
	名 実験室、研究室		
concentrate on ～	熟 ～に専念する		

❶聴き取りの型を使う→❷情報を照合する

❶まずは問題文の「生徒会の会長選挙の演説」という**状況を確認**します。3つの条件は表には書かれていないので、表に「行事を増やす」「ベジタリアン」「コンピューター室」など簡単に言い換えたメモを書いておいても OK です。❷条件を満たしているかどうかに注意して、それぞれの発言を確認していきましょう。

① Charlie の発言では、I'll work to increase the opening hours of the computer room. とあり、Condition C は〇です。また、there should be more events for all students から、Condition A も〇です。ベジタリアン向けのメニューについては言及されていないため Condition B は×となり、不正解です。

② Jun の発言では、I think school meals would be healthier if our cafeteria increased vegetarian choices. と あり、Condition B は 〇 です。The computer lab should also be open longer から、Condition C も〇です。our school should have fewer events は、「行事を増やす」という Condition A とは逆の意見となるため×となり、不正解です。

③ Nancy の発言では、I support the school giving all students computers; then we wouldn't need the lab! から、「コンピューター室は必要なくなるだろう」と考えていることがわかるため、Condition C は×となり、不正解となります。ベジタリアンのメニューについては言及されていないため Condition B は×です。school events need expanding から、Condition A は〇です。

④ Philip の発言では、I don't think there are enough events for students. で「行事が足りていない」と考えていることがわかるため、Condition A は〇です。次に、we should be able to use the computer lab at the weekends, too で、「コンピューター室を週末も使えるようにしたい」と考えていることがわかるため、Condition C は〇です。最後に vegans like me need more vegetable-only meals in our cafeteria から、「ベジタリアン向けメニューを増やしたい」と考えていることがわかるため Condition B も〇となります。よって、3つの条件を全て満たすことになり、正解となります。

	Candidates	Condition A	Condition B	Condition C
①	Charlie	〇	×	〇
②	Jun	×	〇	〇
③	Nancy	〇	×	×
④	Philip	〇	〇	〇

B 　第4問Bは問26の1問です。話を聞き，示された条件に最も合うものを，四つの選択肢①〜④のうちから一つ選びなさい。後の表を参考にしてメモを取ってもかまいません。**状況と条件を読む時間が与えられた後，音声が流れます。**

状況
　あなたは，国際会議の会場を一つ決めるために，四人のスタッフが推薦する場所の説明を聞いています。

あなたが考えている条件
　A．50人以上入る部屋が8室以上あること
　B．施設内全体でWi-Fiが使えること
　C．施設内で食事ができること

	Location	Condition A	Condition B	Condition C
①	Ashford Center			
②	Founders' Hotel			
③	Mountain Terrace			
④	Valley Hall			

問26　| 26 | is the location you are most likely to choose.

① Ashford Center
② Founders' Hotel
③ Mountain Terrace
④ Valley Hall

これで第4問Bは終わりです。

問26　正解 ③　問題レベル【普通】　配点 4点　　音声スクリプト 🔊 TRACK D14_08〜11

① I suggest the Ashford Center. It has twenty rooms we can use for sessions that hold up to forty people each and a conference room for meetings. It's recently **been** updated with Wi-Fi available everywhere, and it has an excellent food court.

② I recommend the Founders' Hotel. It's modern with Wi-Fi in all rooms, and many great restaurants are available just a five-minute walk from the building. They have plenty of space for lectures with eight large rooms that accommodate seventy people each.

③ I like Mountain Terrace. Of course, there are several restaurants inside for people to choose from, and Wi-Fi is available throughout the hotel. They have ten rooms that can hold sixty people each, but unfortunately they don't have a printing service.

④ Valley Hall is great! They have lots of space with five huge rooms that fit up to 200 people each. There's a restaurant on the top floor with a fantastic view of the mountains. If you need Wi-Fi, it's available in the lobby.

【訳】①私はアシュフォード・センターを提案します。会合に使える部屋が20室あって、それぞれ40人まで収容できますし、会議用の会議室も1室あります。最近、どこでも Wi-Fi が利用できるようにアップデートされましたし、素晴らしいフードコートがあります。

②私はファウンダーズ・ホテルをお薦めします。全室 Wi-Fi を備えていて最新式ですし、建物からほんの徒歩5分の所にたくさんのおいしいレストランがあります。ホテルは講演用のスペースがたっぷりで、それぞれ70人収容できる大きな部屋が8室あります。

③私はマウンテン・テラスが好きです。もちろん、建物内にレストランがいくつかあって、人々はそこから選べますし、ホテル全域で Wi-Fi が利用できます。それぞれ60人収容できる部屋が10室ありますが、残念ながら印刷サービスはありません。

④バレー・ホールはとてもいいですよ！　スペースたっぷりで、それぞれ200人まで収容できる巨大な部屋が5室あります。最上階に、山々の素晴らしい眺めを楽しめるレストランがあります。Wi-Fi が必要であれば、ロビーで利用できます。

【音声のポイント】

🔊❶ been は「ビーン」ではなく、短く「ビン」のように発音されるので注意する。

🔊❷ that fit up は脱落、変化、連結により、「ザッフィダッ p」のように発音されている。

【問いと選択肢】

26 is the location you are most likely to choose.

「 26 が、あなたが選ぶ可能性の最も高い場所である」

① Ashford Center　② Founders' Hotel　③ Mountain Terrace　④ Valley Hall

語句			
session	名 会合、集会	update 〜	他 〜を最新のものにする
hold 〜	他 〜を収容する	lecture	名 講演、講義
up to 〜	熟（数量などが）〜まで、	accommodate 〜	
	最大〜		他（人・物）を収容する
conference	名（大規模な）会議	fit 〜	他（人・物）を入れる、収める

❶聴き取りの型を使う→❷情報を照合する

❶問題文の「国際会議の会場を決める」という**状況を確認**します。3つの条件は表には書かれていないので、表に「50人以上、8室以上」「施設全体のWi-Fi」「施設内で食事」など簡単に言い換えたメモを書いておいてもOKです。

❷条件を満たしているかどうかに注意してそれぞれの発言を確認していきましょう。① Ashford Center については、It has twenty rooms we can use for sessions that hold **up to forty people** each and a conference room for meetings とあり、50人以上ではないので Condition A が×となり、①は不正解です。**Wi-Fi available everywhere** から Condition B は〇、it **has an excellent food court** から Condition C は〇です。

② Founders' Hotel については、**Wi-Fi in all rooms** から Condition B は〇です。ただ many great **restaurants** are available **just a five-minute walk from the building**.「建物からほんの徒歩5分の所にたくさんのおいしいレストランがあります」とあり、施設内では食事できないことがわかるので Condition C が×となり、不正解です。条件の「施設内」という点を見落とさないようにしましょう。They have plenty of space for lectures with **eight large rooms** that accommodate **seventy people** each. から Condition A は〇となります。

③ Mountain Terrace については、there are **several restaurants inside** から、条件 C は〇です。次に、**Wi-Fi is available throughout the hotel** から Condition B も〇です。最後に They have **ten rooms** that can hold **sixty people** each から、Condition A も〇となり、こちらが正解です。unfortunately「残念ながら」とありますが、その後の内容は条件には無関係なので引っかからないようにしましょう。

④ Valley Hall については、They have lots of space with **five huge rooms** that fit **up to 200 people** each. から、8室以上ではないので Condition A が×となり、不正解だとわかります。There's **a restaurant on the top floor** から、Condition C は〇です。If you need Wi-Fi, it's **available in the lobby**. から、施設内全体ではないので Condition B は×となります。

Day 14

	Location	Condition A	Condition B	Condition C
①	Ashford Center	✕	〇	〇
②	Founders' Hotel	〇	〇	✕
③	Mountain Terrace	〇	〇	〇
④	Valley Hall	✕	✕	〇

【講義：シート作成問題】を攻略する「聴き取りの型」

この問題から一気に難易度が上がります。英文もかなり長くなりますが、ワークシートに書かれた情報を頭に入れておけば、聴き取りの際の大きなヒントになります。今日で【シート作成問題】の先読みの方法を確実にマスターしましょう。

「聴き取りの型」のステップ

①

状況、ワークシートを先読みする

「状況」に書いてある内容を見てテーマを把握しましょう。ワークシートも可能な限り読み込み、何に注意して聴けばいいのか、どういった単語が使われるのかを確認しましょう。空所の前後、表の内容を中心に確認します。

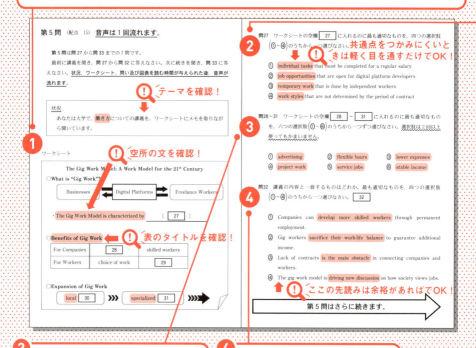

第5問 (配点 15) 音声は1回流れます。

第5問は問27から問33までの7問です。

最初に講義を聞き、問27から問32に答えなさい。次に続きを聞き、問33に答えなさい。状況、ワークシート、問い及び図表を読む時間が与えられた後、音声が流れます。

！ テーマを確認！

状況

あなたは大学で、働き方についての講義を、ワークシートにメモを取りながら聞いています。

ワークシート

！ 空所の文を確認！

The Gig Work Model: A Work Model for the 21st Century

○What is "Gig Work"?

Businesses ⇄ Digital Platforms → Freelance Workers

・The Gig Work Model is characterized by [27]

○Benefits of Gig Work ◀ **！ 表のタイトルを確認！**

| For Companies | 28 | skilled workers |
| For Workers | choice of work | 29 |

○Expansion of Gig Work

local 30 ≫≫ specialized 31 ≫≫

②

問27 ワークシートの空欄 27 に入れるのに最も適切なものを、四つの選択肢(①~④)のうちから一つ選びなさい。**共通点をつかみにくいときは軽く目を通すだけでOK！**

① individual tasks that must be completed for a regular salary
② job opportunities that are open for digital platform developers
③ temporary work that is done by independent workers
④ work styles that are not determined by the period of contract

問28~31 ワークシートの空欄 28 ~ 31 に入れるのに最も適切なものを、六つの選択肢(①~⑥)のうちから一つずつ選びなさい。選択肢は2回以上使ってもかまいません。

① advertising ② flexible hours ③ lower expenses
④ project work ⑤ service jobs ⑥ stable income

問32 講義の内容と一致するものはどれか。最も適切なものを、四つの選択肢(①~④)のうちから一つ選びなさい。 32

① Companies can develop more skilled workers through permanent employment.
② Gig workers sacrifice their work-life balance to guarantee additional income.
③ Lack of contracts is the main obstacle in connecting companies and workers.
④ The gig work model is driving new discussion on how society views jobs.

！ ここの先読みは余裕があればでOK！

第5問はさらに続きます。

③

空欄を埋める

先読みで確認したポイントに注意しながら音声を聴いて空欄を埋めていきます。

④

内容一致問題に解答する

聴き取った内容と一致する選択肢を選びます。

内容 今日は第5問の形式です。日常的なテーマではなく、学術的な英文が出題されています。設問はワークシートの空欄を埋める問題、講義の内容と一致する選択肢を選ぶ問題、問題用紙に書かれた図と講義の内容から適切な選択肢を選ぶ問題が出題されています。正答率は2〜5割程度で、しっかり対策をしておかないと高得点が難しい問題です。

❷ 問いと選択肢を先読みする

問27の形式は相違点に注目しましょう。相違点が見つけにくい場合は軽く目を通すだけでOKです。問28〜31は選択肢を確認し、音声にはこれらを言い換えた表現が出てくると考えましょう。問32はたいてい選択肢が長めなので先読みする余裕はないかもしれません。無理せずほかの箇所の先読みを行いましょう。可能であれば単語だけでも拾いましょう。

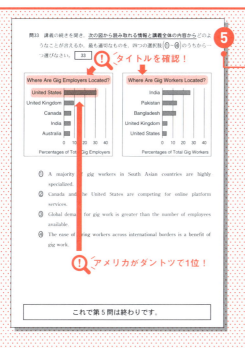

❺

❺ 図と選択肢を先読みする

問33も音声が流れますが、図と選択肢からほぼ答えがわかります。問32を解き終えたらすぐこちらの問題の先読みに入りましょう。図と音声に一致する選択肢を選びます。

Day 15

では、この「聴き取りの型」を使って、次ページの問題に取り組みましょう！ 👉

第 5 問 （配点 15） **音声は 1 回流れます。**

第 5 問は**問 27** から**問 33** までの 7 問です。

最初に講義を聞き，**問 27** から**問 32** に答えなさい。次に続きを聞き，**問 33** に答えなさい。**状況，ワークシート，問い及び図表を読む時間が与えられた後，音声が流れます。**

状況

　あなたは大学で，働き方についての講義を，ワークシートにメモを取りながら聞いています。

ワークシート

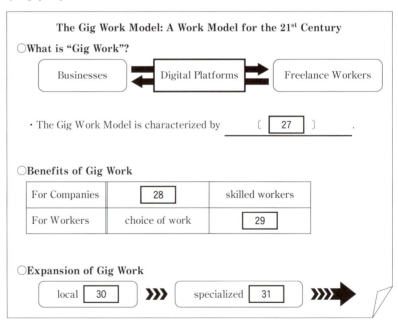

The Gig Work Model: A Work Model for the 21st Century

○**What is "Gig Work"?**

Businesses　←→　Digital Platforms　←→　Freelance Workers

・The Gig Work Model is characterized by 〔 **27** 〕 .

○**Benefits of Gig Work**

For Companies	28	skilled workers
For Workers	choice of work	29

○**Expansion of Gig Work**

local [30] ⟫⟫ specialized [31] ⟫⟫

問27　ワークシートの空欄 27 に入れるのに最も適切なものを，四つの選択肢 (①〜④) のうちから一つ選びなさい。

① individual tasks that must be completed for a regular salary

② job opportunities that are open for digital platform developers

③ temporary work that is done by independent workers

④ work styles that are not determined by the period of contract

問28〜31　ワークシートの空欄 28 〜 31 に入れるのに最も適切なものを，六つの選択肢 (①〜⑥) のうちから一つずつ選びなさい。選択肢は 2 回以上使ってもかまいません。

① advertising　　　② flexible hours　　　③ lower expenses

④ project work　　　⑤ service jobs　　　⑥ stable income

問32　講義の内容と一致するものはどれか。最も適切なものを，四つの選択肢 (①〜④) のうちから一つ選びなさい。 32

① Companies can develop more skilled workers through permanent employment.

② Gig workers sacrifice their work-life balance to guarantee additional income.

③ Lack of contracts is the main obstacle in connecting companies and workers.

④ The gig work model is driving new discussion on how society views jobs.

Day
15

第 5 問はさらに続きます。

問33 講義の続きを聞き，**次の図から読み取れる情報と講義全体の内容から**どのようなことが言えるか，最も適切なものを，四つの選択肢(①〜④)のうちから一つ選びなさい。 ｜33｜

① A majority of gig workers in South Asian countries are highly specialized.

② Canada and the United States are competing for online platform services.

③ Global demand for gig work is greater than the number of employees available.

④ The ease of hiring workers across international borders is a benefit of gig work.

これで第５問は終わりです。

音声スクリプト 🔊 TRACK D15_02

Today I'll introduce a recent work model based on "gig work." Do you know this term? This model utilizes the spread of smartphones and the Internet. It enables businesses to connect with and hire freelance workers through digital platforms. These workers are called gig workers, who do individual jobs, or gigs, on short-term contracts.

Let's look at some benefits of the gig work model. This model is attractive to companies because they can save on operating costs, and they can easily hire a more skilled workforce through digital platforms. The workers have the opportunity to control the numbers and types of projects according to their preferences, with the freedom to choose their schedule and workload. However, their income can ❶ be unstable because it is based on individual payments instead of a regular salary.

The gig work model is expanding to include various types of work. It has become common for local service jobs such as taxi and delivery drivers. There is now increasing demand for highly specialized project work, not only domestically but also internationally. For example, a company that needs help with its advertising can hire international consultants who work remotely in different countries. In fact, a large number of U.S. companies are already taking advantage of ❷ digital platforms to employ an international workforce.

The gig work model is challenging us to rethink the concepts of permanent employment, and full-time and part-time work. Working on a contract basis for multiple companies may give gig workers additional income while ❸ maintaining their work-life balance. As more and more people enter the gig job market, this work model will undoubtedly expand as a work model for future generations.

【訳】本日は「ギグワーク」に基づく最近の就業モデルを紹介します。この専門用語をご存じですか。このモデルはスマートフォンとインターネットの普及を活用しています。そのおかげで企業は、デジタル・プラットフォームを通じてフリーランス・ワーカーとつながり、雇用することができます。こうした働き手はギグワーカーと呼ばれ、個々の仕事すなわち「ギグ」を、短期契約で行います。

　ギグワーク・モデルの利点をいくつか見てみましょう。このモデルが企業にとって魅力的な理由は、経営費を節約できて、デジタル・プラットフォームを通じてより技能の高い労働力を容易に雇うことができるからです。働き手には、好みに応じてプロジェクトの数や種類を調整する機会があり、日程と仕事量を選ぶ自由があります。しかし、定期的な給与の代わりに個々の支払いが基になるため、収入は不安定になることがあります。

　ギグワーク・モデルは拡大してさまざまな種類の仕事を含むようになっています。タクシーや配達のドライバーといった、地域型のサービス業では一般的になりました。現在では高度に専門的なプロジェクト業務で、国内のみならず国際的にも需要が高まって

Day 15

います。例えば、広告に関して手助けの必要な企業は、さまざまな国でリモートワークをしている国際コンサルタントたちを雇うこともできます。実際、多数のアメリカ企業が既にデジタル・プラットフォームを利用して国際的な労働力を雇用しています。

　ギグワーク・モデルは私たちに、==終身雇用や、フルタイムとパートタイムの働き方といった概念を再考するよう迫っています==。契約ベースで複数の企業のために働くことで、ギグワーカーは、ワークライフ・バランスを保ちながら副収入を得られるかもしれません。ますます多くの人がギグ就業市場に参入するにつれ、この就業モデルは間違いなく、これからの世代の就業モデルとして広がっていくことでしょう。

ワークシート

ギグワーク・モデル：21世紀の就業モデル

○「ギグワーク」とは何か

| 企業 | ← デジタル・プラットフォーム → | フリーランス・ワーカー |

・ギグワーク・モデルを特徴付けるのは 〔 **27** 〕 。

○ギグワークの利点

企業にとって	**28**	技能の高い働き手
働き手にとって	仕事の選択	**29**

○ギグワークの拡大

| 地域型の **30** | ≫≫ | 専門的な **31** | ≫≫ →

音声のポイント

⚠❶ can は弱形で「カン」[kən] のように発音されている。

⚠❷ of の [v] の音は口の形だけ残すように弱く発音されている。

⚠❸ while は「ワゥ」[wəl] のように発音されている。

🔊語句

based on ~	熟 ~に基づいて	benefit	名 利点、メリット
gig	名 一時的な仕事	operating costs	名 経営費、営業費
term	名 専門用語	skilled	形 技能の高い
utilize ~	他 ~を活用する	workforce	名 労働力
business	名 (可算名詞で) 企業	preference	名 好み
digital platform	名 デジタル・プラットフォーム（IT技術を使ったサービスを利用するための場）	workload	名 仕事量
		income	名 収入
		unstable	形 不安定な
		expand	自 拡大する
individual	名 個々の	demand	名 需要
short-term	形 短期間の	specialized	形 専門的な
contract	名 契約	domestically	副 国内で

remotely	副 遠くで、リモートで	permanent employment	名 終身雇用
		on a ~ basis	熟 ～ベースで
take advantage of ~	熟 ～を利用する	multiple	形 複数の
		additional income	名 副収入
challenge（人）to（V）	熟（人）にVするよう迫る	maintain ~	他 ～を保つ、～を維持する
rethink ~	他 ～を再考する	undoubtedly	副 疑う余地なく、間違いなく
concept	名 概念		

<hr>

問27　正解 ③　問題レベル【普通】　配点 3点

選択肢

① individual tasks that must be completed for a regular salary
「定期的な給与を得るために達成されなければならない個々の仕事」

② job opportunities that are open for digital platform developers
「デジタル・プラットフォームの開発者のために用意された雇用の機会」

③ temporary work that is done by independent workers
「独立した働き手によって行われる一時的な仕事」

④ work styles that are not determined by the period of contract
「契約期間に左右されない働き方のスタイル」

語句

temporary	形 一時的な	be determined by ~	熟 ～によって決定［左右］される
independent	形 独立した		

❶状況、ワークシートを先読み→❷問いと選択肢を先読み→❸空欄を埋める→❹内容一致問題に解答する→❺図と選択肢を先読み

　❶テーマは「ギグワーク」です。❷問いを先読みし、「ギグワーク・モデルが何によって特徴付けられているか」が問われていることを確認しておきましょう。選択肢は共通点が少ないので軽く目を通す程度で OK です。❸ギグワークの「特徴」に注意して聴くと、These workers are called gig workers, who **do individual jobs**, or gigs, **on short-term contracts**. から「短期契約」で仕事を行うことがわかります。よって **temporary work** に言い換えられた③が正解です。①は、ギグワークは regular salary ではないので不正解。②は、ギグワークは digital platform developers に限られたものではないので不正解。④は、短期契約であることに矛盾するので不正解。

Day 15

❶❷ワークシートと選択肢から 28 、 29 はギグワークのメリットに注意して聴きましょう。❸企業にとってのメリットは This model is **attractive to companies** because they can **save on operating costs** から「経営費を節約できる」ことがわかります。よって 28 は **lower expenses** に言い換えられた③が正解。働き手については The workers have the opportunity to control the numbers and types of projects according to their preferences, with **the freedom to choose their schedule** and workload. から、「自由に仕事の日程や量を選べること」がメリットであるとわかります。よって 29 は flexible hours 「融通の利く時間」に言い換えられた②が正解。

❶❷ 30 、 31 はギグワークの拡大に注意して聴きます。❸ 30 の直前には local とあるので、local が流れたら集中力を高めましょう。It has become common for **local service jobs** から local の後には⑤ service jobs が来ているので 30 は⑤が正解。 31 は直前に specialized があります。specialized に注意して聴くと **specialized project work** と流れるので、④ project work が正解です。

❶内容一致問題の場合、先読みは余裕があればで OK です。❹音声を聴いた後、選択肢を見て確認していきます。①は終身雇用について書いてあり、ギグワークの講義とは矛盾する内容なので不正解。②は Gig workers sacrifice their work-life balance「ワークライフ・バラ

ンスを犠牲にする」とありますが、講義ではギグワークについて maintaining their work-life balance「ワークライフ・バランスを保つ」と述べているので不正解。③は Lack of contracts「契約の欠如」とありますが、short-term contracts、Working on a contract basis for multiple companies などの発言から契約はあるとわかるので不正解。残った④が正解です。講義の The gig work model is challenging us to rethink the concepts of permanent employment, and full-time and part-time work. が聴き取れれば、太字の部分が④の driving new discussion on how society views jobs に言い換えられているとわかり、これが正解だと判断できます。

 問33 設問　　　　　　　　　　　　　　　　音声スクリプト 🔊 TRACK **D15_04**

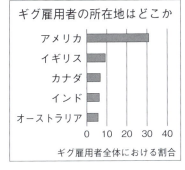

ギグ雇用者の所在地はどこか

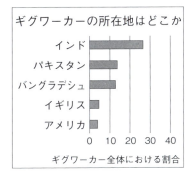

ギグワーカーの所在地はどこか

The growing effects of gig work on employment and markets differ regionally. Look at the two graphs containing data from the major English-language online labor platforms. They show the top five countries in terms of percentages of all gig employers and gig employees. What trend can we see here?

【訳】 ギグワークが雇用や市場に与える影響の拡大は、地域によって異なります。英語の大手オンライン就労プラットフォームのデータからなる2つのグラフを見てください。グラフは全てのギグ雇用者とギグ被雇用者が占める割合の点から見た上位5カ国を示しています。どんな傾向が見てとれるでしょうか。

🔊語句　regionally　　　　副 地域的に　　percentage　名 割合
　　　　in terms of ~　　　熟 ~の点から　　trend　　　　名 傾向

Day
15

問33 正解④ 問題レベル【難】 配点 4点

選択肢

① A majority of gig workers in South Asian countries are highly specialized.
「南アジア諸国のギグワーカーの大半は高度に専門化されている」

② Canada and the United States are competing for online platform services.
「カナダとアメリカがオンライン・プラットフォーム・サービスで競合している」

③ Global demand for gig work is greater than the number of employees available.
「ギグワークの世界的な需要は、雇うことのできる働き手の数よりも大きい」

④ The ease of hiring workers across international borders is a benefit of gig work.
「国境を越えて働き手を雇うことの容易さが、ギグワークの一つのメリットだ」

語句 majority 名 大多数、大半　　ease 名 容易さ、たやすさ

❺先読みではグラフのタイトルが「ギグ雇用者」と「ギグワーカー」になっていることを確認しましょう。縦軸が国名、横軸が雇用者および被雇用者が占める割合になっていることも確認できれば理想的です。次に図・音声と一致する選択肢を選びます。①は「南アジア諸国のギグワーカーの専門性」に言及していますが、図では専門性については触れられていないので不正解。②は「カナダとアメリカが競合している」とありますが、図はオンライン・プラットフォーム・サービスでの競合を示すものではないので不正解。③は「ギグワーカーの需要と労働者の数」が比較されていますが、図や音声からは判断できないので不正解。残った④が正解です。④は「容易に国境を超えて雇用できることがメリット」と述べており、図の雇用者側の国と被雇用者側の国がさまざまであることに一致します。

第5問 (配点 15) <u>音声は1回流れます。</u>

第5問は**問27**から**問33**までの7問です。

最初に講義を聞き，**問27**から**問32**に答えなさい。次に続きを聞き，**問33**に答えなさい。<u>状況，ワークシート，問い及び図表を読む時間が与えられた後，音声が流れます。</u>

<u>状況</u>

あなたは大学で，ミツバチについての講義を，ワークシートにメモを取りながら聞いています。

ワークシート

The Importance of Honeybees

○A major role played by honeybees:

To ［ 27 ］ .

○What's happening in honeybee populations:

	Wild Honeybees	Domesticated Honeybees
Problems	28	Shortage of honeybees
Causes	Loss of natural habitats	29

○What can be done:

	Wild Honeybees	Domesticated Honeybees
Solutions	30	31

問27 ワークシートの空欄 27 に入れるのに最も適切なものを，四つの選択肢 (①～④) のうちから一つ選びなさい。

① contribute to the emphasis on tiny animals

② help humans simplify agricultural practices

③ overcome serious challenges facing wild plants

④ provide us with a vital part of our food supply

問28～31 ワークシートの空欄 28 ～ 31 に入れるのに最も適切なものを，六つの選択肢 (①～⑥) のうちから一つずつ選びなさい。選択肢は2回以上使ってもかまいません。

① Decline in population   ② Diversity of plants

③ Increase in honey production   ④ Lack of land development

⑤ New technology   ⑥ Threats to health

問32 講義の内容と一致するものはどれか。最も適切なものを，四つの選択肢 (①～④) のうちから一つ選びなさい。 32

① Allowing beekeepers access to natural environments helps to ensure sufficient honey production.

② Developing the global food supply has been the primary focus of beekeepers in recent years.

③ Improving conditions for honeybees will be of benefit to humans as well as honeybees.

④ Increasing the wild honeybee population will reduce the number of domesticated honeybees.

第5問はさらに続きます。

問33 講義の続きを聞き，**次の図から読み取れる情報と講義全体の内容から**どのようなことが言えるか，最も適切なものを，四つの選択肢 (①〜④) のうちから一つ選びなさい。 33

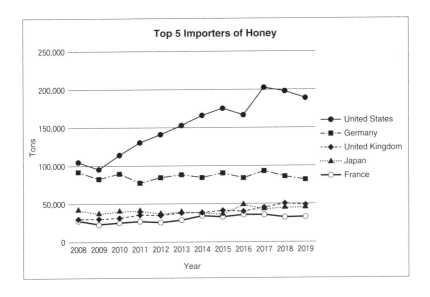

① The growing risk of wild honeybees becoming extinct has limited the amount of honey imports to the U.S. over the last decade.

② The high demand for honey in the U.S. since 2009 has resulted in the growth in imports to the top five countries.

③ The increase of honey imports to the U.S. is due to the efforts of beekeepers to grow a variety of plants all year around.

④ The U.S. successfully imports honey from other countries, despite the global decrease in domesticated honeybee populations.

これで第5問は終わりです。

音声スクリプト 🔊 TRACK D15_07

Our focus today is on a tiny animal, the honeybee. Have you ever thought about how important they are? By flying from one plant to another, honeybees pollinate flowers and plants, which is an essential part of agricultural crop production worldwide. In fact, almost 35% of our global food production relies on honeybees, both wild and domesticated. To emphasize the importance of bees, in 2020, the United Nations designated May 20th as "World Bee Day." Although honeybees are necessary for human life, they are facing serious challenges.

Wild honeybees have been at increasing risk of extinction. These honeybees and native flowering plants depend on each other for survival, but the natural habitats of wild honeybees are being destroyed. Factors such as climate change and land development are responsible for this loss, leaving these wild honeybees without their natural environments.

Domesticated honeybees are kept and managed by farmers called beekeepers for the production of honey. In recent years, the number of domesticated honeybees has been on the decline in many countries. Issues including infectious diseases and natural enemies are making it very difficult to sustain beekeeping. How to deal with these issues has been a concern for beekeepers around the world.

What can be done to maintain these honeybee populations? For wild honeybees, we can grow a variety of bee-friendly plants that bloom in different seasons in order to provide them with healthy habitats. For domesticated honeybees, beekeepers can make use of technological advances to create safer environments that will protect their bees. By improving natural habitats and managing honeybees properly, we can ensure the survival of not only our important friend, the honeybee, but ourselves as well.

【訳】 今日注目するのは小さな動物、ミツバチです。それらがどれだけ重要か考えたことはありますか。植物から植物へと飛ぶことで、ミツバチは花と植物に授粉しますが、これは世界中の農作物生産に欠かせない役割です。実際、世界の食糧生産のほぼ35%が、野生のミツバチと飼育されているミツバチに頼っています。ハチの重要性を強調するために、2020年に、国際連合は5月20日を「世界ハチの日」に指定しました。ミツバチは人間の生活に必要ですが、それらは深刻な困難に直面しています。

　野生のミツバチの絶滅の危険性が増しています。こうしたミツバチと花をつける自生植物は生存のために互いに依存していますが、野生のミツバチの自然の生息地が破壊されつつあるのです。気候変動や土地開発のような要因がこの喪失の原因であり、こうした野生のミツバチを自然環境が奪われた状態にしています。

　飼育されているミツバチは、養蜂家と呼ばれる農家によってハチミツ生産のため飼育され管理されます。近年では、飼育されているミツバチの数は多くの国で減少しています。感染症や天敵を含む問題が、養蜂を持続させるのをとても難しくしています。こうした

問題にどう対処するかが世界中の養蜂家の関心事となってきました。

　ミツバチの生息数を維持するために何ができるでしょうか。野生のミツバチには、健全な生息地を提供するために、さまざまな季節に花が咲く、ハチと相性のいい各種植物を育てるのがいいでしょう。飼育されているミツバチには、養蜂家は自分のハチを守ってくれるより安全な環境を作るために、技術の進歩を利用するといいでしょう。自然の生息地を改善し適切にミツバチを管理することで、私たちは大切な友人であるミツバチだけでなく、自分たちの生存も確かなものにすることができるのです。

ワークシート

ミツバチの重要性

○ミツバチの果たす主な役割:

〔 **27** 〕 こと

○ミツバチの生息数に起きていること:

	野生のミツバチ	飼育されているミツバチ
問題	**28**	ミツバチ不足
原因	自然の生息地の喪失	**29**

○できること:

	野生のミツバチ	飼育されているミツバチ
解決策	**30**	**31**

音声のポイント

🎤❶ 20th は「トゥエニエス」[twén(t)iəθ]。

🎤❷ been on の been は短く「ビン」と発音され、on と連結し「ビノン」のように発音されている。

🎤❸ use は「ユース」[júːs]。of と連結し「ユーソv」のように発音されている。

語句

honeybee	名 ミツバチ	depend on 〜	熟 〜に頼る、〜に依存する
pollinate 〜	他 〜に授粉する		
agricultural	形 農業の	survival	名 生存
crop	名 (農)作物	habitat	名 生息地
rely on 〜	熟 〜に頼る	factor	名 要因
domesticated	形 飼育されている	be responsible for 〜	熟 〜の原因である
		beekeeper	名 養蜂家
emphasize 〜	他 〜を強調する	on the decline	熟 減少して
designate (A) as (B)	他 AをBに指定する	issue	名 問題
		infectious	形 感染性の
face 〜	他 〜に直面する	natural enemy	名 天敵
challenge	名 難題、困難	sustain 〜	他 〜を持続させる
extinction	名 絶滅	beekeeping	名 養蜂
flowering	形 花をつける	concern	名 関心事

Day
15

population	名 生息数		advance	名 進歩
bloom	自 (花が) 咲く		properly	副 適切に
make use of ~	熟 ~を利用する		ensure ~	他 ~を確実にする
technological	形 技術の			

問27 　正解④　問題レベル【難】　配点 3点

選択肢

① contribute to the emphasis on tiny animals
「小さな動物を重視することに貢献する」
② help humans simplify agricultural practices
「人間が農業のやり方を単純化する手助けをする」
③ overcome serious challenges facing wild plants
「野生植物に直面している深刻な困難を克服する」
④ provide us with a vital part of our food supply
「私たちの食糧供給の不可欠な役割を担ってくれる」

語句

contribute to ~	熟 ~に貢献する		practice	名 方法、行為
emphasis	名 重視		overcome ~	他 ~を克服する
simplify ~	他 ~を簡単 [単純] にする		vital	形 不可欠な

❶状況、ワークシートを先読み→❷問いと選択肢を先読み→❸空欄を埋める→❹内容一致問題に解答する→❺図と選択肢を先読み

❶テーマは「ミツバチの重要性」です。❷問いから「ミツバチの主な役割」が問われていることを確認しましょう。選択肢は相違点がつかみづらいので、tiny animals、agricultural practices、wild plants、food supply など重要と思える内容を確認しておきましょう。❸音声に By flying from one plant to another, honeybees pollinate flowers and plants, which is an **essential part of agricultural crop production** worldwide. 「植物から植物へと飛ぶことで、ミツバチは花と植物に授粉しますが、これは世界中の農作物生産に欠かせない役割です」とあります。選択肢④では **essential part** が **vital part** に、**crop production** が **food supply** に言い換えられており、意味も一致するので④が正解です。**essential** と **vital** の言い換えはリーディングでも頻出なので必ず覚えておきましょう。①にある tiny animals は講義の中に出てきていますが、ミツバチ自体が tiny animals であり、ミツバチが tiny animals を重要視することに貢献しているとは言っていないので不正解。②は農業を simplify「単純化する」とは言っていないので不正解。③の serious challenges は講義に出てきますが、they are facing serious challenges「それらは深刻な困難に直面しています」から「ミツバチが危機に直面している」のであり、overcome「乗り越える」といった内容は出てこないので不正解。

選択肢

① Decline in population　「生息数の減少」

② Diversity of plants　「植物の多様性」

③ Increase in honey production　「ハチミツ生産の増加」

④ Lack of land development　「土地開発の不足」

⑤ New technology　「新技術」

⑥ Threats to health　「健康への脅威」

語句　diversity　名 多様性　　threat　名 脅威

❶❷ 28 、29 では先読みの段階で「野生のミツバチ」と「飼育されているミツバチ」の「問題」と「原因」が問われることを確認します。すでに表に記載してある Loss of natural habitats、Shortage of honeybees も頭に入れておきましょう。同じ内容が流れた前後に 28 、29 の答えがあるはずだからです。❸「野生のミツバチ」の「問題」に注意して聴くと Wild honeybees have been at increasing risk of extinction.「野生のミツバチの絶滅の危険性が増しています」と流れ、選択肢から言い換えを探すと risk of extinction が ① Decline in population に言い換えられています。よって 28 には①が入ります。次に「飼育されているミツバチ」の問題の「原因」に注意して聴くと、Issues including infectious diseases and natural enemies are making it very difficult to sustain beekeeping.「感染症や天敵を含む問題が、養蜂を持続させるのをとても難しくしています」と流れ、選択肢から言い換えを探すと infectious diseases が⑥の Threats to health に言い換えられているので、29 には⑥が入ります。ここで使われている make O C「O を C にする」は無生物主語構文として原因と結果を表す構文であることも覚えておきましょう。S make O C は「S が原因で O が C になる」と捉えます。

❶❷ 30 、31 は先読みの段階で「解決策」が問われることを確認しておきましょう。❸「野生のミツバチ」の問題の「解決策」に注意して聴くと For wild honeybees, we can grow a variety of bee-friendly plants that bloom in different seasons in order to provide them with healthy habitats.「野生のミツバチには、健全な生息地を提供するために、さまざまな季節に花が咲く、ハチと相性のいい各種植物を育てるのがいいでしょう」と流れ、選択肢から言い換えを探すと ② Diversity of plants が見つかります。よって 30 には②が入ります。次に「飼育されているミツバチ」の問題の「解決策」に注意して聴くと、For domesticated honeybees, beekeepers can make use of technological advances to create safer environments that will protect their bees.「飼育されているミツバチには、養蜂家は自分のハチを守ってくれるより安全な環境を作るために、技術の進歩を利用するといいでしょう」とあり、technological advances の言い換えとなる ⑤ New technology が 31 に入ります。

Day
15

選択肢

① Allowing beekeepers access to natural environments helps to ensure sufficient honey production.
「養蜂家に自然環境を利用させることは、十分なハチミツ生産を確実なものにすることに役立つ」

② Developing the global food supply has been the primary focus of beekeepers in recent years.
「世界的な食糧供給を進めることが、近年の養蜂家たちの主要な関心事である」

③ Improving conditions for honeybees will be of benefit to humans as well as honeybees.
「ミツバチのための状況を改善することは、ミツバチだけでなく人間のためにもなるだろう」

④ Increasing the wild honeybee population will reduce the number of domesticated honeybees.
「野生のミツバチの生息数を増やすと、飼育されているミツバチの数を減らすことになるだろう」

語句 sufficient 形 十分な　　　be of benefit to 〜 熟 〜のためになる
primary 形 主要な

❶内容一致問題の場合、先読みは余裕があればで OK です。それぞれの選択肢の主語だけでも確認しておきましょう。❹選択肢を確認していくと、①は Allowing beekeepers access to natural environments「養蜂家に自然環境を利用させること」が主語になり、それがハチミツの生産に役立つという内容になっています。講義にはそういった内容はなかったので不正解です。②は Developing the global food supply「世界的な食糧供給を進めること」が主語になり、養蜂家はそれに関心を寄せているとなっていますが、そういった話は出ていなかったので②も不正解です。③は主語に Improving conditions for honeybees「ミツバチのための状況を改善すること」とあり、講義の improving natural habitats and managing honeybees properly「自然の生息地を改善し適切にミツバチを管理すること」に一致します。選択肢後半の will be of benefit to humans as well as honeybees は講義の we can ensure the survival of not only our important friend, the honeybee, but ourselves as well「私たちは大切な友人であるミツバチだけでなく、自分たちの生存も確かなものにすることができるのです」の言い換えと考えられ、③が正解になります。not only A but also B、not only A but B as well、B as well as A はすべて「A だけでなく B も」の意味で頻出の言い換えです。④は「野生のミツバチが増えること」と「飼育されているミツバチの数」の関係は述べられていないので不正解です。

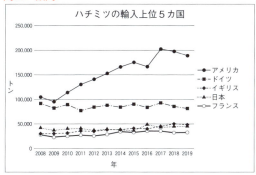

ハチミツの輸入上位5カ国

凡例：
● アメリカ
■ ドイツ
◆ イギリス
△ 日本
○ フランス

Now let's focus on honey production. The demand for honey has been growing worldwide, and the United States is one example. Please take a look at the graph that shows the top five countries with the highest honey imports between 2008 and 2019. What does this imply?

【訳】今度はハチミツ生産に焦点を当てましょう。ハチミツの需要は世界的に増大しており、アメリカもその一例です。2008年から2019年にかけてのハチミツ輸入の上位5カ国を示しているグラフを見てください。ここから何が読み取れますか。

問33　正解④　問題レベル【やや難】　配点 4点

選択肢

① The growing risk of wild honeybees becoming extinct has limited the amount of honey imports to the U.S. over the last decade.
「野生のミツバチが絶滅する危険性が増しているせいで、ここ10年間のアメリカへのハチミツ輸入量が制限されている」

② The high demand for honey in the U.S. since 2009 has resulted in the growth in imports to the top five countries.
「2009年以来のアメリカでのハチミツ需要の高さの結果、上位5カ国の輸入が増大している」

③ The increase of honey imports to the U.S. is due to the efforts of beekeepers to grow a variety of plants all year around.
「アメリカのハチミツ輸入の増加は、養蜂家による一年を通じてさまざまな植物を育てる努力によるものだ」

④ The U.S. successfully imports honey from other countries, despite the global decrease in domesticated honeybee populations.
「飼育されているミツバチの生息数が世界的に減少しているにもかかわらず、アメリカは他国からのハチミツ輸入に成功している」

語句　decade　名 10年間　　　　　　despite ～　前 ～にもかかわらず
　　　　result in ～　熟 ～という結果になる

Day 15

❺先読みではグラフのタイトルが「ハチミツの輸入」であり、各国の輸入量が縦軸、年度が横軸になっていることを確認しましょう。次に、図・音声に一致する選択肢を選びましょう。① は has limited the amount of honey imports to the U.S. over the last decade で「アメリカへの輸入量が制限されている」とありますが、グラフでは制限されている様子はわからないので不正解です。② は has resulted in the growth in imports to the top five countries で「上位5カ国の輸入が増大している」とありますが、グラフでは大きく増えているのはアメリカのみなので不正解です。③ The increase of honey imports to the U.S. is due to the efforts of beekeepers to grow a variety of plants all year around. では、「アメリカの輸入が増えた原因は養蜂家の努力によるもの」と説明されていますが、講義やグラフではそういった話は出ていないので不正解です。④ は The U.S. successfully imports honey from other countries「アメリカは他国からのハチミツ輸入に成功している」がグラフに一致します。選択肢後半の the global decrease in domesticated honeybee populations「飼育されているミツバチの生息数の世界的減少」も講義全体で述べられている内容なので④が正解です。

MEMO

【講義：シート作成問題】を攻略する
「表読の型」「言い換えの型」「照合の型」

英文が読まれるスピードでスムーズに理解できるようになるために、音読を行いましょう。第5問の形式が音読に最適なので、演習を終えたらぜひ音読して復習してください。

「 表 読 ・ 言 い 換 え ・ 照 合 の 型 」 の ステ ップ

❶ 「聴き取りの型」を使う

Day 15と同様に、状況、ワークシート、設問、選択肢を先読みします。

❷ 表読の型

空所を埋めるタイプの問題は表と選択肢を照らし合わせ、どのような内容になるか予測しましょう。先読みで確認しておいた内容に注意し、音声の流れに従って表を埋めていきます。

第5問 (配点 15) 音声は1回流れます。

第5問は問27から問33までの7問です。

最初に講義を聞き、問27から問32に答えなさい。次に続きを聞き、問33に答えなさい。状況、ワークシート、問い及び図表を読む時間が与えられた後、音声が流れます。

状況
あなたは大学で、アジアゾウに関する講義を、ワークシートにメモを取りながら聞いています。

ワークシート

Asian Elephants

◇ General Information
- Size: Largest land animal in Asia
- Habitats: South and Southeast Asia
- Characteristics: (27)

◇ Threats to Elephants
　Threat 1: Illegal Commercial Activities
- using elephant body parts for accessories 28 , medicine
- capturing live elephants for 29

　Threat 2: Habitat Loss Due to Land Development
- a decrease in elephant 30 interaction
- an increase in human and elephant 31

問27 ワークシートの空欄 27 に入れるのに最も適切なものを、四つの選択肢 (①〜④) のうちから一つ選びなさい。

① Aggressive and strong
② Cooperative and smart
③ Friendly and calm
④ Independent and intelligent

問28〜31 ワークシートの空欄 28 〜 31 に入れるのに最も適切なものを、六つの選択肢 (①〜⑥) のうちから一つずつ選びなさい。選択肢は2回以上使ってもかまいません。

① clothing　　② cosmetics　　③ deaths
④ friendship　　⑤ group　　⑥ performances

問32 講義の内容と一致するものはどれか、最も適切なものを、四つの選択肢 (①〜④) のうちから一つ選びなさい。 32

① Efforts to stop illegal activities are effective in allowing humans to expand their housing projects.
② Encounters between different elephant groups are responsible for the decrease in agricultural development.
③ Helping humans and Asian elephants live together is a key to preserving elephants' lives and habitats.
④ Listing the Asian elephant as an endangered species is a way to solve environmental problems.

→ 第5問はさらに続きます。

❸ 言い換えの型

内容一致問題は、聴いた内容をある程度覚えていないと難しくなります。選択肢から音声の内容が言い換えられている箇所を探して選択肢を選びます。

内容 第5問はこれまでの問題に比べ語彙が少し難しくなりますが、講義の音声なので比較的はっきり発音されます。音声を聴いて解けなかった場合は、普通にスクリプトを読んで解けるか試してみましょう。読んでも解けなかった場合は「読解力」が足りていないのでリーディングを強化しましょう。単語・文法・構文の知識を、英語が読まれるスピードで理解できるかが試されています。

4 照合の型

グラフ問題は、選択肢の内容とグラフ・音声の内容を照合します。

4 問33 グループの発表を聞き、次の図から読み取れる情報と講義全体の内容からどのようなことが言えるか。最も適切なものを、四つの選択肢（①〜④）のうちから一つ選びなさい。 33

Deaths from Human-Elephant Encounters in Sri Lanka

グラフに関係しそうな表現を探す！

① Efforts to protect endangered animals have increased the number of elephants in Sri Lanka.

② Monitoring illegal activities in Sri Lanka has been effective in eliminating elephant deaths.

③ Sri Lanka has not seen an increase in the number of elephants that have died due to human-elephant encounters.

④ Steps taken to protect elephants have not produced the desired results in Sri Lanka yet.

これで第5問は終わりです。

Day 16

では、この「表読の型」「言い換えの型」「照合の型」を使って、次ページの問題に取り組みましょう！

第 5 問 (配点 15) 音声は 1 回流れます。

第 5 問は**問 27** から**問 33** までの 7 問です。

最初に講義を聞き，**問 27** から**問 32** に答えなさい。次に続きを聞き，**問 33** に答えなさい。状況，ワークシート，問い及び図表を読む時間が与えられた後，音声が流れます。

状況

あなたは大学で，アジアゾウに関する講義を，ワークシートにメモを取りながら聞いています。

ワークシート

Asian Elephants

◇ **General Information**

- ◆ Size: 　　　　Largest land animal in Asia
- ◆ Habitats: 　　South and Southeast Asia
- ◆ Characteristics: 〔 27 〕

◇ **Threats to Elephants**

Threat 1: Illegal Commercial Activities

- ◆ using elephant body parts for
  accessories, 28 , medicine
- ◆ capturing live elephants for 29

Threat 2: Habitat Loss Due to Land Development

- ◆ a decrease in elephant 30 interaction
- ◆ an increase in human and elephant 31

問27　ワークシートの空欄　27　に入れるのに最も適切なものを，四つの選択肢 $\left(①~④\right)$ のうちから一つ選びなさい。

① Aggressive and strong

② Cooperative and smart

③ Friendly and calm

④ Independent and intelligent

問28~31　ワークシートの空欄　28　~　31　に入れるのに最も適切なものを，六つの選択肢 $\left(①~⑥\right)$ のうちから一つずつ選びなさい。選択肢は 2 回以上使ってもかまいません。

① clothing　　　　② cosmetics　　　　③ deaths

④ friendship　　　⑤ group　　　　　　⑥ performances

問32　講義の内容と一致するものはどれか。最も適切なものを，四つの選択肢 $\left(①~④\right)$ のうちから一つ選びなさい。　32

① Efforts to stop illegal activities are effective in allowing humans to expand their housing projects.

② Encounters between different elephant groups are responsible for the decrease in agricultural development.

③ Helping humans and Asian elephants live together is a key to preserving elephants' lives and habitats.

④ Listing the Asian elephant as an endangered species is a way to solve environmental problems.

Day 16

第 5 問はさらに続きます。

問33　グループの発表を聞き，**次の図から読み取れる情報と講義全体の内容から**どのようなことが言えるか，最も適切なものを，四つの選択肢（①〜④）のうちから一つ選びなさい。　33

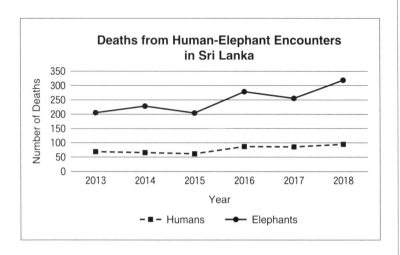

① Efforts to protect endangered animals have increased the number of elephants in Sri Lanka.

② Monitoring illegal activities in Sri Lanka has been effective in eliminating elephant deaths.

③ Sri Lanka has not seen an increase in the number of elephants that have died due to human-elephant encounters.

④ Steps taken to protect elephants have not produced the desired results in Sri Lanka yet.

これで第5問は終わりです。

音声スクリプト 🔊 TRACK D16_02

Today, our topic is the Asian elephant, the largest land animal in Asia. They are found across South and Southeast Asia. Asian elephants are sociable animals that usually live in groups and are known for helping each other. They are also intelligent and have the ability to use tools.

The Asian elephant's population has dropped greatly over the last 75 years, even though this animal is listed as endangered. Why has this happened? One reason for this decline is illegal human activities. Wild elephants have long been killed for ivory. But now, there is a developing market for other body parts, including skin and tail hair. These body parts are used for accessories, skin care products, and even medicine. Also, the number of wild elephants caught illegally is increasing because performing elephants are popular as tourist attractions.

Housing developments and farming create other problems for elephants. Asian elephants need large areas to live in, but these human activities have reduced their natural habitats and created barriers between elephant groups. As a result, there is less contact between elephant groups and their numbers are declining. Also, many elephants are forced to live close to humans, resulting in deadly incidents for both humans and elephants.

What actions have been taken to improve the Asian elephant's future? People are forming patrol units and other groups that watch for illegal activities. People are also making new routes to connect elephant habitats, and are constructing fences
❶
around local living areas to protect both people and elephants.

Next, let's look at the current situation for elephants in different Asian countries. Each group will give its report to the class.

【訳】

　今日、私たちのトピックは、アジア最大の陸生動物であるアジアゾウです。南アジアと東南アジアにかけて見られます。アジアゾウは通常は群れで生息する社交的な動物で、互いに助け合うことで知られています。また、知能が高く、道具を使う能力があります。

　アジアゾウの生息数は過去75年間で大きく減少しました。この動物が絶滅危惧種に登録されていても、そうなのです。なぜこのようなことが起こったのでしょうか。この減少の理由の一つは、違法な人間の活動です。野生のゾウは長年、象牙のために殺されてきました。しかし現在では、皮膚やしっぽの毛などを含む他の身体部位の市場が拡大しています。こうした身体部位はアクセサリーやスキンケア製品、さらには薬にも使用されます。また、違法に捕獲される野生のゾウの数も増えています。なぜなら芸をするゾウが観光名物として人気があるからです。

　住宅開発や農業も、ゾウにとって別の問題を生じさせます。アジアゾウは生息するための広い地域を必要としますが、こうした人間の活動がゾウの自然生息地を減らし、ゾウの群れと群れの間に障壁を設けてきました。その結果、ゾウの群れ同士の接触が少な

くなり、ゾウの数が減っているのです。また、多くのゾウが人間の近くに住まざるを得なくなり、その結果、人間とゾウの両方に死亡が生じる事件が起きています。

アジアゾウの未来を改善するために、どんな対策が取られてきたでしょうか。人々は違法活動を見張るパトロール隊や他のグループを組織しています。また、ゾウの生息地をつなぐ新しいルートを作ったり、人間とゾウの両者を守るために地域の生活圏の周囲にフェンスを建設したりしています。

では次に、アジアのさまざまな国のゾウの現状を見てみましょう。各グループにクラスの皆さんに報告をしてもらいます。

ワークシート

アジアゾウ

◇　一般情報
- ◆ 大きさ：アジアで最大の陸生動物
- ◆ 生息地：南アジアおよび東南アジア
- ◆ 特徴： _____〔 27 〕_____

◇　ゾウに対する脅威
  脅威１：違法な商業活動
- ◆ ゾウの身体部位をアクセサリー、 28 、薬に使うこと
- ◆ 29 のために生きているゾウを捕獲すること
  脅威２：土地開発による生息地の減少
- ◆ ゾウの 30 交流の減少
- ◆ 人間とゾウの 31 の増加

音声のポイント

🔊❶ to は弱形で短く「タ」のように発音されている。

📘**語句**

sociable	形 社交的な	result in ～	熟 ～の結果になる
intelligent	形 知能の高い	deadly	形 死に至る、致死の
endangered	形 絶滅の危機に瀕した	incident	名 出来事、事件
decline	名 下落、減少	form ～	他 ～を形成する、～を組織する
	自 減少する		
illegal	形 違法の	unit	名 部隊
ivory	名 象牙	watch for ～	熟 ～を見張る
tourist attraction	名 観光名物	construct ～	他 ～を建設する
housing	名 住宅、住宅供給	current	形 現在の、最新の
reduce ～	他 ～を減少させる、～を減らす	characteristic	名 (通常～sで) 特徴
		threat	名 脅威、危険
habitat	名 生息地	commercial	形 商売の、商業の
barrier	名 障壁、隔てるもの	capture ～	他 ～を捕らえる、～を捕獲する
be forced to (V)	熟 Vすることを強いられる、Vせざるを得ない	interaction	名 交流

問27　正解 ②　問題レベル【普通】　配点 3点

選択肢
① Aggressive and strong 「攻撃的で強い」
② Cooperative and smart 「協調性があり賢い」
③ Friendly and calm 「人懐こくて穏やか」
④ Independent and intelligent 「自立していて知能が高い」

語句
aggressive	形 攻撃的な	independent	形 独立心のある、自立した
cooperative	形 協力的な、協調性のある		

❶聴き取りの型→❷表読の型

❶テーマは「アジアゾウ」です。先読みの段階では、ワークシートから 27 ではアジアゾウのCharacteristics「特徴」が問われていることを確認しておきましょう。選択肢はすべて「性格」を表すものになっています。❷「性格」に注意して聴きましょう。音声には Asian elephants are **sociable** animals that usually live in groups and are known for **helping each other**. They are also **intelligent** and have the ability to use tools. とあります。このうち sociable や helping each other が聴き取れれば、選択肢では Cooperative に**言い換え**られていると判断できます。また、音声の intelligent は **smart** に**言い換え**られています。よって②が正解です。

問28〜31　正解28 ② / 29 ⑥ / 30 ⑤ / 31 ③　問題レベル【やや難】　配点 2点×2
※問28と問29が2問とも正解の場合のみ2点。問30と問31が2問とも正解の場合のみ2点。

選択肢
① clothing 「衣服」
② cosmetics 「化粧品」
③ deaths 「死亡」
④ friendship 「友情」
⑤ group 「群れ」
⑥ performances 「演技」

語句 cosmetics 名 化粧品

❶聴き取りの型→❷表読の型

❶ワークシートから、問28は「**アクセサリー、薬**と並ぶゾウの体の一部の使用例」、問29は「生きたゾウを捕獲する目的」であることを確認しておきます。問30、31は生息地の減少がもたらす脅威の具体例として、「○○交流の減少」、「人間と象の○○の増加」が問われています。

❷問28は、accessories や medicine など具体例が与えられているので、これらの単語が流れた付近に答えがあるはずです。こういった点に注意して聴くと、These body parts are used for accessories, **skin care products**, and even medicine. とあります。よって 28 には skin care products の言い換えとなる ② cosmetics が入ります。

問29は、ワークシート内の capturing live elephants に注意して聴くと、the number of wild elephants caught illegally is increasing because **performing elephants are popular as tourist attractions** とあります。よって 29 には「芸をするゾウは人気がある」という内容を言い換えた ⑥ performances が入ります。

Day 16

問30は、decrease「減少」や interaction に近い表現に注意して聴くと、there is less contact between elephant groups and their numbers are declining とあります。contact は interaction の言い換えとなっています。何の contact か確認すると contact between elephant groups「ゾウの群れ同士の接触」とあるので、[30] には同じ表現の⑤ group が入ります。

問31は、human and elephant につながる表現や increase「増加」を表す表現に注意して聴きましょう。many elephants are forced to live close to humans, resulting in deadly incidents for both humans and elephants から、人間とゾウの両方が事故で死んでいることがわかります。よって [31] には③ deaths が入ります。

問32 正解③ 問題レベル【難】 配点 4点

選択肢

① Efforts to stop illegal activities are effective in allowing humans to expand their housing projects.
「違法な活動をやめさせる努力は、人間が住宅プロジェクトを拡大できるようにすることにおいて有効だ」

② Encounters between different elephant groups are responsible for the decrease in agricultural development.
「異なるゾウの群れ同士が遭遇することが農業開発の減少の原因となる」

③ Helping humans and Asian elephants live together is a key to preserving elephants' lives and habitats.
「人間とアジアゾウの共生を手助けすることが、ゾウの命と生息地を守るためのカギである」

④ Listing the Asian elephant as an endangered species is a way to solve environmental problems.
「アジアゾウを絶滅危惧種に登録することは環境問題を解決する一つの方法だ」

語句 encounter 名 遭遇　　　preserve ～ 他 ～を保護する、守る

---

❶聴き取りの型→❸言い換えの型

❶第５問の内容一致問題（問32）は選択肢の英文が長く、文法的にもやや複雑です。先読みは余裕があればで OK です。❸選択肢を見て本文の言い換えになっているものを探していきます。①の be effective in ～は「～することにおいて有効だ」という意味です。また allowing ～で使われている allow O to do は「Oが～するのを許可する」の意味もありますが、「O が～できるようにする」の意味でもよく使われるので覚えておきましょう。「人間が住宅プロジェクトを拡大できるようにすることにおいて有効」という内容は音声にはないので①は不正解です。

②の be responsible for ～は「～の責任がある」ではなく「～の原因となる」という意味でよく使われます。cause や result in ～、lead to ～などと同じ因果表現を表す表現として覚えておきましょう。「ゾウ同士が遭遇することが農業開発の減少の原因となる」という内容は音声にはないので②は不正解です。

③の help O (to) do「O が〜するのを助ける」や is a key to 〜「〜のカギである」もよく使われる表現なので覚えておきましょう。音声に What actions have been taken to **improve the Asian elephant's future?** とあり、improve the Asian elephant's future の部分が選択肢の **preserving elephants' lives and habitats** に言い換えられていると考えられます。その直後の発言では、パトロール隊を作ったり、ゾウが移動するルートを作ったり、人間とゾウの両方を守るためにフェンスを建設したりといった活動が紹介されています。こういった行動が選択肢の **Helping humans and Asian elephants live together** に言い換えられていると判断できるので、③が正解となります。

④の an endangered species「絶滅危惧種」と environmental problems「環境問題」の関係は音声には出てこないので不正解です。

問33　設問　　　　　　　　　　　音声スクリプト ◀) TRACK **D16_04**

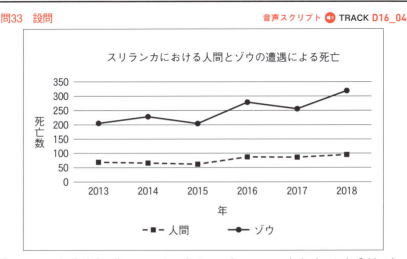

スリランカにおける人間とゾウの遭遇による死亡

Our group studied deadly encounters between humans and elephants in Sri Lanka. In other countries, like India, many more people than elephants die in these encounters. By contrast, similar efforts in Sri Lanka show a different trend. Let's take a look at the graph and the data we found.

【訳】
私たちのグループはスリランカでの死亡が生じる人間とゾウの遭遇について調べました。インドのような他の国では、こうした遭遇ではゾウよりもずっと多くの人間が命を落とします。対照的に、スリランカでは同じような試みでも異なる傾向が示されます。私たちが見つけたグラフとデータを見てみましょう。

🔊 **語句**) by contrast 熟 対照的に　　trend 名 傾向

Day 16

問33 正解④ 問題レベル【やや難】 配点 4点

選択肢

① Efforts to protect endangered animals have increased the number of elephants in Sri Lanka.
「絶滅の危機にある動物を保護する努力によって、スリランカのゾウの数が増えている」

② Monitoring illegal activities in Sri Lanka has been effective in eliminating elephant deaths.
「スリランカでは違法な活動を監視することがゾウの死亡をなくす効果を上げている」

③ Sri Lanka has not seen an increase in the number of elephants that have died due to human-elephant encounters.
「スリランカは人間とゾウの遭遇によって命を落とすゾウの数の増加を経験していない」

④ Steps taken to protect elephants have not produced the desired results in Sri Lanka yet.
「ゾウを保護するために取られる措置は、スリランカではまだ望ましい結果を生み出していない」

語句 monitor 〜 他 〜を監視する　　　　desired 形 望まれた、望ましい
eliminate 〜 他 〜を排除する、〜をなくす

❶聴き取りの型→❹照合の型

❶問33の先読みは問32までを解き終えてからにしましょう。グラフのタイトルや項目がどのようなものになっているか確認しましょう。❹選択肢とグラフ・音声を照合していきます。①は「スリランカのゾウが増えている」という内容ですが、グラフでは「ゾウの死亡数」が示されており、ゾウの数は不明です。よって①は不正解です。②は「違法活動の監視がゾウの死亡をなくすことにおいて効果的だ」という内容ですが、音声でもグラフでも「違法活動の監視」については言及されておらず、またグラフを見るとゾウの死亡数は増えているため不正解です。③は、「スリランカは人間とゾウの遭遇によるゾウの死亡数の増加を経験していない」という内容ですが、グラフを見る限りゾウの死亡数は増えているため不正解です。残った④が正解です。選択肢の文の構造がやや難しいですが、taken to protect elephants は過去分詞の形容詞的用法で Steps を修飾しており、「ゾウを保護するために取られる措置」という意味になり、ここまでが文の主語となります。「この措置がまだ望ましい結果を生み出していない」という内容で、グラフからわかる「ゾウの死亡数は増えている」という点と一致しています。

第 5 問 （配点 15） 音声は 1 回流れます。

第 5 問は問 27 から問 33 までの 7 問です。

最初に講義を聞き，問 27 から問 32 に答えなさい。次に続きを聞き，問 33 に答えなさい。<u>状況，ワークシート，問い及び図表を読む時間が与えられた後，音声が流れます。</u>

状況

あなたは大学で，美術館のデジタル化についての講義を，ワークシートにメモを取りながら聞いています。

ワークシート

Art in the Digital Age

○**Impact of Digital Technology on Art Museums**

Digital art museums are changing how people interact with art because art museums 　27　 .

○**Distinct Features of Digital Art Museums**

Benefits to museums	Benefits to visitors
◆ potential increase in the number of visitors	◆ easier access ◆ flexible 　28　 ◆ detailed 　29

Challenges for museums
The need for: ◆ enthusiastic 　30　 　◆ digital specialists   　◆ increased 　31

Day
16

問27 ワークシートの空欄 | 27 | に入れるのに最も適切なものを，四つの選択肢
(①~④) のうちから一つ選びなさい。

① are no longer restricted to physical locations

② can now buy new pieces of artwork online

③ do not have to limit the types of art created

④ need to shift their focus to exhibitions in buildings

問28~31 ワークシートの空欄 | 28 | ~ | 31 | に入れるのに最も適切なもの
を，六つの選択肢 (①~⑥) のうちから一つずつ選びなさい。選択肢は2回以上
使ってもかまいません。

① artists   ② budget   ③ directors

④ information   ⑤ physical paintings   ⑥ visiting time

問32 講義の内容と一致するものはどれか。最も適切なものを，四つの選択肢
(①~④) のうちから一つ選びなさい。 | 32 |

① More art museums are planning to offer free services on site for visitors with seasonal passes.

② Museums may need to maintain both traditional and online spaces to be successful in the future.

③ One objective for art museums is to get younger generations interested in seeing exhibits in person.

④ The production of sustainable art pieces will provide the motivation for expanding digital art museums.

第5問はさらに続きます。

問33　グループの発表を聞き，次の図から読み取れる情報と講義全体の内容からどのようなことが言えるか，最も適切なものを，四つの選択肢（①~④）のうちから一つ選びなさい。　33

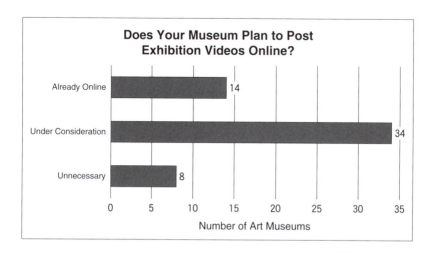

① As visitors want to see art in person, 14 museums decided that putting exhibition videos online is unnecessary.

② Despite problems in finding money and staff, more than 10 museums have already put their exhibition videos online.

③ Eight museums are putting exhibition videos online, and they will put their physical collections in storage.

④ Most of the 56 museums want to have exhibition videos online because it takes very little effort and the cost is low.

Day
16

これで第5問は終わりです。

音声スクリプト 🔊 TRACK D16_07

Today, we're going to focus on art in the digital age. With advances in technology, how people view art is changing. In recent years, some art collections have been put online to create "digital art museums." Why are art museums moving to digital spaces?

One reason has to do **with** visitor access. In digital museums, visitors can experience art without the limitation of physical spaces. If museums are online, more people can make virtual visits to them. Also, as online museums never close, visitors can stay for as long as they like! Another reason is related to how collections are displayed. Online exhibits enable visitors to watch videos, see the artwork from various angles, and use interactive features. This gives visitors much more specific information about each collection.

Putting collections online takes extra effort, time, and money. First, museum directors must be eager to try this new format. Then, they have to take the time to hire specialists and raise the money to buy the necessary technology. Of course, many people might still want to see the actual pieces themselves. These factors are some reasons why not all museums are adding an online format.

Many art museums have been offering digital versions of their museums for free, but this system might change in the future. Museums will probably need to depend on income from a hybrid style of both in-person and online visitors. This kind of income could enable them to remain financially sustainable for future generations. Now, let's do our presentations. Group 1, start when you are ready.

【訳】

　今日は、デジタル時代の芸術に注目します。テクノロジーの進歩に伴い、人々が芸術を鑑賞する方法は変化しています。近年では、美術コレクションの中には「デジタル美術館」を作るためにオンラインに上げられているものもあります。なぜ美術館はデジタル空間に移行しているのでしょうか。

　理由の一つは来館者の利用方法と関係があります。デジタル美術館では、来館者は物理的な空間の制限なく芸術を体験することができます。美術館がオンラインであれば、より多くの人々がそこに仮想来館することができます。また、オンライン美術館は閉館することが決してないので、来館者は好きなだけ長くいることができるのです！　もう一つの理由はコレクションが展示される方法と関係しています。オンライン展示であれば、来館者は動画を見たり、さまざまな角度から芸術作品を見たり、双方向の機能を使ったりできます。これにより、来館者はそれぞれのコレクションについて、はるかに詳細な情報を得ることができます。

　コレクションをオンラインに上げるには余分な労力と時間と費用がかかります。まず、美術館の責任者がこの新しい方式を試すことに熱心でなければなりません。それから、時間をかけて専門家を雇い、必要な技術を購入するためのお金を集めなければなりませ

ん。当然ながら、実際の作品を自分の目で見たい人たちもまだたくさんいることでしょう。こうした要因が、すべての美術館がオンライン方式を加えているわけではないことの理由のいくつかです。

　多くの美術館は自館のデジタル・バージョンを無料で提供してきましたが、このシステムは今後変わるかもしれません。美術館にはおそらく、直接来る来館者とオンラインの来館者の両方を組み合わせたスタイルからの収入に頼る必要が生じるでしょう。この種の収入により、美術館は将来の世代のために財政的に維持可能な状態のままでいることができるかもしれません。では、発表に入りましょう。グループ1は、準備ができたら始めてください。

［ワークシート］

デジタル時代の芸術

○デジタル技術の美術館への影響
　デジタル美術館は人々が芸術と触れ合う方法を変えつつある。なぜなら美術館は ☐ 27 ☐ 。

○デジタル美術館特有の特徴

美術館にとっての利点	来館者にとっての利点
◆来館者数の増加の可能性	◆より容易なアクセス ◆柔軟な ☐ 28 ☐ ◆詳細な ☐ 29 ☐

美術館にとっての課題
必要とするもの： 　◆熱心な ☐ 30 ☐ 　◆デジタルの専門家 　◆増加した ☐ 31 ☐

［音声のポイント］

🎙❶ with は弱形で「ウィ」のように発音されている。

🎙❷ when you は連結して「ウェンニュ」のように発音されている。

［語句］

focus on ~	熟 ~に注目する	specific	形 具体的な、詳しい
advance	名 進歩	be eager to (V)	熟 V したいと熱心に思う
view ~	他 ~を見る		
have to do with ~	熟 ~と関係がある	format	名 形式、方式
limitation	名 制限、制約	raise ~	他 （金・資金）を集める
physical	形 物理的な、実体のある		
virtual	形 仮想の、バーチャルの	actual	形 実際の
be related to ~	熟 ~と関係する	depend on ~	熟 ~に頼る
angle	名 角度	income	名 収入
interactive	形 双方向の、対話型の	hybrid	形 混成の、混合の

Day
16

in-person	形 (本人) 直接の	interact with ～	熟 ～とかかわり合う、～と触れ合う
financially	副 金銭的に、財政的に		
sustainable	形 維持 [継続] 可能な、持続可能な	distinct	形 独特の、特有の
		potential	形 可能性のある、潜在的な
impact	名 影響	enthusiastic	形 熱心な

問27　正解① 問題レベル【普通】 配点 3点

選択肢

① are no longer restricted to physical locations
「もはや物理的な場所に限定されていない」

② can now buy new pieces of artwork online
「今やオンラインで新たな芸術作品を買うことができる」

③ do not have to limit the types of art created
「創作される芸術作品の種類を制限する必要がない」

④ need to shift their focus to exhibitions in buildings
「建物内での展示に焦点を移す必要がある」

語句　be restricted to ～　熟 ～に限定されている　exhibition 名 展示
shift ～　他 ～を移す

❶聴き取りの型→❷表読の型

❶テーマは「美術館のデジタル化」です。先読みの段階では、ワークシートの空所 27 の少し前に because があるため、「デジタル美術館が人々の芸術と触れ合う方法を変えている**理由**」に注意して聴きましょう。選択肢はやや長めになっているので、軽く目を通す程度で、余裕がない場合は問28 ～ 31の先読みを優先しましょう。❷「理由」に注意して聴くと、One reason has to do with visitor access. とあり、さらに In digital museums, visitors can experience art **without the limitation of physical spaces**. と続きます。ここで使われている **without the limitation of physical spaces**「物理的な空間の制限なく」は、選択肢①の **no longer restricted to physical locations** に**言い換え**られていると考えられるので、①が正解だと判断します。②は、「オンラインで購入できる」という話は音声にないので不正解です。③は、「芸術作品の種類の制限」については言及されていないため不正解です。④は、「建物内の展示に焦点を移す」という内容については言及されていないため不正解です。

問28~31　正解28⑥ / 29④ / 30③ / 31② 問題レベル【普通】 配点 2点×2
※問28と問29が2問とも正解の場合のみ2点。問30と問31が2問とも正解の場合のみ2点。

選択肢　① artists 「芸術家」　　② budget 「予算」
③ directors 「責任者」　　④ information 「情報」
⑤ physical paintings 「実体のある絵画」　⑥ visiting time 「来館時間」

語句　budget 名 予算

❶聴き取りの型→❷表読の型

❶先読みの段階では、28 と 29 は「来館者にとっての利点」、30 と 31 は「美術館にとっての課題」が問われることを確認しておきましょう。❷問28は、「利点」かつ flexible につながる語句に注意して聴くと、as online museums never close, visitors can stay for as long as they like とあります。as long as they like が flexible の言い換えと考えられ、好きなだけ長く滞在できることから、⑥ visiting time が正解となります。ただこの問題はある程度コロケーション（単語同士の相性）の知識があれば、flexible につながるのは選択肢のうち time か budget くらいだとわかるので、あまり迷わずに選ぶことができます。

問29は、「利点」かつ detailed「詳細な」につながる語句に注意して聴きましょう。選択肢の中で detailed につながるのは information しかありません。音声では、specific information が聴き取れれば根拠としては十分でしょう。④が正解となります。

問30は、「必要なもの」かつ enthusiastic「熱心な」につながる語句に注意して聴きましょう。enthusiastic につながるのは artists か directors です。音声には、museum directors must be eager to try this new format とあり、eager が enthusiastic の言い換えであると判断できます。よって③が正解です。

問31は、「必要なもの」かつ increased につながる語句に注意して聴きましょう。increased につながるのは budget で、ほぼ答えが決まります。音声では、raise the money to buy the necessary technology「必要な技術を購入するためのお金を集める」の raise the money や、This kind of income could enable them to remain financially sustainable for future generations.「この種の収入により、美術館は将来の世代のために財政的に維持可能な状態のままでいることができるかもしれません」の income could enable の部分が聴き取れば根拠として十分でしょう。ここで使われている S enable O to do「S によって O は～できる」は解答の根拠になりやすいので覚えておきましょう。S help O (to) do、S allow O to do も同様です。

問32 　正解② 　問題レベル【難】 　配点 4点

選択肢

① More art museums are planning to offer free services on site for visitors with seasonal passes.
「シーズン・パスを持っている来館者に、施設内で無料サービスを提供することを計画している美術館が増えている」

② Museums may need to maintain both traditional and online spaces to be successful in the future.
「美術館は今後成功するために、従来型とオンライン型のスペースの両方を維持する必要があるかもしれない」

③ One objective for art museums is to get younger generations interested in seeing exhibits in person.
「美術館の一つの目標は、若い世代に、展示物を直接鑑賞することに興味を持ってもらうことだ」

④ The production of sustainable art pieces will provide the motivation for expanding digital art museums.

「持続可能な芸術作品の制作は、デジタル美術館を拡大する動機を与えるだろう」

語句
on site	熟 その場で、施設内で	exhibit	名 展示品
seasonal	形 季節の、シーズンの	motivation	名 動機、意欲
objective	名 目標、目的		

❶聴き取りの型→❸言い換えの型

❶先読みは余裕があればで OK です。その場合は free services、both traditional and online、younger generations、sustainable art pieces などキーワードになりそうなものがチェックできているとよいでしょう。❸選択肢を見て本文の言い換えになっているものを探していきます。①は、「来館者に無料サービスを提供すること」については言及されていないため不正解です。

②の **both traditional and online** は Museums will probably need to depend on income from a hybrid style of **both in-person and online visitors.** の **both in-person and online visitors を言い換え**たものと考えられます。「従来型とオンライン型の両方を維持する」という内容と「直接来る来館者とオンラインの来館者の両方を組み合わせたスタイルからの収入に頼る必要があるだろう」という内容は一致するため、②が正解です。traditional「従来の」が in-person「直接の」と同じ意味になることに気付くのは難しいですが、どちらも重要な表現なので覚えておきましょう。

③は、「若い世代に興味を持たせること」については言及されていないため不正解です。④は、「持続可能な芸術作品の制作」については言及されていないため不正解です。

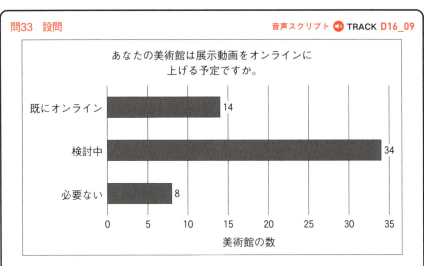

問33　設問　　　　　　　　　　音声スクリプト 🔊 TRACK **D16_09**

あなたの美術館は展示動画をオンラインに
上げる予定ですか。

既にオンライン　14
検討中　34
必要ない　8

0　5　10　15　20　25　30　35
美術館の数

Our group looked at a survey of 56 art museums conducted in the fall of 2020. Many art museums are currently thinking about how to go digital. This survey specifically asked if art museums were putting their exhibition videos on the internet. Here are those survey results.

【訳】私たちのグループは、2020年の秋に行われた、56の美術館を対象とした調査を調べました。多くの美術館が現在、デジタル化の方法を考えています。この調査は、特に美術館が展示動画をインターネットに上げているかどうかを尋ねたものです。調査結果はこのとおりです。

語句 survey　名 調査　　　　　　　　specifically　副 特に
　　　　 conduct ～　他（調査・実験など）を行う

問33 正解② 問題レベル【やや難】 配点 4点

選択肢

① As visitors want to see art in person, 14 museums decided that putting exhibition videos online is unnecessary.
「来館者が芸術作品を直接見たがっているので、14の美術館が展示動画をオンラインに上げることは不必要だと判断した」

② Despite problems in finding money and staff, more than 10 museums have already put their exhibition videos online.
「お金やスタッフを手に入れるうえでの問題があるにもかかわらず、10を超える美術館がすでに展示動画をオンラインに上げている」

③ Eight museums are putting exhibition videos online, and they will put their physical collections in storage.
「8つの美術館が展示動画をオンラインに上げており、それらの美術館は実物のコレクションを保管するだろう」

④ Most of the 56 museums want to have exhibition videos online because it takes very little effort and the cost is low.
「56の美術館のほとんどが、労力がほとんどいらず費用も低いので、展示動画をオンラインに上げたいと思っている」

語句 despite ～　前 ～にもかかわらず　　　　put ～ in storage　熟 ～を保管する

---

❶聴き取りの型→❹照合の型

❶問33の先読みは問32までを解き終えた後になります。グラフのタイトルと項目がどのようなものになっているか確認しましょう。❹選択肢とグラフ・音声を照合していきます。①は、「14の美術館が展示動画をオンラインに上げることは不必要だと判断した」とありますが、グラフでは「14の美術館はすでに展示動画をオンラインに上げた」ことがわかるため、不正解となります。②は、「10を超える美術館がすでに展示動画をオンラインに上げている」とあり、グラフでは「14の美術館がすでに展示動画を上げている」とわかるので、②が正解となります。③は、「8つの美術館が展示動画を上げている」とありますが、すでに動画を上げているのは14なので不正解です。④は、「56の美術館のほとんどが展示動画をオンラインに上げたいと思っている」とありますが、グラフでは8つの美術館が「不要」だと思っていることがわかるため不正解です。

Day
16

【会話：要点把握問題】を攻略する「聴き取りの型」

DAY 17

第6問Aでは対話をしている2人の main point「主張」を問う問題が多く出題されています。今日は main point 問題の場合の先読みの注意点を押さえ、それぞれの意見を抽出する訓練をしましょう。

「聴き取りの型」のステップ

① 状況、問いと選択肢を先読みする

問題の説明が流れている間に状況、設問（問い）と選択肢を先読みします。状況と設問を読む時間は与えられているのであわてずに。先読みの際は選択肢の相違点に注目するのでしたね。ただし、main point（主張）を問う問題の場合は、選択肢の単語に軽く目を通す程度でOKです。4つの選択肢のうち3つは誤りなので、読み過ぎると混乱してしまうからです。問35のような main point 以外を問う問題の場合は、選択肢の相違点を探しましょう。相違点が明確でない場合はこちらも軽く目を通す程度でOKです。

第6問 （配点 14） 音声は1回流れます。

第6問はAとBの二つの部分に分かれています。

A 　第6問Aは問34・問35の2問です。二人の対話を聞き，それぞれの問いの答えとして最も適切なものを，四つの選択肢（①〜④）のうちから一つずつ選びなさい。（問いの英文は書かれています。）状況と問いを読む時間が与えられた後，音声が流れます。

状況
　Julia が，Tom と料理について話をしています。

問34　What is Tom's **main point**?　　34

main point問題はキーワードを確認する程度でOK!

① Certain dishes are difficult to make.
② Imagination is an important part of cooking.
③ Some ingredients are essential for flavor.
④ Successful recipes include many steps.

問35　What does Julia think about **cooking**?　　35

① Cooking creatively is more fun than following a recipe.
② Cooking with feeling is the highest priority.
③ It is easy to make a mistake with measurements.
④ Preparing food requires clear directions.

これで第6問Aは終わりです。

内容 第6問Aは2人の対話・議論の内容を問う問題です。テーマは「料理」「プレゼントの内容」など日常的なものですが、いわゆる雑談ではなく、2人がお互いの意見を述べて議論しています。やや難しい問題も出題されていますが、2人の意見を混同しなければ得点しやすい問題です。

❷

main point を問う問題の場合：主張をつかむ

主張タイプの問題は読解力が必要ですが、主張したいことは何度も言葉を変えながら繰り返されます。繰り返し話されている内容に注目し、選択肢の中から近いものを選びましょう。

❸

main point 以外を問う問題の場合：選択肢を絞る

音声が流れている間は、「問い」の内容を常に意識して聴きましょう。選択肢の相違点が明確な場合は、他の選択肢と異なる部分に注目しながら、聴き取った内容に相当する選択肢を選びます。

では、この「聴き取りの型」を使って、次ページの問題に取り組みましょう！

Day 17

第6問 (配点 14) **音声は1回流れます。**

第6問はAとBの二つの部分に分かれています。

A　第6問Aは問34・問35の2問です。二人の対話を聞き，それぞれの問いの答えとして最も適切なものを，四つの選択肢(①〜④)のうちから一つずつ選びなさい。（問いの英文は書かれています。）**状況と問いを読む時間が与えられた後，音声が流れます。**

状況
Julia が，Tom と料理について話をしています。

問34　What is Tom's main point?　| 34 |

① Certain dishes are difficult to make.

② Imagination is an important part of cooking.

③ Some ingredients are essential for flavor.

④ Successful recipes include many steps.

問35　What does Julia think about cooking?　| 35 |

① Cooking creatively is more fun than following a recipe.

② Cooking with feeling is the highest priority.

③ It is easy to make a mistake with measurements.

④ Preparing food requires clear directions.

これで第6問Aは終わりです。

音声スクリプト 🔊 TRACK **D17_02**

Julia① : Oh, no. I'm out of butter.
❶
Tom① : What are you making, Julia?
Julia② : I was going to make an omelet.
Tom② : How about using olive oil instead?
❷
Julia③ : But, Tom, the recipe says to use butter.
Tom③ : Why don't you just change the recipe?
Julia④ : I don't like cooking that way.
Tom④ : I just throw together whatever is in the refrigerator. For me, cooking is a creative act.
Julia⑤ : Not for me. I need to follow a recipe.
Tom⑤ : I like to think about how the ingredients will combine.
Julia⑥ : I don't have to think about it if I follow a recipe precisely. I use measuring spoons, a measuring cup, and a step-by-step recipe. You like my food, don't you?
Tom⑥ : Absolutely. Your beef stew is especially delicious.
Julia⑦ : See? There is something to be said for sticking to a plan. And without butter I cannot make an omelet.
Tom⑦ : OK. So, what are you going to do with those eggs?
Julia⑧ : How about boiled eggs? Where's the recipe?

【訳】
ジュリア① ：あ、いけない。バターを切らしてる。
トム① ：何を作っているんだい、ジュリア？
ジュリア② ：オムレツを作るつもりだったんだけど。
トム② ：代わりにオリーブオイルを使ったらどう？
ジュリア③ ：でもね、トム、レシピにはバターを使うよう書かれてるの。
トム③ ：レシピを変えるだけでいいんじゃない？
ジュリア④ ：そういう料理の仕方は好きじゃないの。
トム④ ：僕は冷蔵庫に入っている物を何でも寄せ集めて作っちゃうよ。僕にとって料理は創造的な行為だ。
ジュリア⑤ ：私は違う。私はレシピどおりにする必要がある。
トム⑤ ：僕は材料がどう組み合わさるか考えるのが好きだな。
ジュリア⑥ ：きちんとレシピどおりにすれば、そんなことを考える必要はないもの。私は計量スプーンと、計量カップと、手順を一つ一つ書いたレシピを使う。あなただって私の料理は好きでしょう？
トム⑥ ：もちろん。君のビーフシチューは特においしいよ。
ジュリア⑦ ：ほらね？ 計画に従うことにはそれなりのよさがあるのよ。だから、バターがなければ私はオムレツを作れないの。

Day
17

トム⑦　　：わかった。じゃあ、その卵はどうするの？

ジュリア⑧：ゆで卵はどう？　レシピはどこにあるかしら？

音声のポイント

🎤❶ out of は変化・連結により「アウロ v」のように発音されている。

🎤❷ olive は「オリーブ」ではなく「オーリ v」に近い発音で発音される。

🔊語句

out of 〜	熟 〜を切らして	precisely	副 正確に、きちんと
omelet	名 オムレツ	measuring	形 計量用の
recipe	名 レシピ	stew	名 シチュー
throw together 〜	熟 〜を寄せ集めて作る	there is something	熟 〜にはそれなりの
refrigerator	名 冷蔵庫	to be said for 〜	利点がある
ingredient	名 材料	stick to 〜	熟 (計画など)に従う
combine	自 組み合わさる		

問34　**正解②**　問題レベル【やや難】　配点 3点

問い　What is Tom's main point?　「トムの主張は何か」

選択肢

① Certain dishes are difficult to make.　「ある種の料理は作るのが難しい」

② Imagination is an important part of cooking.
　「想像力が料理の重要な部分である」

③ Some ingredients are essential for flavor.
　「いくつかの材料は風味付けに欠かせない」

④ Successful recipes include many steps.
　「上手にできるレシピにはたくさんの手順がある」

🔊語句　flavor　名 風味

---

❶状況、問い、選択肢を先読み→❷ main point 問題：主張をつかむ→❸ main point 以外の問題：選択肢を絞る

❶ main point を問う問題なので、選択肢の先読みは difficult「難しい」、imagination「想像力」、ingredients「材料」、steps「手順」など単語を拾う程度にします。❷音声を聴きながらトムが繰り返し述べている主張に注意しましょう。Tom の3回目の発言に Why don't you just change the recipe?「レシピを変えるだけでいいんじゃない？」、4回目の発言に For me, cooking is a creative act.「僕にとって料理は創造的な行為だ」、5回目の発言に I like to think about how the ingredients will combine.「僕は材料がどう組み合わさるか考えるのが好きだな」などがあることから、「レシピを変え、料理を創作するほうがいい」と考えていることがわかります。近い内容の選択肢を探すと、②に「想像力が料理の重要な部分である」とあるので、これが正解になります。①の「ある種の料理は作るのが難しい」という内容は言及されていないので不正解。③の「いくつかの材料は風味付けに欠かせない」は材料について詳しく述べていないので不正解。④の「上手にできるレシピにはたくさんの手順がある」は、会話からトムはレシピに従わないことがわかるので不正解。

問35 正解 ④ 問題レベル【普通】 配点 3点

問い What does Julia think about cooking?
「ジュリアが料理について思っていることは何か」

選択肢

① Cooking creatively is more fun than following a recipe.
「創造性を発揮して料理するのはレシピどおりにするより楽しい」

② Cooking with feelings is the highest priority.
「気持ちを込めて料理するのが最優先だ」

③ It is easy to make a mistake with measurements. 「計量でミスをしやすい」

④ Preparing food requires clear directions. 「調理には明確な指示が必要だ」

❶問いから、ジュリアの cooking に対する考え方に注意して聴きましょう。❸トムの「レシピを変えるだけでいいんじゃない？」という発言に対する、ジュリアの4回目の発言、I don't like cooking that way.「そういう料理の仕方は好きじゃないの」や、5回目の I need to follow a recipe.「私はレシピどおりにする必要がある」という発言、最後には How about boiled eggs? Where's the recipe?「ゆで卵はどう？　レシピはどこにあるかしら？」と言い、ゆで卵すらレシピどおりに作ろうとしていることから、「何がなんでもレシピどおりに作りたい」と考えていることがわかります。近い内容の選択肢を探すと、④に Preparing food requires clear directions.「調理には明確な指示が必要だ」とあるので、これが正解。①②はレシピに従いたい彼女の考えとは合わないので不正解。③は、計量でのミスについては話していないので不正解。

第6問 (配点 14) **音声は1回流れます**。

第6問は**A**と**B**の二つの部分に分かれています。

A 　第6問**A**は問34・問35の2問です。二人の対話を聞き，それぞれの問いの答えとして最も適切なものを，四つの選択肢(①〜④)のうちから一つずつ選びなさい。(問いの英文は書かれています。)<u>状況と問いを読む時間が与えられた後，音声が流れます。</u>

状況

Mikeと妻のPamが，小学生の息子(Timmy)の誕生日プレゼントについて話をしています。

問34 **What is Pam's main reason for recommending the saxophone?**
　　　34

① Jazz is more enjoyable than classical music.
② Playing ad lib is as exciting as reading music.
③ Playing the saxophone in an orchestra is rewarding.
④ The saxophone is easier to play than the violin.

問35 **Which of the following statements would Mike agree with?**
　　　35

① Jazz musicians study longer than classical musicians.
② Learning the violin offers a good opportunity to play classical music.
③ The violin can be played in many more ways than the saxophone.
④ Younger learners are not as talented as older learners.

これで第6問Aは終わりです。

音声スクリプト 🔊 TRACK D17_05

Mike① : How about getting Timmy a violin for his birthday?

Pam① : Oh, do you want him❶ to play in an orchestra?

Mike② : I hope he does, eventually.

Pam② : Hmm… how about a saxophone? It's more fun than the violin.

Mike③ : But I want to get him a violin while he's still young.

Pam③ : Of course age is important for both instruments. Still, I was hoping that Timmy could❷ play jazz someday. But with the violin, he's stuck with classical music.

Mike④ : What's wrong with classical music?

Pam④ : Nothing. But what's better about jazz is that you can change the melody as you play. There's more freedom. It's more fun.

Mike⑤ : More freedom is all very good, but you need to learn to read music first. And classical music is the best for that.

Pam⑤ : Well, Timmy can learn to read music while playing jazz on the saxophone.

Mike⑥ : Couldn't he learn the saxophone later if he❸ wants?

Pam⑥ : Why don't we let him choose? What's important is that he enjoy it.

【訳】

マイク① : ティミーの誕生日にバイオリンを買ってあげるのはどうだろう？

パム① : あら、オーケストラで演奏でもしてほしいの？

マイク② : そうしてほしいところだね、ゆくゆくは。

パム② : うーん……サクソフォンはどう？　バイオリンより楽しいわよ。

マイク③ : でも、まだ小さいうちにバイオリンを買ってあげたいんだ。

パム③ : もちろんどちらの楽器も年齢は重要よ。それでも、私はティミーがいつかジャズを演奏できたらと思っていたの。だけどバイオリンだと、クラシック音楽に限定されちゃうわ。

マイク④ : クラシック音楽のどこがいけないんだい？

パム④ : 何も。でもジャズのほうがいいところは、演奏しながらメロディーを変えていけることよ。もっと自由があるの。そのほうが楽しいわ。

マイク⑤ : もっと自由があるのはとてもいいことだけど、まずは楽譜の読み方を覚える必要があるんだ。そして、そのためにはクラシック音楽が一番だよ。

パム⑤ : あら、サクソフォンでジャズを演奏しながらでも、ティミーは楽譜の読み方を覚えられるわよ。

マイク⑥ : あの子が望めば、後でサクソフォンを習えばいいんじゃないの？

パム⑥ : 本人に選ばせるのはどう？　あの子が楽しむことが大事なんだから。

音声のポイント

🎤❶ want him は連結・弱形により「ウォンティム」のように発音されている。

🎤❷ could は弱形で「クッ」のように発音されている。

Day 17

♪❸ he は弱形で h がかなり弱く発音され、ほぼ「イー」のように発音されている。

語句 eventually　副 結局は、ゆくゆくは　　be stuck with 〜　熟 〜から逃れられない
　　　　instrument　名 楽器　　　　　　　　read music　　　　熟 楽譜を読む

問34　**正解①**　問題レベル【やや難】　配点 3点

問い　What is Pam's main reason for recommending the saxophone?
「パムがサクソフォンを薦める主な理由は何か」

選択肢　① Jazz is more enjoyable than classical music.
　　　　　「ジャズはクラシック音楽よりも楽しめる」
　　　　② Playing ad lib is as exciting as reading music.
　　　　　「アドリブで演奏するのは楽譜を読むのと同じぐらいわくわくする」
　　　　③ Playing the saxophone in an orchestra is rewarding.
　　　　　「オーケストラでサクソフォンを演奏するのはやりがいがある」
　　　　④ The saxophone is easier to play than the violin.
　　　　　「サクソフォンはバイオリンよりも演奏しやすい」

語句 ad lib　副 アドリブで、即興演奏で　　　rewarding　形 やりがいのある

---

❶状況、問い、選択肢を先読み→❷ main point 問題：主張をつかむ→❸ main point 以外の問題：選択肢を絞る

❶問いは「パムがサクソフォンを薦める主な理由」です。理由を表す表現に注意して聴きましょう。選択肢の先読みは Jazz、ad lib、orchestra、easier 〜 than the violin など部分的に意味を確認する程度で OK です。❸パムの 2 回目の発言 Hmm... **how about a saxophone? It's more fun than the violin.**「うーん……サクソフォンはどう？　バイオリンより楽しいわよ」でサクソフォンを薦める内容とその理由が出てきています。その後 Still, I was hoping that Timmy could **play jazz someday**. But with the violin, he's stuck with classical music.「それでも、私はティミーがいつかジャズを演奏できたらと思っていたの。だけどバイオリンだと、クラシック音楽に限定されちゃうわ」とあり、classical music よりも jazz を演奏してほしいと思っていることがわかります。さらに聴くと But what's better about jazz is that you can change the melody as you play. **There's more freedom. It's more fun.**「でもジャズのほうがいいところは、演奏しながらメロディーを変えていけることよ。もっと自由があるの。そのほうが楽しいわ」とあり、ジャズを演奏してほしい理由は It's more fun. と考えているからだとわかります。選択肢から近い表現を探すと、①に **more fun の言い換えとなる more enjoyable** が見つかるので、これが正解です。②は ad lib について話していると考えられる箇所はあるものの、reading music について exciting だという発言はないため不正解。③はオーケストラでサクソフォンを演奏することが rewarding だとは言っていないため不正解。④はバイオリンより簡単だとは言っていないため不正解です。

　パムの 6 回目の発言 What's important is that 〜 は、< It is ＋形容詞＋ that 〜>の変形で、この場合 that 節中は仮定法現在を用いることから、that he enjoy it と動詞は原形になっています。

問35 正解 ② 問題レベル【普通】 配点 3点

問い Which of the following statements would Mike agree with?
「次のうちマイクが同意しそうなものはどれか」

選択肢

① Jazz musicians study longer than classical musicians.
「ジャズ演奏家はクラシック演奏家よりも勉強する時間が長い」

② Learning the violin offers a good opportunity to play classical music.
「バイオリンを習うことでクラシック音楽を演奏するいい機会に恵まれる」

③ The violin can be played in many more ways than the saxophone.
「バイオリンはサクソフォンよりもずっと多くの方法で演奏することができる」

④ Younger learners are not as talented as older learners.
「若い生徒は年上の生徒ほどは才能がない」

語句 talented 形 才能のある

❶問いは「マイクが同意しそうなもの」なので、マイクの意見に注意して聴きましょう。選択肢の相違点はつかみづらいので、study longer、good opportunity、many more ways、Younger、older など部分的に意味を確認しておきましょう。❸ But I want to get him a violin while he's still young.「まだ小さいうちにバイオリンを買ってあげたいんだ」や And classical music is the best for that.「そのためにはクラシック音楽が一番だよ」といった発言からマイクは「バイオリン」と「クラシック音楽」を薦めたいと思っていることがわかります。選択肢を確認していくと①はジャズとクラシックの勉強時間に関する内容なので不正解。②は「バイオリンを習うことでクラシック音楽を演奏するいい機会に恵まれる」という内容になっており、マイクの考えと一致するのでこれが正解です。③は「演奏のされ方」についてサクソフォンのほうが自由だというパムの発言に異議を唱えていないので不正解。④は年齢と才能については会話に出ていないので不正解です。

【会話：要点把握問題】を攻略する「言い換えの型」

前日と同様の形式ですが、今日は「言い換え」に焦点を当てます。問題にはいくつかパターンがあり、主張を問う問題では先読みは最小限にしましょう。2人が同意するであろう文を選ぶ問題では、「相づち」に注意して聴きましょう。

「 言 い 換 え の 型 」 の ス テ ッ プ

1 聴き取りの型を使う

Day 17で学んだ聴き取りの型を使って先読みします。main pointを問う問題かどうかもチェックしておきましょう。主張したいことは何度も言葉を変えながら繰り返されることも思い出しましょう。

第6問 (配点 14) 音声は1回流れます。

第6問はAとBの二つの部分に分かれています。

A 第6問Aは問34・問35の2問です。二人の対話を聞き，それぞれの問いの答えとして最も適切なものを，四つの選択肢 (①~④) のうちから一つずつ選びなさい。（問いの英文は書かれています。）状況と問いを読む時間が与えられた後，音声が流れます。

状況
David と母の Sue が，ハイキングについて話をしています。

問34 Which statement would David agree with the most? 　34

① Enjoyable hiking requires walking a long distance.
② Going on a group hike gives you a sense of achievement.
③ Hiking alone is convenient because you can choose when to go.
④ Hiking is often difficult because nobody helps you.

問35 Which statement best describes Sue's opinion about hiking alone by the end of the conversation? 　35

① It is acceptable.
② It is creative.
③ It is fantastic.
④ It is ridiculous.

!問題のパターンを確認！

これで第6問Aは終わりです。

Day 17と同じ第6問Aの形式です。会話形式のため第5問の講義形式より馴染みやすいテーマが多いですが、音声は自然な英語に近付き、音声変化が起こりやすくなります。問題を解き終えたら、音声のポイントに注意して自分でも発音して練習しておきましょう。

❷ 言い換えを探す

音声と選択肢の言い換えられている箇所に注目し選択肢を絞ります。

では、この「言い換えの型」を使って、次ページの問題に取り組みましょう！ ☞

第6問 (配点 14) **音声は1回流れます。**

第6問は**A**と**B**の二つの部分に分かれています。

A　第6問**A**は問34・問35の2問です。二人の対話を聞き，それぞれの問いの答えとして最も適切なものを，四つの選択肢(①〜④)のうちから一つずつ選びなさい。(問いの英文は書かれています。)**状況と問いを読む時間が与えられた後，音声が流れます。**

状況

David と母の Sue が，ハイキングについて話をしています。

問34　**Which statement would David agree with the most?**　 34

① Enjoyable hiking requires walking a long distance.

② Going on a group hike gives you a sense of achievement.

③ Hiking alone is convenient because you can choose when to go.

④ Hiking is often difficult because nobody helps you.

問35　**Which statement best describes Sue's opinion about hiking alone by the end of the conversation?**　 35

① It is acceptable.

② It is creative.

③ It is fantastic.

④ It is ridiculous.

これで第6問Aは終わりです。

DAY 18 › 例 題 [解 説]

David①: Hey, Mom! Let's go to Mt. Taka tomorrow. We've always wanted to go there.

Sue① : Well, I'm tired from work. I want to stay home tomorrow.

David②: Oh, too bad. Can I go by myself, then?

Sue② : What? People always say you should never go hiking alone. What if you get lost? ❶

David③: Yeah, I thought that way too, until I read a magazine article on solo hiking. ❷

Sue③ : Huh. What does the article say about it?

David④: It says it takes more time and effort to prepare for solo hiking than group hiking.

Sue④ : OK.

David⑤: But you can select a date that's convenient for you and walk at your own pace. And imagine the sense of achievement once you're done, Mom!

Sue⑤ : That's a good point.

David⑥: So, can I hike up Mt. Taka by myself tomorrow?

Sue⑥ : David, do you really have time to prepare for it?

David⑦: Well, I guess not.

Sue⑦ : Why not wait until next weekend when you're ready? Then you can go on your own. ❸

David⑧: OK, Mom

【訳】

デビッド①：ねえ、ママ！　明日、タカ山に行こうよ。僕たち、ずっとそこに行きたいと思ってたから。

スー①　　：うーん、私は仕事で疲れてるのよ。明日は家にいたいわ。

デビッド②：そうか、残念。それじゃあ、僕一人で行っていい？

スー②　　：何ですって？　決して一人でハイキングに行くものじゃないってみんなが常々言っているでしょ。もし迷子になったらどうするの？

デビッド③：うん、僕もそう考えていたんだよ、ソロ・ハイキングについての雑誌の記事を読むまではね。

スー③　　：ふうん。その記事にはソロ・ハイキングについて何て書いてあるの？

デビッド④：ソロ・ハイキングはグループ・ハイキングよりも準備するのに時間と労力がかかると書いてあるよ。

スー④　　：なるほど。

デビッド⑤：でも、自分に都合のいい日を選ぶことができて、自分のペースで歩けるんだ。それに、ひとたびやり遂げた時の達成感を想像してみてよ、ママ！

スー⑤　　：それは一理あるわね。

デビッド⑥：それじゃあ、明日は僕一人でタカ山をハイキングで登っていい？

スー⑥　　　：デビッド、そのための準備をする時間は本当にあるの？

デビッド⑦：うーん、ないみたいだな。

スー⑦　　：来週末、準備ができるまで延期したらどう？　それなら一人で行ってもいいわよ。

デビッド⑧：わかったよ、ママ。

音声のポイント

🎤❶ What if の What の [t] は [d] に変化し、if と連結して「ワディ f」のように発音されている。

🎤❷ read a の read は過去形なので「レド」と発音される。a と連結して「レダ」のように発音されている。

🎤❸ wait の [t] は [d] に変化し、「ウェイ d」のように発音されている。

語句 What if ～? 熟 もし～ならどうなるだろうか？　　achievement 名 達成
article 名 記事　　on one's own 熟 一人で

問34 **正解③** 問題レベル【普通】 配点 3点

問い

Which statement would David agree with the most?

「デビッドが最も同意しそうな文はどれか」

選択肢

① Enjoyable hiking requires walking a long distance.
「楽しいハイキングには長距離を歩くことが必要だ」

② Going on a group hike gives you a sense of achievement.
「グループ・ハイキングに行くと達成感が得られる」

③ Hiking alone is convenient because you can choose when to go.
「いつ行くか選べるので、一人でハイキングするのは便利だ」

④ Hiking is often difficult because nobody helps you.
「誰も助けてくれないので、ハイキングはしばしば大変だ」

語句 require ～ 他 ～を必要とする　　distance 名 距離

❶聴き取りの型→❷言い換えを探す

❶「デビッドが最も同意しそうな文」が問われています。デビッドの考えに注意して聴きましょう。選択肢はやや長いので、それぞれキーワードになりそうなものを確認しておきましょう。デビッドの考えに注意して聴いていくと、彼の2回目の発言 Can I go by myself, then? からデビッドは「一人でハイキングに行きたい」と考えており、5回目の発言 you can **select a date** that's **convenient** for you and walk at your own pace から、その理由は「自分に都合のいい日が選べて、自分のペースで歩けるから」と考えていることがわかります。❷選択肢から言い換えを探すと、③で convenient はそのまま使われており、**select a date** が **choose when to go** に言い換えられています。よって③が正解となります。①は「距離」については言及されていないので不正解です。②は、「グループでいくと達成感が得られる」となっており、デビッドの「一人で行くと達成感が得られる」という考えに矛盾するため不正解です。④

がやや紛らわしいですが、母親の2回目の発言 People always say you should never go hiking alone. What if you get lost?「決して一人でハイキングに行くものじゃないってみんなが常々言っているでしょ。もし迷子になったらどうするの？」に対し、Yeah, I thought that way too, until ～「～するまでは、僕もそう考えていた」と答えていることなどから、「最も同意しそうな文」とは言えないため不正解となります。

問35 **正解①** 問題レベル【易】 配点 3点

問い

Which statement best describes Sue's opinion about hiking alone by the end of the conversation?
「会話の終わりの時点での、一人でハイキングすることについてのスーの意見を最もよく表している文はどれか」

選択肢

① It is acceptable. 「許容できる」
② It is creative. 「創造性がある」
③ It is fantastic. 「素晴らしい」
④ It is ridiculous. 「とんでもない」

語句 acceptable 形 許容できる　ridiculous 形 とんでもない、話にならない

---

❶問いに「会話の終わりの時点でのスーの意見」とあるので、**特に終盤に注意**して聴きましょう。一人でハイキングに行くことに対するスーの考えは、最後の発言の Why not wait until next weekend when you're ready? Then you can go on your own.「来週末、準備ができるまで延期したらどう？　それなら一人で行ってもいいわよ」から、「来週まで待てば行ってもよい」と考えていることがわかります。❷選択肢から言い換えを探すと、①の acceptable が最も近く、正解となります。

第６問 (配点 14) 音声は１回流れます。

第６問は**A**と**B**の二つの部分に分かれています。

A　第６問**A**は問 34・問 35 の２問です。二人の対話を聞き，それぞれの問いの答えとして最も適切なものを，四つの選択肢(①〜④)のうちから一つずつ選びなさい。(問いの英文は書かれています。)**状況と問いを読む時間が与えられた後，音声が流れます。**

状況

Raymond と Mana が，今度行く旅行について話をしています。

問34　**Which statement best describes Mana's opinion?**　34

① Bringing a camera and lenses on a trip is necessary.
② Getting the latest smartphone is advantageous.
③ Packing for an international trip is time-consuming.
④ Updating software on the phone is annoying.

問35　**Which of the following statements would both speakers agree with?**　35

① It's expensive to repair broken smartphones.
② It's impossible to take photos of running animals.
③ It's unpleasant to carry around heavy luggage.
④ It's vital for both of them to buy a camera and lenses.

これで第６問**A**は終わりです。

DAY 18 › 練習問題［解説］

音声スクリプト 🔊 TRACK **D18_05**

Raymond① : Our trip is **getting close**, Mana!

Mana① : Yes, I need to buy a new bag **to** protect my camera and lenses.

Raymond② : Aren't they heavy? I'm just going to use my smartphone to take pictures. With smartphone software you can edit your photos quickly and easily.

Mana② : Yeah, I guess so.

Raymond③ : Then, why do you want to bring your camera and lenses?

Mana③ : Because I'm planning to take pictures at the wildlife park. I want my equipment to capture detailed images of the animals there.

Raymond④ : I see. Then, I'll take pictures of us having a good time, and you photograph the animals.

Mana④ : Sure! I have three lenses for different purposes.

Raymond⑤ : That's going to be a lot of stuff. I hate carrying heavy luggage.

Mana⑤ : I do, too, but since I need my camera and lenses, I have no choice. I think it'll be worth it, though.

Raymond⑥ : I'm sure it will. I'm looking forward to seeing your pictures!

Mana⑥ : Thanks.

【訳】

レイモンド① : 僕たちの旅行が近付いてきたね、マナ！

マナ① : そうね、カメラとレンズを保護する新しいバッグを買わなくちゃ。

レイモンド② : カメラとレンズは重くないの？　僕は写真を撮るためにスマートフォンを使うだけにするよ。スマホのソフトを使えば、素早く簡単に写真を編集できるよ。

マナ② : ええ、そう思うわ。

レイモンド③ : それじゃあ、どうしてカメラとレンズを持って行きたいの？

マナ③ : 野生動物公園で写真を撮るつもりだからよ。私の機材で、そこの動物のきめ細かな画像をとらえたいの。

レイモンド④ : なるほど。それじゃあ、僕は僕らが楽しんでいるところの写真を撮るから、君は動物の写真を撮るといいよ。

マナ④ : いいわよ！　異なる目的用にレンズを３つ持っているのよ。

レイモンド⑤ : それは大荷物になりそうだな。僕は重い荷物を運ぶのが大嫌いなんだ。

マナ⑤ : 私もそうなんだけど、カメラとレンズが必要だから、仕方ないわ。でも、それだけの価値はあると思う。

レイモンド⑥ : 確かにそうだろうね。君の写真を見るのが楽しみだよ！

マナ⑥ : ありがとう。

音声のポイント

🎙❶ getting の [t] は [d] に変化し「ゲディン」のように発音されている。

🎤❷ close は「近い」の意味なので「クロウｚ」ではなく「クロウ s」となることに注意する。

🎤❸ to は弱形で短く弱く発音されている。

📝語句

lens	名 レンズ		image	名 画像
edit ～	他 ～を編集する		photograph ～	他 ～の写真を撮る
equipment	名 機器、機材		purpose	名 目的
capture ～	他 ～を記録する、～をとらえる		luggage	名 （旅行の）荷物
detailed	形 詳細な、きめ細かい		have no choice	熟 他に選択の余地がない、仕方がない

問34　正解① 問題レベル【普通】 配点 3点

問い

Which statement best describes Mana's opinion?

「マナの意見を最もよく表している文はどれか」

選択肢

① Bringing a camera and lenses on a trip is necessary.

「カメラとレンズを旅行に持って行くことは必要だ」

② Getting the latest smartphone is advantageous.

「最新のスマートフォンを手に入れると有利だ」

③ Packing for an international trip is time-consuming.

「海外旅行の荷造りは時間がかかる」

④ Updating software on the phone is annoying.

「スマホのソフトウェアをアップデートするのはいらいらする」

📝語句

advantageous	形 有利な	time-consuming	形 時間がかかる
pack	自 荷造りする	annoying	形 いらいらさせる

❶聴き取りの型→❷言い換えを探す

❶「マナの意見を最もよく表している文」が問われているので、マナの主張に注意して聴きましょう。考え方は main point を問う問題と同じで、**繰り返し述べている意見に注意**します。I need to buy a new bag to protect my camera and lenses. から「カメラとレンズを保護するバッグが必要」と考えていることがわかります。また、Because I'm planning to take pictures at the wildlife park. I want my equipment to capture detailed images of the animals there. から「カメラとレンズが必要なのは、動物を撮るため」だとわかります。さらに since I **need** my camera and lenses, I have no choice. I think it'll be worth it, though から、「カメラとレンズが必要だから、（荷物が重くなるのは）仕方ない。（荷物は重くなるが）その価値がある」と考えていることがわかります。❷選択肢から言い換えとなる表現を探すと、①に、「カメラとレンズを旅行に持って行くことは必要だ」という内容があり、こちらが正解だとわかります。**need ～が necessary に言い換え**られていると考えましょう。②は、マナは「最新のスマートフォン」については言及していないので不正解です。③は、マナは「海外旅行」や「荷造りに時間がかかる」ことについては言及していないので不正解です。④は、マナは「ソフトウェアのアップデート」については言及していないので不正解です。

問35 正解 ③　問題レベル【普通】　配点 3点

問い

Which of the following statements would both speakers agree with?
「次の文のうちどれなら、両方の話者が同意すると思われるか」

選択肢

① It's expensive to repair broken smartphones.
「故障したスマートフォンを修理するのは高くつく」

② It's impossible to take photos of running animals.
「走っている動物の写真を撮るのは不可能だ」

③ It's unpleasant to carry around heavy luggage.
「重い荷物を持ち歩くのは不愉快だ」

④ It's vital for both of them to buy a camera and lenses.
「2人ともカメラとレンズを買うことが不可欠だ」

語句　unpleasant　形 不愉快な　　vital　形 不可欠な、極めて重要な

❶「両者が同意する内容」が問われているので、**相づちに注意**して聴きましょう。選択肢の先読みである程度キーワードを確認しておくと、同意を示している箇所のうち、レイモンドの5回目の発言 I hate carrying heavy luggage. に対してマナが I do, too 答えていることから、2人とも「重い荷物を運ぶのは嫌」だと考えていることがわかります。❷選択肢から言い換えを探すと、③に hate の**言い換えとなる** unpleasant が見つかり、heavy luggage はそのまま使われているため、こちらが正解だとわかります。①は、「故障したスマートフォン」については言及されていないので不正解です。②は、「走っている動物」については言及されていないので不正解です。④は、「カメラとレンズを買うこと」については言及されていないので不正解です。

【長めの会話：要点把握問題】を攻略する「聴き取りの型」

主張のつかみ方は第6問A、図表の先読みの方法は第4問の形式でも学びましたが、今回はそれを複合的に行わなければなりません。情報処理がやや複雑になるので、今日と次回でしっかり形式に慣れておきましょう。

「 聴 き 取 り の 型 」 の ス テ ッ プ

① 状況、問い、選択肢を先読みする

問題の説明が流れている間に選択肢を先読みします。状況と問いを読む時間が与えられるので確認する時間は十分あります。1問目はテーマに賛成した人数が問われるので、状況を読んで、**何について話されるのか**確認しておきましょう。2問目は意見に一致する図表を選ぶ問題です。問いを読んで、**誰の意見に注目すればよいか**を確認しておきましょう。

B 第6問Bは問36・問37の2問です。会話を聞き、それぞれの問いの答えとして最も適切なものを、選択肢のうちから一つずつ選びなさい。後の表を参考にしてメモを取ってもかまいません。<u>状況と問いを読む時間が与えられた後、音声が流れます。</u>

⚲ 名前を確認！

状況

① 旅先で、四人の学生（<u>Anne, Brian, Donna, Hiro</u>）が、通りかかった店の前で話しています。

⚲ 発言の順にずらしながら〇×△を記入する！

②

Anne	
Brian	
Donna	
Hiro	

⚲ 同意見とわかる場合は線で結ぶ！

問36 四人のうち<u>エコツーリズム</u>に<u>賛成している</u>のは何人ですか。四つの選択肢（①〜④）のうちから一つ選びなさい。 **36**

⚲ 賛成か反対か確認！

⚲ テーマを確認！

① 1人
② 2人
③ 3人
④ 4人

第6問Bは、4人の会話を聴き、それぞれの主張をつかむ問題です。賛成、反対、または意見がはっきりしないなどを把握する必要があります。途中で意見が変わる可能性もあるので、説得されそうな人がいる場合は注意しましょう。また意見に合う図表を選ぶ問題も出題されます。先読みの段階で、誰の意見に注意しておけばいいかを把握しておきましょう。

誰の意見か確認！

問37　会話を踏まえて、Brian の考えの根拠となる図表を、四つの選択肢(①～④)のうちから一つ選びなさい。　　37

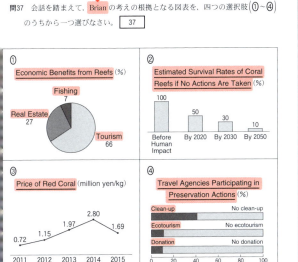

① Economic Benefits from Reefs (%)
Fishing 7
Real Estate 27
Tourism 66

② Estimated Survival Rates of Coral Reefs if No Actions Are Taken (%)
100 / 50 / 30 / 10
Before Human Impact / By 2020 / By 2030 / By 2050

③ Price of Red Coral (million yen/kg)
0.72 / 1.15 / 1.97 / 2.80 / 1.69
2011 2012 2013 2014 2015

④ Travel Agencies Participating in Preservation Actions (%)
Clean-up / No clean-up
Ecotourism / No ecotourism
Donation / No donation
0 20 40 60 80 100

タイトルと項目を確認！

❷ 聴きながら情報を整理する

1問目はテーマに賛成した人数が問われるので、賛成か反対かに注目し、問題についている表に、見本のように○、×、△などを書き込みながら整理してもいいでしょう。発言の順に整理していきましょう。さらに、2問目も考えながら聴かなくてはいけません。1人の話者の考えに関する問題なので、その人物の意見を集中して聞きましょう。

Day 19

これで第6問Bは終わりです。

では、この「聴き取りの型」を使って、次ページの問題に取り組みましょう！

B 　　第6問Bは問36・問37の2問です。会話を聞き，それぞれの問いの答えとして最も適切なものを，選択肢のうちから一つずつ選びなさい。後の表を参考にしてメモを取ってもかまいません。**状況と問いを読む時間が与えられた後，音声が流れます。**

状況

　旅先で，四人の学生(Anne, Brian, Donna, Hiro)が，通りかかった店の前で話しています。

Anne	
Brian	
Donna	
Hiro	

問36　四人のうちエコツーリズムに**賛成している**のは何人ですか。四つの選択肢(①〜④)のうちから一つ選びなさい。　　36

　　① 　1人
　　② 　2人
　　③ 　3人
　　④ 　4人

問37 会話を踏まえて，Brian の考えの根拠となる図表を，四つの選択肢(①～④)のうちから一つ選びなさい。 37

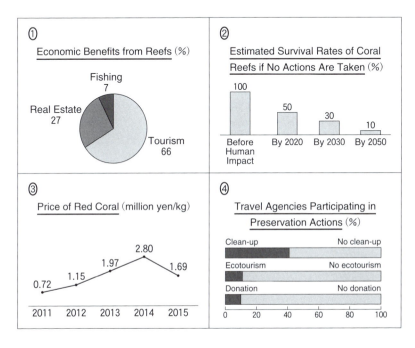

①
Economic Benefits from Reefs (%)

Fishing
7

Real Estate
27

Tourism
66

②
Estimated Survival Rates of Coral Reefs if No Actions Are Taken (%)

100 50 30 10
Before Human Impact By 2020 By 2030 By 2050

③
Price of Red Coral (million yen/kg)

2.80
1.97   1.69
1.15
0.72

2011 2012 2013 2014 2015

④
Travel Agencies Participating in Preservation Actions (%)

Clean-up   No clean-up
Ecotourism   No ecotourism
Donation   No donation
0   20   40   60   80   100

これで第6問Bは終わりです。

音声スクリプト 🔊 TRACK **D19_02**

Anne① : Hey, Brian. Look at that beautiful red coral necklace. Ooh... expensive.

Brian① : Anne, red coral is endangered. They shouldn't be selling that.

Anne② : So, how are they going to make money?

Brian② : There're lots of ways to do that if we consider ecotourism.

Anne③ : Yeah... ecotourism.... What do you think, Donna?

Donna① : Well, Anne, ecotourism supports the local economy in a good way while ❶ protecting the environment.

Brian③ : Right. So, we shouldn't buy coral; it'll become extinct.

Anne④ : Oh, come on, Brian. How about the people relying on the coral reefs?

Brian④ : But, Anne, those coral reefs take millions of years to regrow. We should support more sustainable ways to make money.

Donna② : Hey Hiro, didn't you buy some photos of coral reefs?

Hiro① : Yeah, taken by a local photographer. They are beautiful.

Donna③ : That's ecotourism. We shouldn't impact the environment so much.

Hiro② : But that's not enough to support people relying on coral reefs for income.

Brian⑤ : Hiro has a point. They should find other ways to make money while still preserving the reefs.

Anne⑤ : I'm not sure if we are in a position to tell them how they should make their money.

Hiro③ : Anne's right. Selling coral is their local tradition. We should respect that.

Donna④ : But, at the expense of the environment, Hiro?

Hiro④ : The environment is important, but if we protect it, I don't think the economy is supported.

Brian⑥ : Anyway, we're on vacation. It's a nice day.

Donna⑤ : Let's hit the beach!

【訳】

アン① ：ねえ、ブライアン。あのきれいなアカサンゴのネックレスを見て。あー……高いわね。

ブライアン① ：アン、アカサンゴは絶滅の危機に瀕しているんだよ。あんなものを売っていてはいけないはずだ。

アン② ：じゃあ、あの人たちはどうやってお金を稼ぐのよ？

ブライアン② ：エコツーリズムを考慮すれば、お金を稼ぐ方法はたくさんあるよ。

アン③ ：そう……エコツーリズムね……。あなたはどう思う、ドナ？

ドナ① ：あのね、アン、エコツーリズムは環境を守りながら、地元の経済をいいやり方で支えるのよ。

ブライアン③ ：そうだ。だからサンゴは買うべきじゃない。絶滅してしまうよ。

アン④ ：また、そんなこと言って、ブライアン。サンゴ礁に頼って生活している人

たちはどうなるの？

ブライアン④：だけどね、アン、そういうサンゴ礁は元どおりに育つまで何百万年もかかるんだ。もっと持続可能なお金の稼ぎ方を支援すべきだよ。

ドナ②　：ねえ、ヒロ、あなたはサンゴ礁の写真を買わなかった？

ヒロ①　：買ったよ、地元の写真家が撮ったやつ。美しいよ。

ドナ③　：それがエコツーリズムよ。環境にあまり影響を与えないようにしなくちゃ。

ヒロ②　：だけどそれだけじゃ、収入をサンゴ礁に頼っている人たちを支えるには不十分だ。

ブライアン⑤：ヒロの言うことにも一理あるね。彼らはサンゴ礁の保全はしながらも、お金を稼ぐほかの方法を見つけないといけない。

アン⑤　：私たちは、その人たちにどうやってお金を稼ぐべきかなんて言う立場にあるのかしら。

ヒロ③　：アンの言うとおり。サンゴを売るのは彼らの地元の伝統なんだ。伝統には敬意を払うべきだ。

ドナ④　：でも、環境を犠牲にしてまでなの、ヒロ？

ヒロ④　：環境は大切だけど、環境を守ると経済を支えられないと思うんだ。

ブライアン⑥：とにかく、僕らは休暇旅行に来てるんだよ。いい天気だし。

ドナ⑤　：ビーチに行きましょう！

音声のポイント

🔊❶ while は「ワィゥ」[wəil] のように発音されている。

🔊語句

coral	名 サンゴ	regrow	自 再成長する
endangered	形 絶滅の危機に瀕した	sustainable	形 持続可能な
ecotourism	名 エコツーリズム（地域の自然・文化の保全に責任を持ちながら楽しむ観光）	impact 〜	他 〜に影響を与える
		have a point	熟 言うことに一理ある
		preserve 〜	他 〜を保存[保全]する
		at the expense of 〜	熟 〜を犠牲にして
extinct	形 絶滅した	hit 〜	他 〜に行き着く
coral reef	名 サンゴ礁		

問36　正解② 問題レベル【やや難】 配点 4点

選択肢 ① 1人　② 2人　③ 3人　④ 4人

❶状況、問い、選択肢を先読み→❷聴きながら情報を整理する

❶会話のテーマは「エコツーリズム」です。誰が賛成意見を述べているかに注意して聴きましょう。❷賛成は○、反対は×のように表にメモを取りながら聴きましょう。誰が話しているかがわかりにくいので名前にも注意して聴きます。What do you think, Donna? に対し、ドナは ecotourism supports the local economy in a good way while protecting the environment. と答えているのでドナは○。その発言に対し Right. So, we shouldn't buy coral; it'll become extinct. 「そうだ。だからサンゴは買うべきじゃない。絶滅してしまうよ」という発言があります。これはエコツーリズムに賛成する意見ですが、この時点では誰の発言

Day
19

かわかりません。次の発言で Oh, come on, Brian. と言っていることから、先ほどの発言が
ブライアンのものだったことがわかります。よってブライアンは○。続けて How about the
people relying on the coral reefs?「サンゴ礁に頼って生活している人たちはどうなるの？」
とあり、こちらは反対意見だと考えられますが、まだ誰の発言かわかりません。次の But,
Anne から先ほどの発言がアンのものだとわかるのでアンは×。残りのヒロの意見に注意して
聴くと、彼の3回目の発言で、Anne's right.「アンの言うとおり」と言った後に、ドナが4回
目の発言で、But, at the expense of the environment, Hiro?「でも、環境を犠牲にしてまで
なの、ヒロ？」と言っているので、ヒロはアンと同意見であるとわかります。また、ヒロは4
回目の発言で The environment is important, but if we protect it, I don't think the
economy is supported.「環境は大切だけど、環境を守ると経済を支えられないと思うんだ」
と言っており、エコツーリズムに賛成してはいません。よってヒロは×になり、エコツーリズ
ムに賛成しているのはドナとブライアンの2人になるので②が正解です。

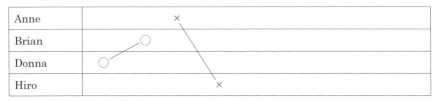

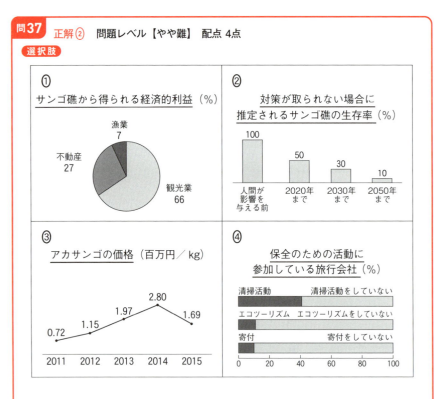

語句

real estate	名 不動産		travel agency	名 旅行会社
tourism	名 観光業		preservation	名 保存、保全
estimate 〜	他 〜を見積もる、〜を推定する		donation	名 寄付

❶問いの内容と図表のタイトル・項目を先読みします。各図表のタイトルは①「サンゴ礁から得られる経済的利益」、②「対策が取られない場合に推定されるサンゴ礁の生存率」、③「アカサンゴの価格」、④「保全のための活動に参加している旅行会社」です。問いではブライアンの意見が問われています。❷グラフに関わりそうな表現に注意してブライアンの意見を聴くと、3回目の Right. So, we shouldn't buy coral; it'll become extinct.「そうだ。だからサンゴは買うべきじゃない。絶滅してしまうよ」などの発言からグラフとのつながりを示す必要があり、「サンゴが減少していくこと」を示している②が正解となります。①は、経済的な利益には言及していないので不正解。③は、価格には言及していないので不正解。④は、旅行会社については言及していないので不正解。

Day
19

B　第6問Bは問36・問37の2問です。会話を聞き、それぞれの問いの答えとして最も適切なものを、選択肢のうちから一つずつ選びなさい。後の表を参考にしてメモを取ってもかまいません。**状況と問いを読む時間が与えられた後、音声が流れます。**

> 状況
> 四人の学生（Joe, Saki, Keith, Beth）が、Sakiの部屋で電子書籍について意見交換をしています。

Joe	
Saki	
Keith	
Beth	

問36　会話が終わった時点で、電子書籍を**支持した**のは四人のうち何人でしたか。四つの選択肢（①〜④）のうちから一つ選びなさい。　36

① 1人
② 2人
③ 3人
④ 4人

問37　会話を踏まえて，Joe の考えの根拠となる図表を，四つの選択肢(①~④)の
うちから一つ選びなさい。　37

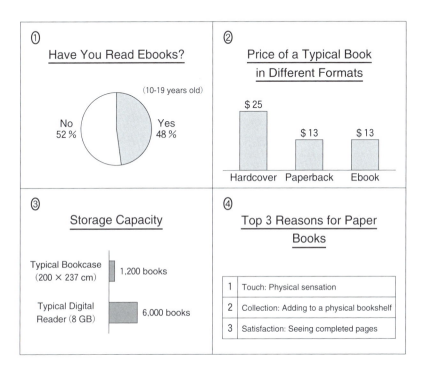

① Have You Read Ebooks?

(10-19 years old)

No 52 %　Yes 48 %

② Price of a Typical Book in Different Formats

$ 25　Hardcover
$ 13　Paperback
$ 13　Ebook

③ Storage Capacity

Typical Bookcase (200 × 237 cm)　1,200 books
Typical Digital Reader (8 GB)　6,000 books

④ Top 3 Reasons for Paper Books

1	Touch: Physical sensation
2	Collection: Adding to a physical bookshelf
3	Satisfaction: Seeing completed pages

これで第６問Bは終わりです。

Day 19

Joe① : Wow, Saki. Look at all your books.

Saki① : Yeah, maybe too many, Joe. I bet you read a lot.

Joe② : Yeah, but I only read ebooks. They're more portable.

Saki② : Portable?

Joe③ : Well, for example, on long trips, you don't have to carry a bunch of books with you, right, Keith?

Keith① : That's right, Joe. And not only that, but ebooks are usually a lot cheaper than paper books.

Saki③ : Hmm... ebooks do sound appealing, but... what do you think, Beth? Do you read ebooks?

Beth① : No. I like looking at the books I collect on my shelf.

Keith② : Yeah, Saki's bookcase does look pretty cool. Those books must've cost a lot, though. I save money by buying ebooks.

Beth② : That's so economical, Keith.

Joe④ : So, how many books do you actually have, Saki?

Saki④ : Too many. Storage is an issue for me.

Joe⑤ : Not for me. I've got thousands in my tablet, and it's still not full.

Keith③ : I know, Joe. And they probably didn't cost very much, right?

Joe⑥ : No, they didn't.

Saki⑤ : Even with my storage problem, I still prefer paper books because of the way they feel.

Beth③ : Me, too. Besides, they're easier to study with.

Keith④ : In what way, Beth?

Beth④ : I feel like I remember more with paper books.

Joe⑦ : And I remember that we have a test tomorrow. I'd better charge up my tablet.

【訳】

ジョー① ：うわあ、サキ。こんなにたくさん本を持ってるんだね。

サキ① ：そう、多過ぎるかもね、ジョー。きっとあなたもたくさん本を読むのでしょうね。

ジョー② ：うん、でも僕は電子書籍しか読まないな。そのほうが携帯に便利だから。

サキ② ：携帯に便利？

ジョー③ ：ほら、例えば、長旅だと、本をたくさん持ち歩かなくてもいいからね。そうだよね、キース？

キース① ：そのとおりだよ、ジョー。そればかりでなく、電子書籍は通常、紙の本よりずっと安い。

サキ③ ：うーん……電子書籍は確かに魅力的に聞こえるけど……あなたはどう思う、ベス？　あなたは電子書籍を読むの？

ベス① ：いいえ。私は棚に収集している本を見るのが好き。

キース② ：うん、サキの本棚は確かにとてもすてきだ。でも、きっとその本にはお金がたくさんかかったんだろうな。僕は電子書籍を買うことでお金を節約しているよ。

ベス② ：それはとても経済的ね、キース。

ジョー④ ：それで、実際には本を何冊持ってるの、サキ？

サキ④ ：多過ぎるぐらい。収納が私にとっては問題なの。

ジョー⑤ ：僕は問題ない。何千冊もタブレットに入っているけど、それでもまだいっぱいにはなってない。

キース③ ：そうだよね、ジョー。それにたぶん費用もそんなにかからなかったんだろう？

ジョー⑥ ：うん、かかってないよ。

サキ⑤ ：収納の問題があるにしても、触り心地があるから、紙の本のほうがそれでも好きだわ。

ベス③ ：私も。そのうえ、紙の本を使うと勉強もしやすいし。

キース④ ：どういうふうにだい、ベス？

ベス④ ：紙の本のほうがよく覚えられる感じがするの。

ジョー⑦ ：それで思い出したけど、明日はテストがあるよ。タブレットの充電をしとかないと。

音声のポイント

🎙️❶ And not only は脱落により「アンドノォ n リ」のように発音されている。

🔊 語句

bet ~	他 きっと~だと思う	bookcase	名 本箱、本棚
portable	形 携帯できる	economical	形 経済的な
a bunch of ~	熟 たくさんの~	storage	名 保管、収納
do (V)	助 （強調表現）確かにVする	besides	副 そのうえ、さらに
appealing	形 魅力的な	charge up ~	熟 ~を充電する

問36 正解② 問題レベル【やや難】 配点 4点

選択肢 ① 1人 ② 2人 ③ 3人 ④ 4人

❶状況、問い、選択肢を先読み→❷聴きながら情報を整理する

❶日本語で書かれた状況からテーマは「電子書籍」とわかります。誰が「支持」しているかに注意して聴きましょう。❷「支持」は○、「反対・不支持」は×のように表にメモを取りながら聴きましょう。Yeah, maybe too many, Joe. I bet you read a lot. とジョーの名前が呼ばれ、Yeah, but I only read ebooks. They're more portable.「うん、でも僕は電子書籍しか読まないな。そのほうが携帯に便利だから」と答えていることから、ジョーは電子書籍を支持していることがわかります。表の Joe の箇所に○を付けておきましょう。続いて right, Keith? とジョーに同意を求められたキースが、That's right, Joe. And not only that, but ebooks are usually a lot cheaper than paper books.「そればかりでなく、電子書籍は通常、紙の本よりずっと安い」と電子書籍を支持する発言をしています。さらにキースは2回目の発言で、I save money by buying ebooks.「僕は電子書籍を買うことでお金を節約しているよ」と言っていて、その後に That's so economical, Keith.「それはとても経済的ね、キース」と言われているので、この発言がキースのものだったとわかります。よってキースも○です。次

Day
19

にサキが3回目の発言でwhat do you think, Beth? Do you read ebooks?とベスに尋ねると、No. I like looking at the books I collect on my shelf.「いいえ。私は棚に収集している本を見るのが好き」と答えているので、ベスは電子書籍より紙の本を好んでいます。Beth に×を付けておきましょう。残るはサキの意見だけですが、So, how many books do you actually have, Saki? とサキの名前が呼ばれた後、Too many. Storage is an issue for me.「多過ぎるぐらい。収納が私にとっては問題なの」とあるので「サキが収納の問題を抱えている」ことがわかり、その後の Even with my storage problem, I still prefer paper books because of the way they feel.「収納の問題があるにしても、触り心地があるから、紙の本のほうがそれでも好きだわ」という発言もサキのものであるとわかります。ここでは紙の本を支持しているので Saki に×を付けましょう。よって電子書籍を支持しているのはジョーとキースの2人になるので②が正解です。

Joe	○	
Saki		×
Keith	○	
Beth	×	

問37　正解③　問題レベル【易】　配点 4点
選択肢

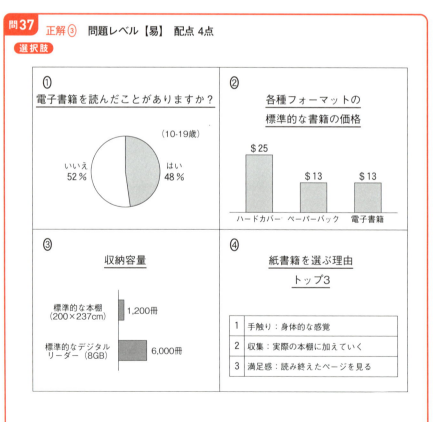

① 電子書籍を読んだことがありますか？
（10-19歳）
いいえ 52％
はい 48％

② 各種フォーマットの標準的な書籍の価格
$25
$13
$13
ハードカバー　ペーパーバック　電子書籍

③ 収納容量
標準的な本棚（200×237cm）1,200冊
標準的なデジタルリーダー（8GB）6,000冊

④ 紙書籍を選ぶ理由 トップ3

1	手触り：身体的な感覚
2	収集：実際の本棚に加えていく
3	満足感：読み終えたページを見る

語句	typical	形 典型的な、標準的な	sensation	名 感覚
	capacity	名 容量	satisfaction	名 満足感
	physical	形 身体の、物質の		

❶問いの内容と図表のタイトル・項目を先読みします。各図表のタイトルは①「電子書籍を読んだことがありますか？」、②「各種フォーマットの標準的な書籍の価格」、③「収納容量」④「紙書籍を選ぶ理由トップ3」です。問いではジョーの意見の根拠が問われています。❷図表で触れられている内容や、問36で確認したようにジョーが電子書籍を支持していることを頭に入れて聴いていくと、I've got thousands in my tablet, and it's still not full.「何千冊もタブレットに入っているけど、それでもまだいっぱいにはなってない」という発言の後、I know, Joe.「そうだよね、ジョー」と言われているので、こちらがジョーの発言で、「収納」について触れているものであるとわかります。③は図表の内容も電子書籍のほうが本を多く収納できることを示しているので、これが正解です。①は電子書籍を読んだことがあるかどうかはジョーの意見に関係ないので不正解。②は値段について触れていますが、ペーパーバックと電子書籍が同じ値段なので特に電子書籍を支持するものとは言えません。④は紙の本を支持するものなのでジョーの意見と合わず不正解です。

DAY 20

【長めの会話：要点把握問題】を攻略する「照合の型」

今日で最後になります。これまで学んだ「型」を最大限に活用して問題に取り組みましょう。どちらの問題も難易度はやや高めですが、今後に活きるポイントを多く含んでいるので解き終わった後はしっかり復習しましょう。

「照合の型」のステップ

❶ 聴き取りの型を使う

Day 19で学んだ聴き取りの型を使って先読みします。

B 第6問Bは問36・問37の2問です。会話を聞き、それぞれの問いの答えとして最も適切なものを、選択肢のうちから一つずつ選びなさい。後の表を参考にしてメモを取ってもかまいません。状況と問いを読む時間が与えられた後、音声が流れます。

⚠️ テーマを確認！

状況
寮に住む四人の学生 (Mary, Jimmy, Lisa, Kota) が、就職後に住む場所について話し合っています。

Mary	
Jimmy	
Lisa	
Kota	

❷-1 状況と発言を照合する

日本語で書かれた状況と発言を照合します。○×△などで整理しながら聴きましょう。

問36 会話が終わった時点で、街の中心部に住むことに決めた人を、四つの選択肢 (①〜④) のうちから一つ選びなさい。 [36]

① Jimmy
② Lisa
③ Jimmy, Mary
④ Kota, Mary

内容 昨日と同じ第6問Bの形式です。議論の際によく使われる表現や、主張を述べる際によく使われる表現にも注意して聴きましょう。リスニングの対策では文が長いほど「読解力」が必要となります。リスニングで伸び悩んだ場合でも、リーディングの対策で伸びていくので、本シリーズの「リーディング編」もしっかりやり込みましょう。

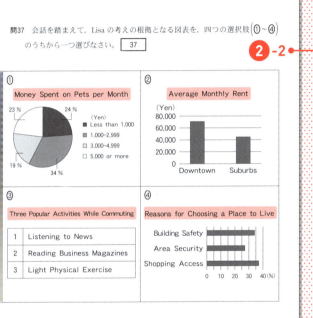

問37 会話を踏まえて、Lisa の考えの根拠となる図表を、四つの選択肢(①〜④)のうちから一つ選びなさい。 | 37 |

2 -2

2 -2
発言と図表を照合する
図表のタイトル、項目に照らし合わせながら音声を聴きます。

○×△などを書き込みながら聴く！

これで第6問Bは終わりです。

では、この「照合の型」を使って、次ページの問題に取り組みましょう！

Day 20

B　第6問Bは問36・問37の2問です。会話を聞き，それぞれの問いの答えとして最も適切なものを，選択肢のうちから一つずつ選びなさい。後の表を参考にしてメモを取ってもかまいません。**状況と問いを読む時間が与えられた後，音声が流れます。**

> 状況
> 寮に住む四人の学生（Mary, Jimmy, Lisa, Kota）が，就職後に住む場所について話し合っています。

Mary	
Jimmy	
Lisa	
Kota	

問36　会話が終わった時点で，**街の中心部に住むことに決めた人**を，四つの選択肢（①〜④）のうちから一つ選びなさい。　36

① Jimmy
② Lisa
③ Jimmy, Mary
④ Kota, Mary

問37　会話を踏まえて，Lisa の考えの根拠となる図表を，四つの選択肢(①〜④)のうちから一つ選びなさい。　37

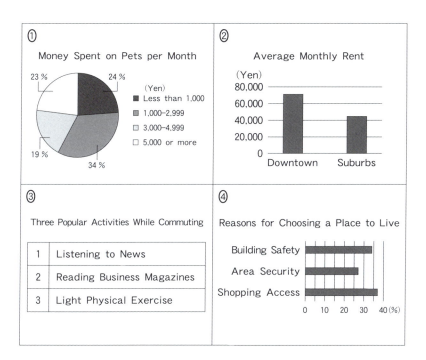

① Money Spent on Pets per Month
23 % 24 %
(Yen)
■ Less than 1,000
■ 1,000–2,999
□ 3,000–4,999
□ 5,000 or more
19 %
34 %

② Average Monthly Rent
(Yen)
80,000
60,000
40,000
20,000
0
Downtown　Suburbs

③ Three Popular Activities While Commuting

1	Listening to News
2	Reading Business Magazines
3	Light Physical Exercise

④ Reasons for Choosing a Place to Live
Building Safety
Area Security
Shopping Access
0　10　20　30　40(%)

これで第6問Bは終わりです。

Day
20

音声スクリプト 🔊 TRACK **D20_02**

Mary① : Yay! We all got jobs downtown! I'm so relieved and excited.

Jimmy① : You said it, Mary! So, are you going to **get a** place **near your office or in the suburbs**?

Mary② : Oh, definitely **close to the company**. I'm **not a** morning person, so I need to be near the office. You should live near me, Lisa!

Lisa① : Sorry, Mary. The rent is too expensive. I want to save money. How about you, Kota?

Kota① : I'm with you, Lisa. I don't mind waking up early and commuting to work by train. You know, **while** commuting I can listen to music.

Jimmy② : Oh, come on, you guys. We should **enjoy the city life** while we're young. There are so many things to do **downtown**.

Mary③ : Jimmy's right. Also, I want to **get a** dog. If I live near the office, I can get home earlier and take it for longer walks.

Lisa② : Mary, don't you think **your dog would be happier in the suburbs**, where there's a lot more space?

Mary④ : Yeah, you may be right, Lisa. Hmm, now I have to think again.

Kota② : Well, I want space for my training equipment. I wouldn't have that space in a tiny downtown apartment.

Jimmy③ : That might be true for you, Kota. For me, a small apartment downtown is just fine. In fact, I've already found a good one.

Lisa③ : Great! When can we come over?

【訳】

メアリー① ：やった！　私たち全員が街の中心部で就職だわ！　すごくほっとしてるし、ワクワクしてる。

ジミー① ：全くそのとおりだよ、メアリー！　それで、君は住む場所は**職場近くにするつもり、それとも郊外**？

メアリー② ：ああ、絶対に**会社の近く**よ。私は朝型じゃないから、職場の近くにいないといけないの。あなたも私の近くに住みなさいよ、リサ！

リサ① ：**ごめん、メアリー。家賃が高過ぎるわ。**お金を節約したいのよ。あなたはどう、コウタ？

コウタ① ：**同感だよ、リサ。**僕は早起きして電車で職場まで通勤するのは構わないんだ。ほら、通勤中に音楽を聴けるしね。

ジミー② ：おいおい、君たち。僕らは若いうちに**都会生活を楽しむ**べきだよ。**中心部に**はすることがすごくたくさんあるよ。

メアリー③ ：ジミーの言うとおりね。それに、私は犬を飼いたいの。職場の近くに住めば、もっと早く家に帰って、犬をもっと長い散歩に連れて行けるわ。

リサ② ：メアリー、**犬にとっては郊外のほうが、ずっと広々としたスペースがあるか**

ら 幸せ だと思わない？

メアリー④ ：うん、そうかもしれないわね、リサ。うーん、それじゃあ 考え直さないと。

コウタ② ：うーん、僕はトレーニング器具を置くスペースが欲しいなあ。中心部のとても小さなアパートだとそのスペースがないだろうから。

ジミー③ ：君だとそうかもしれないね、コウタ。僕にとっては、中心部の小さなアパートでも全く大丈夫。実は、もういいアパートを見つけたんだ。

リサ③ ：すごい！ 私たち、いつ遊びに行っていい？

音声のポイント

🎤❶ get a の get は [t] が [d] に変化し、a と連結して「ゲダ」のように発音されている。

🎤❷ not a の not は [t] が [d] に変化し、a と連結して「ノダ」のように発音されている。

🎤❸ while は「ホワイル」ではなく「ワイゥ」のように発音されるので注意する。

🎤❹ get a の get は [t] が [d] に変化し、a と連結して「ゲダ」のように発音されている。

語句

relieved	形 ほっとした	with 〜	前 〜に賛成して、〜を支持して
You said it.	熟 全くそのとおりだ。		
definitely	副 絶対に、間違いなく	commute	自 通勤［通学］する
morning person	名 朝型の人、朝が得意な人	come on	熟 おいおい、何を言っているんだ
rent	名 家賃	equipment	名 器具、装置
		be true for 〜	熟 〜に当てはまる

問36 **正解①** 問題レベル【やや難】 配点 4点

選択肢 ① Jimmy ② Lisa ③ Jimmy, Mary ④ Kota, Mary

❶聴き取りの型を使う→❷状況と発言を照合する

❶テーマは「就職後に住む場所」です。「街の中心部に住むことに決める発言」に注意して音声を聴きましょう。❷ You said it, Mary! So, are you going to get a place near your office or in the suburbs? ではメアリーに対して「職場の近く（中心部）に住むか郊外に住むか」尋ねています。それに対しメアリーは Oh, definitely close to the company. と答えているので、メアリーは「中心部に住む」と考えられるため表に○を書き込んでおきましょう。次に、You should live near me, Lisa! という発言に対し、リサは Sorry, Mary. The rent is too expensive. と答えており、「中心部には住まない」とわかるので×を書き込んでおきましょう。リサの How about you, Kota? に対し、コウタは I'm with you, Lisa. と答えており、リサと同意見です。つまりコウタは「中心部には住まない」ので×を書き込んでおきましょう。こうした発言に対し次の話者は Oh, come on, you guys. We should enjoy the city life while we're young. There are so many things to do downtown. と言っており、この話者は「中心部に住む」と考えられます。この直後に Jimmy's right. とあり、先ほどの発言はジミーのものであるとわかるので、ジミーに○を書き込んでおきましょう。ここでメアリーが犬を飼いたいと言ったのに対し、Mary, don't you think your dog would be happier in the suburbs, where there's a lot more space? と言われます。それに対し、メアリーは Hmm, now I have to think again. と言っています。メアリーは○でしたが、ここで考え直すと言っているため、×に変更になります。以上から中心部に住むと決めたのはジミーだけなので①が正解と

なります。このように途中で意見が変わるパターンにも警戒しておきましょう。

Mary	○	→×
Jimmy		○
Lisa	×	
Kota		×

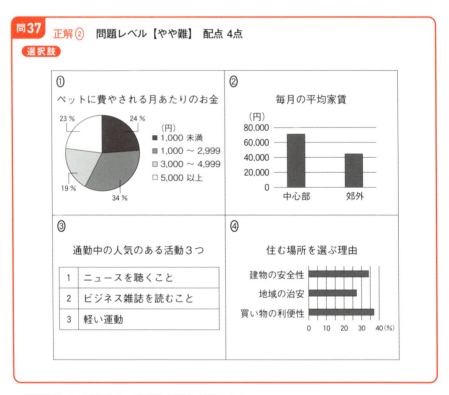

問37 **正解②** 問題レベル【やや難】 配点 4点
選択肢

❶聴き取りの型を使う→❷発言と図表を照合する

❶図表のタイトル・項目を先読みします。タイトルは①「ペットに費やされる月あたりのお金」、②「毎月の平均家賃」、③「通勤中の人気のある活動3つ」、④「住む場所を選ぶ理由」です。問題文からリサの発言に注意して聴きましょう。❷リサの最初の発言で、図表に関係がありそうな Sorry, Mary. **The rent is too expensive**. I want to save money. がありました。「中心部のほうが家賃が高い」という内容なので、中心部と郊外の家賃の差を表している②が正解となります。

MEMO

Day
20

B　第6問Bは**問36・問37**の2問です。会話を聞き，それぞれの問いの答えとして最も適切なものを，選択肢のうちから一つずつ選びなさい。後の表を参考にしてメモを取ってもかまいません。**状況と問いを読む時間が与えられた後，音声が流れます。**

状況

四人の学生（Jeff, Sally, Matt, Aki）が，卒業研究について話をしています。

Jeff	
Sally	
Matt	
Aki	

問36　会話が終わった時点で，**単独での研究**を選択しているのは四人のうち何人でしたか。四つの選択肢（①〜④）のうちから一つ選びなさい。　 36

① 1人
② 2人
③ 3人
④ 4人

問37　会話を踏まえて，Aki の考えの根拠となる図表を，四つの選択肢(①〜④)の
うちから一つ選びなさい。　37

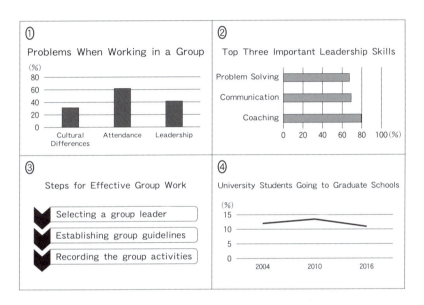

音声スクリプト 🔊 TRACK **D20_05**

Jeff[①] : So, Sally, we have to start thinking about graduation research.

Sally[①] : I know, Jeff.

Jeff[②] : And we can choose to work together as a group or do it individually. **I'm leaning towards the group project.** What do you think, Matt?

Matt[①] : Well, Jeff, I'm **attracted** to the idea of **doing it** on my own. I've never attempted anything like that before. I want to try it. How about you, Sally?

Sally[②] : **Same for me, Matt.** I want to really deepen my understanding of the research topic. Besides, I can get one-on-one help from a professor. Which do you prefer, Aki?

Aki[①] : I prefer group work because I'd like to develop my communication skills in order to be a good leader in the future.

Jeff[③] : Cool. Coming from Japan, you can bring a great perspective to a group project. **I'd love to work with you, Aki.** Matt, don't you think it'd be better to collaborate?

Matt[②] : Yes, it does sound fun, Jeff. Come to think of it, I can learn from other students if I'm in a group. **We can work on it together.** Would you like to join us, Sally?

Sally[③] : Sorry. **It's better if I do my own research** because I'm interested in graduate school.

Aki[②] : Oh, too bad. Well, for our group project, what shall we do first?

Jeff[④] : Let's choose the group leader. Any volunteers?

Aki[③] : I'll do it!

Matt[③] : Fantastic, Aki!

【訳】

ジェフ[①]：さて、サリー、僕たち卒業研究のことを考え始めないといけないね。

サリー[①]：そうよね、ジェフ。

ジェフ[②]：それで、グループとして一緒に作業するか、個別にするか決められるんだ。**僕はグループ研究のほうに気持ちが傾いているよ。**君はどう思う、マット？

マット[①]：うーん、ジェフ、**僕は一人でするという考えに引かれている**んだ。これまでそういうことを試みたことがないし。やってみたいんだ。君はどう、サリー？

サリー[②]：**私も同じよ、マット。**研究のトピックへの自分の理解をしっかり深めたいの。そのうえ、教授から一対一の手助けをしてもらえるわ。あなたはどっちのほうがいい、アキ？

アキ[①]：私はグループワークのほうがいいな。将来、よいリーダーになるためにコミュニケーション技能を鍛えたいから。

ジェフ[③]：いいね。君は日本から来たんだから、グループ研究にすごくいい視点をもたらすことができるよ。ぜひ君と一緒に研究したいな、アキ。マット、君は協同研

究したほうがいいだろうとは思わないの？

マット② ：うん、確かに楽しそうだね、ジェフ。考えてみると、グループに入っていたら他の学生から学べるし、**一緒に取り組んでもいいな。** 君も僕たちに加わらないかい、サリー？

サリー③ ：ごめんね。私は大学院に興味があるから**自分自身の研究をするほうがいいの。**

アキ② ：あら、残念。じゃあ、私たちのグループ研究に向けて、まず何をしたらいいのかしら？

ジェフ④ ：グループのリーダーを選ぼう。志願者はいる？

アキ③ ：私がやる！

マット③ ：素晴らしいね、アキ！

音声のポイント

🎙️❶ attracted は [k] の音が脱落し「アトラティ d」のように発音されている。

🎙️❷ doing it は連結と脱落により「ドゥーインギッ」のように発音されている。

🗣️ 語句

individually	副 個別に、それぞれ	one-on-one	形 一対一の	
lean towards ~	熟 ~のほうに（気持ちが）傾く	perspective	名 視点、見方	
		collaborate	自 共同研究［作業］する、	
attempt ~	他 ~を試みる		協力する	
deepen ~	他 ~を深める	volunteer	名 志願者、有志	

問36 **正解①** 問題レベル【難】 配点 4点

選択肢 ① 1人 ② 2人 ③ 3人 ④ 4人

🔴**❶聴き取りの型を使う→❷状況と発言を照合する**

❶テーマは「卒業研究」です。問いでは「単独での研究を選択している人数」が問われているので、単独かグループかに関する発言に注意して聴きましょう。❷男性の発言で I'm leaning towards the group project. とあり、そのあとに Well, Jeff とあることから、ジェフは「グループ研究に気持ちが傾いている」ことがわかります。まだ決定ではないですが表は×にしておきましょう。続いて、ジェフに What do you think, Matt? と尋ねられて、マットは I'm attracted to the idea of doing it on my own. と答えるので、「一人で研究することに引かれている」ことがわかります。こちらもまだ確定ではないですが○にしておきましょう。次に、How about you, Sally? と尋ねられ、サリーは、Same for me, Matt. と答え、マットと同じ考えで「単独研究がしたい」のだとわかります。サリーも○にしておきましょう。次に、Which do you prefer, Aki? と尋ねられ、アキは I prefer group work と答えているので、×を書き込みましょう。その後のジェフの I'd love to work with you, Aki. から、ジェフの「グループワークのほうがいい」という考えは確定したと考えてよいでしょう。続いて、ジェフは Matt, don't you think it'd be better to collaborate? と尋ねています。マットは Yes, it does sound fun, Jeff. Come to think of it, I can learn from other students if I'm in a group. We can work on it together. と答えていることから、元は単独での研究を希望していましたが、グループでの研究に考えを変えていると判断できます。マットを×に変えましょう。マットは Would you like to join us, Sally? とサリーに尋ねていますが、サリーが Sorry. It's

Day 20

better if I do my own research because I'm interested in graduate school. と答えることから、「単独研究で行いたい」という考えは変わっていないことがわかります。以上から、単独での研究を選択したのはサリーだけなので、正解は①1人となります。

Jeff	×
Sally	◯
Matt	◯ → ×
Aki	×

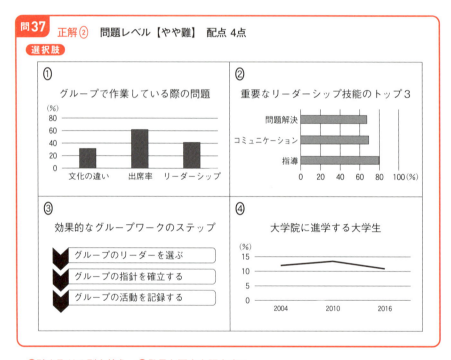

問37　正解②　問題レベル【やや難】　配点 4点

選択肢

① グループで作業している際の問題
（%）／80／60／40／20／0／文化の違い／出席率／リーダーシップ

② 重要なリーダーシップ技能のトップ3
問題解決／コミュニケーション／指導／0　20　40　60　80　100（%）

③ 効果的なグループワークのステップ
グループのリーダーを選ぶ／グループの指針を確立する／グループの活動を記録する

④ 大学院に進学する大学生
（%）／15／10／5／0／2004　2010　2016

❶聴き取りの型を使う→❷発言と図表を照合する

❶問いからアキの考えに注意して聴きましょう。先読みでは、図表のタイトル・項目を確認します。❷アキの発言のうち、図表の内容に関係がありそうなのは I prefer group work because I'd like to develop my **communication skills** in order to be a good leader in the future. です。「よいリーダーになるためにコミュニケーション技能を鍛えたい」とありますが、②の図表では、重要なリーダーシップ技能のトップ3に Communication が入っています。よってこちらが根拠になると考えられるので、②が正解となります。①は、グループワークでの問題については言及されていないので不正解です。③は、グループワークのステップについては言及されていないので不正解です。④の大学院への進学は、アキではなくサリーが言及している話題なので不正解になります。

共通テスト 英語リスニング 実戦模擬試験

正解と解説

この模擬試験は、実際の大学入学共通テスト（2023年1月実施）と同様の出題項目と、やや難しめの難易度で作成されています。
各問題の解説は、必要な型を再確認できるよう、問題に応じた型の流れに沿って説明しています。
正解した問題も解説を読んで思考の流れを整理しましょう。

問 1 　**正解 ④** 　問題レベル【易】 　配点 4点 　　　音声スクリプト 🔊 TRACK **M03**

M: Helen, don't leave the window open. The heater is on, and electricity is expensive.

【訳】「ヘレン、窓を開けっぱなしにしないでくれよ。暖房がついているし、電気代は高いんだよ」

選択肢

① The speaker is asking Helen **to turn on the heater**.
　「話者はヘレンに**暖房をつけるように頼んでいる**」

② The speaker is telling Helen **to leave the room**.
　「話者はヘレンに**部屋を出ていくように言っている**」

③ The speaker is asking Helen **to help with an electricity bill**.
　「話者はヘレンに**電気代の支払いを手助けするように頼んでいる**」

④ The speaker is telling Helen **to close the window**.
　「話者はヘレンに**窓を閉めるように言っている**」

語句 electricity 名 電気 　 bill 名 請求書、請求金額

　ここで使うのは、【短い発話：内容一致問題】を攻略する「精読（文法）の型」と「言い換えの型」（DAY 04）

　❶先読みで選択肢の相違点を確認する→❷音声で使われている文法を考える→❸言い換えを探す

　❶各選択肢の前半はほぼ同じなので後半の to 以下に注意しましょう。話者がヘレンに「何をしてほしいか」を聴き取ります。❷ don't leave the window open「窓を開けっぱなしにしないでくれ」では第 5 文型（SVOC）が使われています。❸選択肢の中から言い換えを探すと、close the window が見つかり、④が正解だとわかります。①は、The heater is on「暖房がついている」と言っているので不正解です。②は、そういった発言はないため不正解です。leave という同じ単語が使われていますが、選択肢のように＜ leave ＋場所＞という形で使うと「(場所) を離れる」という意味になります。同じ単語が使われていても不正解になることはよくあるので注意しておきましょう。③は、electricity is expensive「電気代が高い」と言ってはいますが、「支払いを助けてほしい」とは言っていないので不正解です。

問 2

正解 ④　問題レベル【普通】　配点 4点　　　音声スクリプト 🔊 TRACK M04

M: I've been to the airport, but I didn't take a flight.
【訳】「空港に行ってきたけれど、飛行機には乗らなかった」

音声のポイント

🎤① been to は短く「ビントゥ」のように発音されている。

選択肢

① The speaker **is at the airport**.　　　「話者は**空港にいる**」
② The speaker **flew in a plane**.　　　「話者は**飛行機で移動した**」
③ The speaker **is waiting for his flight**.　「話者は**自分のフライトを待っている**」
④ The speaker **visited the airport**.　　　「話者は**空港を訪れた**」

❶選択肢から、「空港」や「飛行機」に関する表現に注意して聴きましょう。❷I've been to the airport「私は空港に行ってきた」では、現在完了形の have been to ～「～に行ってきた」という表現が使われています。この表現は「その場所に行ってから、もといた場所に帰ってきた」ことを表します。❸選択肢から言い換えを探すと、visited the airport「空港を訪れた」が見つかります。visited という過去形で表現されていることから、「空港に行ったが、今は空港にはいない」と判断でき、④が正解だとわかります。①は、have been to the airport から「今は空港にはいない」ことがわかるため不正解です。②は、I didn't take a flight「飛行機に乗らなかった」と言っているため不正解です。③は、「今は空港にいない」ことや、「フライトを待っている」といった発言はないことから、不正解です。

問 3

正解 ①　問題レベル【普通】　配点 4点　　　音声スクリプト 🔊 TRACK M05

M: Have you seen the pictures I took when I was in New Zealand?
【訳】「あなたは、私がニュージーランドにいた時に撮った写真を見たことがありますか」

選択肢

① The speaker **took** some photographs in New Zealand.　　「話者はニュージーランドで写真を**撮った**」
② The speaker **would like to see** some photographs of New Zealand.　　「話者はニュージーランドの写真を**見たいと思っている**」
③ The speaker **plans to take** some photographs of New Zealand.　　「話者はニュージーランドの写真を**撮る予定だ**」
④ The speaker **is admiring** some photographs of New Zealand.　　「話者はニュージーランドの写真を**鑑賞している**」

語句 admire ～ 他 ～を鑑賞する、～に見とれる

❶選択肢では、「ニュージーランド」と「写真」は全ての選択肢で共通しています。相違点である、took「撮った」、would like to see「見たい」、plans to take「撮る予定だ」、is admiring「鑑賞している」の部分を確認し、言い換えに注意して聴きましょう。❷the pictures I took when I was in New Zealand「私がニュージーランドにいた時に撮った写真」では、I took ～の前の関係代名詞の which[that] が省略されています。❸選択肢から言い換

えを探すと、**took some photographs in New Zealand**「ニュージーランドで写真を撮った」が見つかり、①が正解だとわかります。②は、音声と同じ see という動詞が使われていますが、音声では Have you seen the pictures「写真を見たことがあるか」を問い、選択肢の would like to see some photographs「写真を見たい」と内容が一致しないため不正解です。③は、plans to take「撮る予定だ」という点が一致しないため、不正解です。④は、admire がやや難しい単語ですが、is admiring で現在進行形が使われており、音声では「今何かをしている」という表現はないため、不正解とわかります。

問 4　**正解①**　問題レベル【普通】　配点 4点　　　音声スクリプト 🔊 TRACK M06

M: I made 24 cookies for my classmates, but **two people didn't come** to school.

【訳】「クラスメートのために<u>クッキーを24個作</u>ったけど、<u>2人が学校に来なかった</u>」

選択肢

① There are **more than enough cookies** for the class.

「クラスの生徒たちに**十分な数以上のクッキー**がある」

② There are **not enough cookies** for the class.

「クラスの生徒たちに**十分なクッキーがない**」

③ There are **more than 24 students** in the class.

「クラスには**24人よりも多くの生徒**がいる」

④ There are **too many students** in the class.

「クラスの**生徒数が多過ぎる**」

---

❶選択肢から、「クッキーが十分にあるのか」、「生徒がどのくらいいるのか」に注意して聴きましょう。❷文法的に難しい箇所はありません。「24個クッキーを作り、2人が来なかった」という内容を聴き取りましょう。❸選択肢から言い換えを探すと、①は、「十分クッキーがある」という内容で、音声も「2人が来なかった」ことから「クッキーが余る」と考えられるため、正解だと判断できます。②は、「クッキーが十分にない」という点が音声と一致しないため不正解です。③は、24個クッキーを作ったという点から、最大24人来る予定だったとわかり、そこから2人来なかったため、実際に来た人数は22人以下と判断できます。よって、不正解です。④は、「生徒が多過ぎる」という点が音声と一致しないため不正解です。

第1問 B [解 説]

問 5 **正解①** 問題レベル【難】 配点 3点 　　　音声スクリプト 🔊 **TRACK M09**

F: Almost half of the students are wearing glasses.

【訳】「もう少しで半分の生徒がメガネをかけている」

選択肢

ここで使うのは、【短い発話：イラスト選択問題】を攻略する「精読（文法）の型」（DAY 06）

❶イラストを先読み→❷数量、位置関係の表現に注意→❸条件を満たす選択肢を選ぶ

❶選択肢のイラストから、「メガネをかけている人の人数」が問われることを予測しましょう。こういった問題では、数字は直接言われず、most、half、almost といった表現が使われることが多いことを覚えておきましょう。❷ almost half と言われますが、今回の問題では almost を「ほぼ」と覚えていると、3人か5人か区別できなくなります。almost は「もう少しで、ほとんど」という意味で覚えましょう。❸「もう少しで半分」となるため、メガネをかけているのが3人である①が正解となります。

問 6 **正解④** 問題レベル【難】 配点 3点 　　　音声スクリプト 🔊 **TRACK M10**

F: I'm looking for my umbrella. Oh, it is hanging by the door.

【訳】「私の傘を探しているのです。ああ、*ドアのそばに掛かっています*」

選択肢

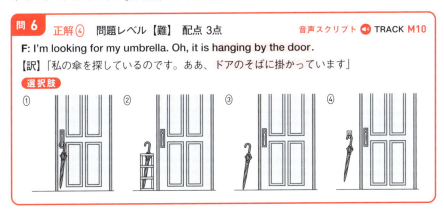

❶選択肢のイラストから、「傘とドアの位置関係」に注意して聴きましょう。❷ hanging「掛かっている、ぶら下がっている」と by the door「ドアのそばに」が流れます。by はあくまで「そばに」という意味で、ドアに直接掛かっている場合は on で表現されるので注意しましょう。❸「ドアのそばに掛かっている」④が正解です。①のようにドアの取っ手に掛かっている場合は hanging on the door handle となります。②のように傘立てに立ててある場合は standing in the umbrella stand となります。③のように壁に立てかけてある場合は、leaning against the wall や、standing near the door のように表現します。

F: She's over there. She's wearing a dark skirt, and she has a bag over one shoulder.

【訳】「彼女はあちらにいます。暗い色のスカートをはいて、片方の肩にバッグを掛けています。」

選択肢

語句　dark 形 暗い色の、黒っぽい

❶ イラストの先読みでは、「スカートの色」と「カバンの持ち方」に違いがあることを確認しておきましょう。❷ a dark skirt「暗い色のスカート」と has a bag over one shoulder「片方の肩にバッグを掛けている」が流れます。❸「暗い色のスカート」から②と③に絞り、「片方の肩に掛けている」から③が正解だとわかります。

問 8 　正解③　問題レベル【普通】　配点 4点　　　　　音声スクリプト 🔊 TRACK **M14**

M①: You need to set the **oven** temperature before you start making the cookies.

W①: I've done that. See?

M②: Well done.

W②: Those ingredients look well-mixed. Shall I get a tray for you to put them on?

M③: Thanks. I'll need a big one.

W③: Here you are. This one should be large enough.

Question: What is the next stage in the process?

【訳】男性①：クッキーを作り始める前に、オーブンの温度を設定しないといけないよ。

　　　女性①：それは済ませたわ。ほらね？

　　　男性②：ちゃんとできてるね。

　　　女性②：材料はよく混ざっているようね。あなたが材料を乗せるトレーを持って来ましょうか？

　　　男性③：ありがとう。大きいのが必要だな。

　　　女性③：はい、どうぞ。これなら十分に大きいはずだわ。

　　　質問：調理過程の次の段階はどれか。

🔊 音声のポイント

🔊❶ oven は「オーブン」ではなく「アヴン」[ʌ́vn] のような発音なので注意しておく。

選択肢

① 　② 　③ 　④

📖 語句　temperature 名 温度　　process 名 過程、手順
　　　　　ingredient 名 材料

ここで使うのは、【短い対話：イラスト選択問題】を攻略する「識別の型」（DAY 08）

❶イラストを先読みし音声の内容を予想する→❷音声の情報から選択肢を識別する

　❶イラストから、クッキーを焼く手順のいずれかが問われることがわかります。oven「オーブン」（発音は「アヴン」に近い音）などを予測しておきましょう。❷1回目の聴き取りでは、問われる質問がわからないため、ある程度内容が把握できたら OK です。質問は What is the next stage in the process?「調理過程の次の段階はどれか」なので、会話の最後がどの段階になっているかに注意して2回目を聴きましょう。会話の後半で女性が Shall I get a tray for you to put them on?「あなたが材料を乗せるトレーを持って来ましょうか？」と言い、男性は I'll need a big one.「大きいのが必要だな」と答え、最後に女性が Here you are.「はい、どうぞ」と言ってトレーを渡していることがわかります。よって次の段階となるのはクッキーの生地をトレーに乗せている③となります。

W①: You'll need a warm jacket and boots.

M①: All right. Should I wear these too?

W②: Oh, yes. You'd better keep your hands warm.

M②: OK.

Question: What item is the boy holding?

【訳】女性①：あなたは暖かい上着とブーツが必要ね。

男性①：わかった。これも身に着けたほうがいいかな？

女性②：ああ、そうね。手は暖かくしておいたほうがいいから。

男性②：オーケー。

質問：少年が持っている物は何か。

選択肢

❶イラストから、jacket、boots、gloves（発音は「グラヴz」に近い音）、hat もしくは cap を予測しておきましょう。❷最初の発言で jacket と boots が言及されています。次に Should I wear **these** too?「これも身に着けたほうがいいかな？」と聞こえたら、these が表しているものに注意しておきましょう。共通テストの第2問では that、these、those など代名詞の内容を予測させる問題が出題されています。次の発言で女性が You'd better keep **your hands** warm.「手は暖かくしておいたほうがいい」と言っています。質問は What item is the boy holding?「少年が持っている物は何か」なので、手袋の③が正解となります。今回は出てきませんでしたが、gloves「手袋」は正しい発音で覚えておきましょう。

問10 正解④ 問題レベル【難】 配点 4点　　　音声スクリプト 🔊 TRACK **M16**

M①: That one won't fit in our living room.

W①: How about this one, then? It comes **with** something to rest your feet on.

M②: I like it, but I prefer the modern-looking one.

W②: Me, too.

Question: Which sofa does the man like?

【訳】男性①：あれはうちのリビングには入らないな。

　　　女性①：それじゃあ、これは？　何か足を乗せる物が付いてくるわ。

　　　男性②：いいけど、ぼくは現代的な見た目のソファのほうが好きだな。

　　　女性②：私も。

　　　質問：男性はどのソファを気に入っているか。

音声のポイント

🔊❶ with は弱形で弱く短く発音されている。

選択肢

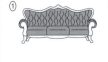　　　

① ② ③ ④

語句

fit in 〜　　　　熟 〜に収まる、〜に入る
come with 〜　　熟 〜が付いてくる、〜が付属する
rest 〜　　　　他（体の一部）を置く、乗せる
modern-looking 形 現代的に見える

❶イラストから、「どのソファを選ぶのか」が問われると予測しましょう。大きさや、アンティーク調かどうか、オットマン（足を乗せる物）が付いているかどうかなどの違いがあります。❷この問題は1回目の聴き取りで解くのは難しいので、質問を確認した2回目で正解を選べるようにしましょう。質問は Which sofa does the man like?「男性はどのソファを気に入っているか」です。男性は初めに That one **won't fit in our living room**.「あれはうちのリビングには入らないな」と言い、あるソファが大きくて入らないことを伝えています。このことから小さいものである②と④に絞れます。次に女性が How about this one, then? It comes with something to rest your feet on.「それじゃあ、これは？　何か足を乗せる物が付いてくるわ」と言ったのに対し、男性が I like it と答えていることから、足を乗せるオットマンが付いている物を選ぶことがわかるため、この情報からも②と④に絞ることができます。ここで使われている come with 〜「〜が付いてくる」は、食事のセットなどにデザートが付いてくるといった表現にも使われるので覚えておきましょう。最後に I prefer the **modern-looking** one「ぼくは現代的な見た目のソファのほうが好きだな」と言っているため、アンティーク調ではなく、現代的な見た目の④が正解と判断できます。

問11 　正解 ③ 　問題レベル【やや難】 配点 4点 　　　音声スクリプト 🔊 TRACK **M17**

W①: What do you want to eat?

M①: I don't care. As long as it tastes good.

W②: I don't want to spend a lot of money.

M②: This place looks perfect, but it **mightn't** be very clean.

Question: Where will the speakers probably have lunch?

【訳】 女性①：何が食べたい？

　　　男性①：何でもいいよ。おいしければね。

　　　女性②：私はあまりお金をかけたくないな。

　　　男性②：ここだとぴったりみたいだけど、あまり清潔ではないかもしれない。

　　　質問：彼らはどこで昼食を食べることになりそうか。

音声のポイント

🎙❶ mightn't の 1 つ目の [t] はつまったような音に変化している。最後の [t] は脱落している。

選択肢

① Sushi Tanaka 　② New York Seafood 　③ Tacos Tacos 　④ Antonio Pizza

語句 　as long as (S) (V) 　熟 S V である限り

❶イラストから「レストランのレビュー」であることを予測しましょう。❷2回目の聴き取りで正解を選べれば OK なので、質問を確認しましょう。質問は Where will the speakers probably have lunch?「彼らはどこで昼食を食べることになりそうか」です。アイコンが示す内容に注意して聴くと、I don't care. **As long as it tastes good.**「何でもいいよ。おいしければね」という、味について言及している発言があります。真ん中のアイコンが味を示すと考えられるため、評価が低い④は不正解だと考えられます。次に I don't want to spend a lot of money.「私はあまりお金をかけたくないな」とあり、金額は高くない所を選ぶはずなので、①と②を選ぶ可能性は低いです。ここまでの情報で残りは③のみになります。最後の発言に it mightn't be very clean「あまり清潔ではないかもしれない」という清潔さに言及した発言があります。③のホウキのアイコンは評価が低くなっているため、③が正解となることが確定します。

問12 正解③ 問題レベル【普通】 配点 3点　　音声スクリプト 🔊 TRACK **M20**

W①: I'm making an apple pie. How many apples should I buy?

M①: Generally, you need about five or six. It'll be cheaper to buy a **bag of** apples,
　　　though. How about this one? There are 10 green apples **in it**.

W②: These bags have 12 apples for the same cost.

M②: Those are smaller apples, and they're red. Green apples are the best for a pie.

W③: OK, if you say so.

【訳】女性①：アップルパイを作るのですが。リンゴは何個買えばいいでしょうか？
　　　男性①：一般的には、5、6個くらいは必要です。でも、リンゴを一袋買ったほう
　　　　　　　が安くなりますよ。こちらはどうですか？　青リンゴが10個入っています。
　　　女性②：こっちの袋は同じ値段で12個入っていますけど。
　　　男性②：そちらは小さめで、赤リンゴです。パイには青リンゴが一番合いますよ。
　　　女性③：わかりました、そういうことなら。

音声のポイント

🎙❶ bag of は連結して、「バッゴ v」のように発音されている。

🎙❷ in it は連結して、「イニッ t」のように発音されている。

問いと選択肢

How many apples will the woman probably buy?

「女性はリンゴをおそらく何個買うか」

① Two apples 「リンゴ2個」

② Six apples 「リンゴ6個」

③ 10 apples 「リンゴ10個」

④ 12 apples 「リンゴ12個」

語句 generally 副 一般的に言って　cost 名 値段、費用

ここで使うのは、【短い対話：応答問題】を攻略する【言い換えの型】（DAY 10）

❶場面と問いを先読み→❷音声の情報から言い換えを探す

❶問いは、「女性が買うであろうリンゴの数」で、選択肢は全てリンゴの数になっていることを確認しておきましょう。❷個数に注意して聴くと、男性の How about this one? There are **10 green apples** in it.「こちらはどうですか？　青リンゴが10個入っています」という発言に対し、女性は These bags have **12 apples** for the same cost.「こっちの袋は同じ値段で12個入っています」と言っています。この段階で男性は10個、女性は12個を提案していますが、男性はその後 Those are smaller apples, and they're red. Green apples are the best for a pie.「そちらは小さめで、赤リンゴです。パイには青リンゴが一番合います」と言い、それに対して女性は OK と言っているので、男性の提案である10個のほうを買うと判断できます。よって③が正解です。

W①: I want to visit the art gallery to see the latest exhibition.

M①: I'm going with my class next week. How about seeing a movie instead?

W②: I'm seeing a movie with your father on Saturday night.

M②: I see. Well, I heard about a new hamburger restaurant.

W③: That sounds good. I'd rather not make lunch on the weekend.

M③: Great.

【訳】 **女性①**：私は最新の展覧会を見に美術館に行きたいわ。

男性①：来週、クラスのみんなと行くんだ。代わりに映画を見るのはどう？

女性②：土曜の夜にお父さんと映画を見るのよ。

男性②：そうか。ねえ、新しいハンバーガー・レストランのことを耳にしたんだけど。

女性③：よさそうね。週末はお昼ご飯を作りたくないから。

男性③：よかった。

問いと選択肢

What will they do together on the weekend? 「彼らは週末に、一緒に何をするか」

① They will make lunch at home. 「家で昼食を作る」

② They will watch a movie. 「映画を見る」

③ They will go to an art gallery. 「美術館に行く」

④ They will eat at a restaurant. 「レストランで食事をする」

語句 art gallery **名** 美術館、アートギャラリー   exhibition **名** 展覧会

❶問いは、「2人が週末に何をするか」です。選択肢は短いのでそれぞれの内容を確認しておきましょう。❷2人の意見が一致している表現に注意して聴くと、男性の I heard about a new hamburger restaurant.「新しいハンバーガー・レストランのことを耳にした」という発言に対し、女性は That sounds good. と答えています。よって2人はレストランで食べることがわかります。選択肢から言い換えを探すと、eat at a restaurant が見つかり、④が正解だとわかります。

問14 正解② 問題レベル【易】 配点 3点　　音声スクリプト 🔊 TRACK **M22**

W①: Can you give me your phone number? I want to call you about our homework project tonight.

M①: Sure, lend me your phone. I'll put it in.

W②: Here you are. You know, it might be better if we meet up at the library to discuss the project in person.

M②: I don't feel like going to the library at night. I have basketball practice tonight, anyway.

W③: OK. We'll have to do it tomorrow night, then. Let's talk about our plans tomorrow.

【訳】**女性**①：あなたの電話番号を教えてくれる？　今夜、宿題のプロジェクトのことで電話をかけたいの。

男性①：いいよ、電話を貸して。番号を入れるから。

女性②：はい、どうぞ。ねえ、図書館で会って直接プロジェクトについて話し合ったほうがいいかもしれないわ。

男性②：夜に図書館に行く気にはならないな。どっちみち、今夜はバスケットボールの練習があるし。

女性③：わかった。じゃあ、明日の夜にしなくちゃいけないわね。明日、予定の相談をしましょう。

> 問いと選択肢

What will the boy do tonight? 「男の子は今夜、何をするか」

① He will go to the library. 「図書館に行く」

② He will play a sport. 「スポーツをする」

③ He will discuss a homework project. 「宿題のプロジェクトについて話し合う」

④ He will borrow the girl's phone. 「女の子の電話を借りる」

> 語句 meet up 熟（待ち合わせて）会う　in person 熟 直接、じかに

❶問いは、「男の子の今夜の予定」です。選択肢は短いのでそれぞれの内容を確認しておきましょう。❷男の子の今夜の予定に注意して聴くと、I have basketball practice tonight「今夜はバスケットボールの練習がある」という発言があります。選択肢から言い換えを探すと、play a sport という表現が見つかり、②が正解だとわかります。

正解 ② 問題レベル【やや難】 配点 3点　　　音声スクリプト 🔊 TRACK **M23**

M①: Who are all these people in the photo with you?

W①: The three on my left are my siblings, and the two on my right are my cousins.

M②: Where are your parents?

W②: My mother was with us, but she was the one taking the photo.

M③: I wish I could have gone to the amusement park, too.

【訳】男性①：君と一緒に写真に写っているこの人たちはみんな誰なの？

　　　女性①：私の左側の３人は私のきょうだいで、右側の２人はいとこよ。

　　　男性②：ご両親はどこ？

　　　女性②：母が一緒だったんだけど、この写真を撮ってくれてる人がそうなのよ。

　　　男性③：僕も遊園地に行けたらよかったんだけど。

問いと選択肢

Who is the girl with in the photograph? 「女の子は誰と一緒に写真に写っているか」

① One of her parents 「両親のうちの１人」

② Her family and relatives 「家族と親族」

③ Her friends and family 「友人と家族」

④ Her mother's sister 「母親の姉［妹］」

語句 sibling 名（男女問わず）きょうだい　relative 名 親族

❶問いは、「女の子が誰と写真に写っているか」です。選択肢は短いのでそれぞれの内容を確認しておきましょう。❷男性に誰と写っているか尋ねられ、The three on my left are my siblings, and the two on my right are my cousins.「私の左側の３人は私のきょうだいで、右側の２人はいとこです」と答えています。選択肢から言い換えを探すと、siblings の言い換えとなる family と、cousins の言い換えとなる relatives が見つかり、②が正解だとわかります。siblings「きょうだい」は言い換えで狙われるため覚えておきましょう。

問16 正解 ④ 問題レベル【やや難】 配点 3点 音声スクリプト 🔊 TRACK **M24**

W①: Hi, Jim. I'm sorry I'm late.

M①: What happened? Did you forget that you had an appointment?

W②: It wasn't that. I came to work on the bus this morning.

M②: The buses are often late here.

W③: Yes, but I misread the **schedule**. I accidentally took the one to Milton.
❶

M③: I see. Is your car **getting** repaired or something?
❷

W④: No. It's just cheaper to take the bus.

【訳】女性① : こんにちは、ジム。遅れてごめんなさい。

男性① : どうしたんだい？　約束があることを忘れてたの？

女性② : そういうわけではないの。今朝はバスで職場に来たのよ。

男性② : このあたりではバスはよく遅れるよね。

女性③ : ええ、でも私が時刻表を読み間違えてしまって。うっかりミルトン行きの
バスに乗ってしまったの。

男性③ : なるほど。自分の車は修理中か何かなの？

女性④ : いいえ。バスに乗るほうが安上がりというだけよ。

音声のポイント

🔊❶ schedule は「スケジュール」ではなく、今回のように「シェジュール」と発音されることもあるので注意。

🔊❷ getting は [t] の音が [d] に変化し「ゲディン」のように発音されている。

問いと選択肢

Why was the woman late for the appointment?　「女性はなぜ約束に遅れたのか」

① Her bus was delayed.　「彼女のバスが遅れた」

② Her car was not running.　「彼女の車が故障していた」

③ She forgot the start time.　「開始時間を忘れていた」

④ She took the wrong bus.　「バスに乗り間違えた」

語句 misread ～ 他 ～を読み間違える　accidentally 副 誤って、うっかり
schedule 名 時刻表

❶問いは、「女性が約束に遅れた理由」です。選択肢は短いのでそれぞれの内容を確認しておきましょう。❷女性が約束に遅れた理由に注意して聴きます。まず I came to work **on the bus** this morning.「今朝はバスで職場に来た」から、女性はバスで来たことがわかります。男性は The buses are often late here.「このあたりではバスはよく遅れる」と言っていますが、女性は Yes, but I misread the schedule. I accidentally **took the one to Milton**.「ええ、でも私が時刻表を読み間違えてしまって。うっかりミルトン行きのバスに乗ってしまったの」と答えているので、女性が遅れたのはバスが遅れたからではなく、バスを間違えたからだとわかります。選択肢から言い換えを探すと、**took the wrong bus** が見つかり、④が正解だとわかります。①は、男性が The buses are often late here. と言ってはいますが、女性の返答から「時刻表を読み間違えたこと」が原因とわかるため不正解です。②は、Is your car getting repaired or something? に対し No. と答えており、車は故障中ではないため不正解です。③は、

misread the schedule という発言があるため紛らわしいですが、女性は「バスの時刻表を読み間違えた」という意味で言っているので一致せず、不正解です。

問17 正解② 問題レベル【普通】 配点 3点　　音声スクリプト 🔊 TRACK **M25**

M①: I heard that we are going to have a practice evacuation after lunch today.

W①: What does evacuation mean?

M②: It means that everyone has to leave the building. We're practicing in case there is a fire or something in the future.

W②: I see. I don't know where to go. Do you mind if I follow you?

M③: Of course not. We all meet outside on the grass.

【訳】男性①：今日の昼食後に避難訓練をするって聞いたんだけど。

　　　女性①：避難ってどういう意味？

　　　男性②：全員が建物を出なくてはいけないっていう意味さ。この先、火事か何かがあった場合に備えて、訓練するんだ。

　　　女性②：なるほど。どこへ行けばいいのかわからないわ。あなたについて行ってもいい？

　　　男性③：もちろんいいよ。全員、外の芝生に集まるんだよ。

問いと選択肢

What are the speakers going to do? 「話者たちはどうするか」

① Have lunch on the grass 「芝生の上で昼食を食べる」

② Exit the building 「建物を退去する」

③ Learn to put out a fire 「火の消し方を習う」

④ Meet with a manager 「部長と会う」

語句　evacuation 名 避難　　　　　　exit ～ 他 ～を退去する
　　　　in case (S) (V) 熟 S Vの場合に備えて　put out ～ 熟 （火など）を消す
　　　　the grass 名 芝生

---

❶問いは、「話者たちのこれからの行動」です。選択肢は短いのでそれぞれの内容を確認しておきましょう。❷男性の I heard that we are going to have a practice evacuation after lunch today.「今日の昼食後に避難訓練をするって聞いた」から、女性も含めて避難訓練をすることがわかります。具体的には It means that everyone **has to leave the building**.「全員が建物を出なくてはいけないという意味だ」から、建物から出る訓練だということがわかります。選択肢から言い換えを探すと、**Exit the building** が見つかり、②が正解だとわかります。

問 **18-21**　正解18①／19③／20④／21②　音声スクリプト 🔊 TRACK **M28**

第4問A

問題レベル【普通】　配点 4点　※問18-21全部正解の場合のみ4点。

Every year since 2012, we've taken a survey of our second-year dormitory students to learn how they spend their evenings. Now that 10 years **have**❶ passed, we can see how they've changed. We've learned that fewer and fewer people have **been**❷ **working in the evenings**. They haven't been using their extra time to **read books**. That number has **stayed roughly the same** for the whole 10 years. **In the last four years**, the number of people **playing video games has grown dramatically**. **While**❸ there have been **ups and downs**, **chatting**❹ with friends has remained **the most popular pastime** over the whole 10 years.

【訳】

私たちは2012年から毎年、2年生の寮生に、夜をどう過ごしているかを知るための調査を行ってきました。10年たった今、彼らがいかに変化してきたかを見ることができます。夜に働いている人はますます減っていることがわかりました。彼らは余った時間を読書に使っているわけではありません。その人数は10年間ずっと、だいたい同じままです。この4年間で、テレビゲームをしている人数が劇的に増えています。増減はあるものの、友人とのおしゃべりは、10年間全体にわたり最も人気のある気晴らしであり続けています。

音声のポイント

🔊❶ have は弱形で弱く短く発音されている。

🔊❷ been は弱形で短く「ビン」のように発音されている。

🔊❸ While は「ホワイル」ではなく「ワイゥ」のように発音されるので注意。

🔊❹ chatting の [t] は [d] に変化し、「チャディン」のように発音されている。

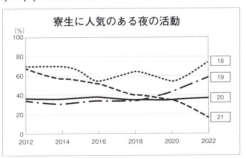

寮生に人気のある夜の活動

選択肢
① Chatting with friends　「友人とおしゃべりする」
② Doing part-time jobs　「アルバイトをする」
③ Playing video games　「テレビゲームをする」
④ Reading books　「本を読む」

語句

survey	名 調査	now that (S) (V)	熟 （今や）ＳＶなので、ＳＶした今
dormitory	名 寮	extra	形 余分な、余った

295

roughly	副 おおよそ、だいたい	chat	自 おしゃべりする
dramatically	副 劇的に、著しく	pastime	名 娯楽、気晴らし
ups and downs	熟 浮き沈み、増減		

ここで使うのは【モノローグ：表読み取り問題】を攻略する「表読・分類の型」（DAY 12）
❶問題文、図表、選択肢を先読み→❷グラフ問題（問18〜21）：数値表現に注目して解く
→❷表問題（問22〜25）：条件を聴いて分類する

❶グラフのタイトルは「寮生に人気のある夜の活動」です。選択肢を見て、どういった活動があるのか確認しておきましょう。❷各項目の移り変わりを表す表現に注意して聴くと、We've learned that **fewer and fewer** people have been **working in the evenings.**「夜に働いている人はますます減っていることがわかった」とあります。working は選択肢②の Doing **part-time jobs** に言い換えられていると考えましょう。fewer and fewer から、グラフの中で「減少し続けているもの」を探すと、[21] が該当します。よって [21] には②が入ります。

次に、They haven't been using their extra time to **read books.** That number has **stayed roughly the same** for the whole 10 years.「彼らは余った時間を読書に使っているわけではない。その人数は10年間ずっと、だいたい同じままだ」から、「本を読む人の数」が「変わっていない」ことがわかります。よってグラフの中でもっとも安定している [20] に④が入るとわかります。

続いて、**In the last four years,** the number of people **playing video games has grown dramatically.**「この４年間で、テレビゲームをしている人数が劇的に増えている」とあり、「この４年間」で「ゲームをする人が増えた」ことがわかります。グラフを見ると、[19] が2018年から2022年の４年間で増えているため、こちらに③が入るとわかります。

残った [18] には①が入ります。確認すると While there have been **ups and downs**, **chatting with friends** has remained **the most popular pastime** over the whole 10 years. 「増減はあるものの、友人とのおしゃべりは、10年間全体にわたり最も人気のある気晴らしであり続けている」とあり、「増減があること」や「最も人気があること」が当てはまっています。

問 22-25

正解22⑥ / 23③ / 24③ / 25④　　　　　音声スクリプト 🔊 TRACK M31

問題レベル【やや難】 配点各1点

Well, it's time to announce the prizes. We're showing the table of winners on the screen now. The top four teams will all get a certificate showing their scores in the contest. The team who sang *Danny Boy* the best will get tickets to a concert by the Stirling Orchestra when they do their world tour. The top team in the A Cappella category will get a trophy, and the team that won in the Original Song category will win an invitation to take part in the GTU International Song Contest next month.

【訳】
では、賞品を発表する時間です。今、画面には受賞チームの表が映っています。上位４チーム全てが、コンテストのスコアが入った証明書を受け取ります。「ダニー・ボーイ」を最も上手に歌ったチームには、スターリング・オーケストラがワールドツアーを行う際のコンサート・チケットが贈られます。アカペラ部門の最優秀チームにはトロフィー

が贈られ、オリジナル曲部門で優勝したチームは来月の GTU 国際合唱コンテストへの招待参加権を獲得します。

最終結果のまとめ――国際オンライン合唱コンテスト

上位4チーム	ダニー・ボーイ	アカペラ	オリジナル曲	賞品
アストロ・アコースティック	1位	2位	1位	22
コーラス・キングス	4位	3位	3位	23
ミュージック・マスターズ	3位	4位	2位	24
ボイス・フォース	2位	1位	4位	25

選択肢

① Concert tickets 「コンサート・チケット」

② Trophy 「トロフィー」

③ Certificate 「証明書」

④ Certificate, Trophy 「証明書、トロフィー」

⑤ Certificate, Trophy, Invitation 「証明書、トロフィー、招待」

⑥ Certificate, Concert tickets, Invitation 「証明書、コンサート・チケット、招待」

語句 table 名 表　　a cappella 形 楽器伴奏なしの、アカペラの
certificate 名 証明書　　category 名 部門、カテゴリー

❶問題文から「合唱コンテストの賞品」についての音声であることがわかります。表と選択肢から、各項目での順位によって賞品が決まることを確認しておきましょう。❷まず、The top four teams will all get a certificate showing their scores in the contest.「上位4チーム全てが、コンテストのスコアが入った証明書を受け取る」から、4位までは証明書がもらえるとわかるため、表内の全てのチームが証明書をもらえることになります。Certificate の頭文字「C」などを 22 ～ 25 にメモしておきましょう。次に The team who sang *Danny Boy* the best will get tickets to a concert「『ダニー・ボーイ』を最も上手に歌ったチームはコンサート・チケットを受け取る」から、*Danny Boy* で1位だったチームがコンサートのチケットをもらえることがわかります。Astro Acoustic が1位だったので、22 に ticket の「チ」などを書き込んでおきましょう。続いて、The top team in the A Cappella category will get a trophy「アカペラ部門の最優秀チームはトロフィーを受け取る」から、A Cappella で1位の Voice Force がトロフィーをもらえるとわかります。25 にトロフィーの「ト」などを書き込んでおきましょう。最後に the team that won in the Original Song category will win an invitation to take part in the GTU International Song Contest next month「オリジナル曲部門で優勝したチームは来月の GTU 国際合唱コンテストへの招待参加権を獲得する」から、Original Song で1位である Astro Acoustic が招待を受けることがわかります。22 に Invitation の「I」などを書き込みましょう。まとめると 22 は証明書、チケット、招待を受け取るので、⑥が入ります。23 は証明書のみで③が入ります。24 は証明書のみで③が入ります。25 は証明書とトロフィーを受け取るので、④が入ります。

第4問B［解説］

問26 　正解 ③ 　問題レベル【普通】 　配点 4点 　　音声スクリプト TRACK M34〜37

① Hi. I'm Russel Hill. I'm here to introduce the fencing club. We meet on Tuesday, Wednesday and Friday evenings in the school gym. We've been given the space to use between 5:30 and 7:00 P.M. The school lends us all the equipment we need, so it won't cost anything. We're a really friendly group and we enjoy chatting online after practice in the evenings.

② Hello. My name's Mandy Jones. I'm the leader of the photography club. This is a great club for shy people because we do most of our activity alone. You'll need to buy a fairly good camera. They cost between two and three hundred dollars. We meet every Tuesday in the art room during lunch. We look at each other's photographs and listen to advice from the art teacher.

③ Hey, guys! I'm Greg Delaney. How about joining the manga club? It's a great way to make friends. We read manga at home and talk about them in the library after school. Most of our members try to catch the 4:45 train, but you can stay later if you like. There are a lot of manga in the library, so you don't need to buy them.

④ Hi. I'm Lucy Day. I lead the running club. We're not a very serious club. We go running in the afternoon twice a week after school with Mr. Nichol. We leave at 4:30 and we're always back by 5:00. We're usually too tired to talk very much. You don't need to buy anything – we go running in our P.E. clothes.

【訳】①こんにちは。ラッセル・ヒルです。フェンシング部の紹介をしに来ました。私たちは火曜、水曜、金曜の夕方に学校の体育館に集まっています。午後5時30分から7時までの間に使える場所が割り当てられています。必要な用具は全て学校が貸してくれるので、お金は全然かかりません。とても仲のいいグループなので、夕方の練習後はオンラインでおしゃべりをして楽しんでいます。

②こんにちは。私の名前はマンディ・ジョーンズです。私は写真部の部長です。ここは人見知りの人にはぴったりの部です、と言うのも、ほとんどの活動を単独で行うからです。かなりいいカメラを買う必要があります。カメラは200ドルから300ドルします。毎週火曜の昼休みの間に美術室に集まります。お互いの写真を見て、美術の先生からのアドバイスを聴きます。

③やあ、皆さん！　僕はグレッグ・デラニーです。マンガ部に入りませんか？　友達を作るのに打って付けの方法ですよ。僕たちは自宅でマンガを読んで、放課後に図書館でマンガについて話をします。部員の大半が4時45分の電車に乗ろうとしますが、もっと遅くまでいたければ、そうしても構いません。マンガは図書館にたくさんあるので、買う必要はありません。

④こんにちは。ルーシー・デイです。ランニング部のリーダーをしています。私たちはあまり本格的なクラブではありません。週に2回、放課後の午後に、ニコル先生と一緒にランニングに行きます。4時30分に出発して、いつも5時までに戻ります。たいていは、とても疲れているのであまり話をしません。何も買う必要はあり

ませんよ。体育着を着てランニングに行きますから。

🎧1 to の [t] は [d] に変化し、「ドゥ」のように発音されている。

🎧2 clothes は「クロウズ」[klóuz] のように発音するので注意する。

問いと選択肢

| 26 | is the club you are most likely to choose.

「 26 が、あなたが選ぶ可能性の最も高いクラブである」

① Fencing 「フェンシング」　　② Photography 「写真」

③ Manga 「マンガ」　　　　　　④ Running 「ランニング」

語句　equipment 名 器具、用具　　lead ～ 他 ～を率いる
　　　fairly 副 かなり　　　　P.E. 名 体育（＝ physical education）

ここで使うのは、【モノローグ：発話比較問題】を攻略する「照合の型」（DAY 14）

❶状況と条件を先読み→❷条件と情報を照合する

❶「入部するクラブを決めるため説明を聴いている」という状況を確認しておきましょう。

❷3つの条件を確認し、音声を聴きながら照らし合わせていきます。1人目は、We've been given the space to use between 5:30 and 7:00 P.M.「午後5時30分から7時までの間に使える場所が割り当てられている」から、A が×になり不正解です。費用については、it won't cost anything とあることから B は○。コミュニケーションについては、We're a really friendly group and we enjoy chatting online after practice in the evenings. とあることから、C は○となります。

2人目は、we do most of our activity alone から C が×となり不正解です。You'll need to buy a fairly good camera. They cost between two and three hundred dollars. から、B も×となります。活動時間については We meet every Tuesday in the art room during lunch. とあることから、A は○です。

3人目は、It's a great way to make friends. や We read manga at home and talk about them in the library after school. から、C は○となります。時間については Most of our members try to catch the 4:45 train, but you can stay later if you like. とあり、5時までには活動が終わっていて、それ以降残るかどうかは任意だとわかるので、A は○です。費用については There are a lot of manga in the library, so you don't need to buy them. とあることから、B は○となります。よって③が正解となります。

4人目も確認しておくと、We leave at 4:30 and we're always back by 5:00. に「5時までに戻る」とありますが、「終わりの時間」は明言されていないため、A は△です。コミュニケーションについては、We're usually too tired to talk very much. とあることから、C は×です。B は、You don't need to buy anything から、○となります。

Club	Condition A	Condition B	Condition C
① Fencing	×	○	○
② Photography	○	×	×
③ Manga	○	○	○
④ Running	△	○	×

音声スクリプト 🔊 TRACK **M40**

Red tide is a term used to describe a situation in which tiny organisms multiply on the surface of the oceans and seas and make them appear red.

The Spanish settlers who came to the United States in 1493, and even the Native Americans who arrived much earlier, reported seeing red tide. While it is not a new phenomenon, it is now appearing in more locations and in larger quantities. This is a problem because the organisms are very harmful to humans as well as the marine environment.

The microscopic organisms produce dangerous poisons. These poisons make people living nearby quite ill. If people swim in such poisonous seawater, their skin gets irritated. People also become sick if they eat marine creatures caught in the affected areas. Poisonous gases given off by the red tide can make people's eyes start to hurt. Many people sneeze and cough and find it difficult to breathe, especially if they have allergies.
❶

The effect of red tide on marine creatures is more severe. It can kill huge numbers of fish in a short time. After a red tide, thousands of dead fish wash up on the shores. Whales and sea turtles that eat the fish also become sick and die. Sea birds' feathers are covered in oils that help them float on the water. However, the red tide can remove the oils, often causing the birds to drown.

Scientists suspect that humans are causing these changes. Farms use a lot of nutrients to help plants grow. When it rains, the nutrients are carried by rivers and streams to the sea. The organisms that cause red tide grow faster with the help of the nutrients. Climate change is also having an effect. The United States is experiencing more frequent hurricanes, and they are getting stronger. The hurricanes and tropical storms, which form over tropical oceans, are carrying the organisms that cause the red tide to new locations in the Atlantic Ocean.

There have been attempts to reduce red tides. People have added different substances such as copper sulfate and chloride to the seas to try to kill the organisms. Unfortunately, they kill everything else in the water at the same time. At the moment, the best thing that scientists can do is to provide accurate predictions about what areas will be affected by red tide. This way, people can prepare for its arrival.

【訳】

　赤潮とは、微生物が大海や海の海面で増殖して赤く見えるようにする状況を説明するために用いられる専門用語です。

　1493年にアメリカに来たスペイン人の入植者や、それよりもずっと前に渡来していたアメリカ先住民でさえ、赤潮を目にしたと伝えています。赤潮は新しい現象ではないものの、今ではより多くの場所で、より大量に発生しています。これは問題です。なぜな

らその微生物は海洋環境だけでなく人間にとっても非常に有害だからです。

　その微生物は危険な毒物を生成します。この毒は近くに住んでいる人々の体調を非常に悪くします。もし人々がそのように有毒な海水で泳ぐと、肌が炎症を起こします。人々はまた影響を受けた海域で捕れた海洋生物を食べても病気になります。赤潮が発する有毒ガスで人々の目が痛み始めることもあります。多くの人々がくしゃみや咳をし、特にアレルギーを持っている場合は、呼吸が困難になることがわかります。

　赤潮が海洋生物に与える影響はさらに深刻です。赤潮は短期間にばく大な数の魚を死なせることがあります。赤潮の後には、何千匹もの死んだ魚が海岸に打ち上げられます。その魚を食べるクジラやウミガメも病気になって死んでしまいます。海鳥の羽は、それらが水に浮くのに役立つ油で覆われています。しかし、赤潮がその油を落としてしまうことがあり、しばしば鳥が溺死する原因となっています。

　科学者たちは、人間がこうした変化を起こしているのではないかと思っています。農場では植物の生育を助けるために栄養剤をたくさん使います。雨が降ると、その栄養剤が河川によって海まで運ばれます。赤潮を引き起こす微生物はその栄養剤のおかげでより速く成長するのです。気候変動も影響を与えています。アメリカは以前よりも頻繁にハリケーンを経験しており、それらの勢力も強まっています。ハリケーンや熱帯暴風雨は、それらは熱帯海洋上に発生しますが、赤潮を引き起こす微生物を大西洋の新たな場所へと運んでいます。

　赤潮を減らす試みもなされてきました。人々は微生物を殺そうとして、硫酸銅や塩化物のようなさまざまな物質を海に加えてきました。不幸なことに、それらは水中の他のあらゆる生き物も同時に殺してしまいます。今のところ、科学者たちにできる最善のことは、どの地域が赤潮の影響を受けそうなのか正確な予測を提供することです。こうすれば、人々は赤潮の到来に備えることができます。

ワークシート

赤潮

○一般情報
- 赤潮とは何か？　水面が赤くなるまで微生物が増殖する。
- 赤潮は　27　。
- 赤潮の規模と影響を受ける場所の数が増大しつつある。

○赤潮の影響
人間において
- 赤潮の間、　28　が人間の肌に炎症を起こすことがある。
- 赤潮の間、　29　が人間の目に不快感を生じさせる。

動物において
- クジラやカメが　30　によって中毒になる。
- 赤潮が、鳥が必要とする　31　を損なう。

音声のポイント

🎤❶ allergies は「アレルギーズ」ではなく「アラジー z」[ǽlədʒiz] のように発音されるので注意する。

語句

red tide	名 赤潮	breathe	自 呼吸する
term	名 専門用語	allergy	名 アレルギー
organism	名 有機体、生物（tiny organismで「微生物」）	severe	形 厳しい、深刻な
		wash up	熟 (海辺に)打ち上げられる
multiply	自 増殖する	feather	名 羽、羽毛
surface	名 表面、水面	remove 〜	他 〜を除去する、〜を落とす
settler	名 入植者	drown	自 溺死する
phenomenon	名 現象（複数形は phenomena）	suspect that (S) (V)	他 ＳＶではないかと思う
		nutrient	名 栄養素、栄養剤
quantity	名 量	climate change	名 気候変動
harmful	形 有害な	frequent	形 たびたび起こる、頻繁な
marine	形 海の、海洋の	hurricane	名 ハリケーン
microscopic	形 顕微鏡でしか見えない、微小な	tropical storm	名 熱帯暴風雨
		form	自 発生する
poisonous	形 有毒な、毒のある	attempt	名 試み
irritate 〜	他 (肌など) に炎症を起こさせる	substance	名 物質
		copper sulfate	名 硫酸銅
creature	名 生物	chloride	名 塩化物
give off 〜	熟 (気体・光など)を発する	at the moment	熟 今現在、今のところ
		accurate	形 正確な
sneeze	自 くしゃみをする	prediction	名 予測、予想
cough	自 咳をする		

問27　正解②　問題レベル【やや難】　配点 3点

選択肢

① was brought to the United States by the European settlers
「ヨーロッパからの入植者によってアメリカにもたらされた」

② has been present in the United States since before Europeans arrived
「ヨーロッパ人が渡来する前からアメリカに存在している」

③ is being severely limited through the use of farming chemicals
「農薬の使用を通じて厳格に制限されている」

④ is attracting people who want to see the phenomenon for themselves
「その現象を自分の目で見たい人々を魅了している」

語句
severely 副 厳格に　　chemicals 名 化学薬品

ここで使うのは、【講義：シート作成問題】を攻略する「表読の型」「言い換えの型」「照合の型」（DAY 16）

❶状況、ワークシート、問い、選択肢を先読み→❷問27〜31：内容を予測し音声の流れに従って表を埋める→❷問32：選択肢から言い換えを探す→❷問33：選択肢とグラフ・音声の内容を照合する

❶テーマは「赤潮」です。先読みの段階では、ワークシートと選択肢から「赤潮」がどういったものなのかが問われることがわかります。選択肢がやや長いので、the United States や Europeans、farming chemicals などのキーワードを確認しておきましょう。❷音声を聴くと The Spanish settlers who came to the United States in 1493, and even the Native Americans who arrived much earlier, reported seeing red tide. 「1493年にアメリカに来たスペイン人の入植者や、それよりもずっと前に渡来していたアメリカ先住民でさえ、赤潮を目にしたと伝えている」とあります。このうち The Spanish settlers が選択肢の Europeans に言い換えられていることに気付きましょう。後半には reported seeing red tide とあり、選択肢の has been present と言い換えられており、②が正解となります。

問 28-31　　正解28 ⑥ / 29 ① / 30 ③ / 31 ②　　問題レベル【やや難】　配点 2点×2
※問28と問29が2問とも正解の場合のみ2点。問30と問31が2問とも正解の場合のみ2点。

選択肢 ① air 「空気」　② coatings 「被膜」　③ fish 「魚」
　　　　④ leaves 「葉」　⑤ farming 「農業」　⑥ water 「水」

語句 coating 名 被膜

❶ワークシートから、問28は「人の皮膚に影響するもの」、問29は「人の目に影響するもの」が問われていることを確認しておきましょう。問30は「クジラやカメを中毒にするもの」、問31は「鳥が必要とするもので、赤潮が害を及ぼすもの」が問われています。

❷問28は、空所の後ろに irritate people's skin とあります。この内容に近い表現に注意して聴くと、If people swim in such poisonous seawater, their skin gets irritated と流れます。irritate という動詞が共通して使われており、今回の文脈では「〜に炎症を起こさせる」という意味になります。その原因は poisonous seawater なので、 28 には言い換えとなる⑥ water が入ります。

問29は、空所の後ろに makes people's eyes uncomfortable とあります。この内容に近い表現に注意して聴くと、Poisonous gases given off by the red tide can make people's eyes start to hurt. と流れます。make people's eyes uncomfortable は make people's eyes start to hurt の言い換えです。目が痛む原因は Poisonous gases だとわかるため、 29 には言い換えとなる① air が入ります。

問30は、空所を含む文が Whales and turtles are poisoned by 30 . となっています。Whales and turtles などの表現に注意して聴くと、After a red tide, thousands of dead fish wash up on the shores. Whales and sea turtles that eat the fish also become sick and die. と流れます。魚を食べて病気になることがわかるので、 30 には③が入ります。

問31は、空所を含む文が Red tides damage the 31 that birds need. となっています。damage や birds need といった内容に近い表現に注意して聴くと、Sea birds' feathers are covered in oils that help them float on the water. However, the red tide can remove the oils, often causing the birds to drown. と流れます。ここから、赤潮が鳥の羽の油を取り除いてしまうことがわかるので、 31 には油の言い換えとなる② coatings が入ります。

選択肢

① Farmers are working with scientists to limit the amount of nutrients they use.
「農家は使用する栄養剤の量を制限するために科学者と協力している」

② Chemicals have failed to kill the organisms causing the annual red tides.
「化学物質は毎年起きる赤潮を引き起こしている微生物を死滅できないでいる」

③ There are fears that red tides have been contributing to climate change.
「赤潮が気候変動の一因になってきた恐れがある」

④ Scientists have to investigate where red tides will occur.
「科学者は赤潮がどこで起こるか調査しなければならない」

❶先読みは余裕があればで OK です。余裕がある場合は working with scientists、Chemicals、fears、investigate where などキーワードになりそうなものをチェックしておきましょう。❷選択肢を見て本文の言い換えになっているものを探していきます。①は、「農家と科学者が協力している」という発言は講義にはなかったので、不正解です。②は、「化学物質は赤潮を引き起こす微生物を殺せない」という内容ですが、講義では People have added different substances such as copper sulfate and chloride to the seas to try **to kill the organisms. Unfortunately, they kill everything else** in the water at the same time. と流れ、「化学物質によって、微生物だけでなく、他の生き物も死んでいる」ことがわかります。よって「化学物質は微生物を殺している」ことになるため、不正解です。③は、「赤潮が気候変動を引き起こしている恐れがある」という内容です。contribute to ～は「～に貢献する」だけでなく「～の一因となる」という意味も覚えておきましょう。cause や result in ～と同じ意味の因果表現です。講義では、**Climate change is also having an effect.** と流れ、「気候変動が赤潮を引き起こす」という内容が続きます。よって因果関係が逆になっているため、③は不正解です。④は、「どこで赤潮が起こるか調査しなければならない」という内容です。講義では、the best thing that scientists can do is **to provide accurate predictions about what areas will be affected by red tide** と流れ、「どの地域が赤潮の影響を受けるか予測を立てる」という内容が選択肢と一致するため、④が正解となります。

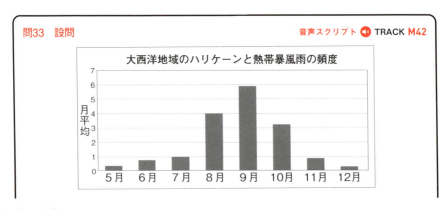

問33 設問　　　　　　　　　　音声スクリプト 🔊 TRACK **M42**

大西洋地域のハリケーンと熱帯暴風雨の頻度

月平均

5月　6月　7月　8月　9月　10月　11月　12月

Here's a graph that shows when hurricanes and tropical storms hit the Atlantic region. Considering what we heard in the lecture, what do you think we can assume will happen?

【訳】

これは、ハリケーンと熱帯暴風雨が大西洋地域を襲う時期を示したグラフです。講義で聴いたことを考慮すると、起こりそうだと想定できるのはどんなことだと思いますか。

音声のポイント

🎙❶ assume は「アスューム」のように発音されるので注意する。(イギリス英語)

語句 region 名 地域　　assume (S) (V) 他 S V だと想定する

問33　正解② 問題レベル【難】 配点 4点

選択肢

① People are most likely to have health problems related to red tide in August.
「人々は8月に、赤潮に関連した健康問題を最も抱えやすい」

② Red tide is likely to spread to new areas in the August to October period.
「赤潮は8月から10月にかけての期間に新しい地域に広がりやすい」

③ Red tide size will probably be reduced significantly by late September.
「赤潮の大きさはおそらく9月後半までに著しく縮小されるだろう」

④ The Atlantic region is less likely to experience red tides than other places.
「大西洋地域は他の場所よりも赤潮が発生する可能性が低い」

語句 related to ~ 熟 ~に関連した　　significantly 副 著しく、大いに
reduce ~ 他 ~を減らす、~を縮小する

❶問33の先読みは問32を解き終えてからにしましょう。グラフのタイトルや項目を確認しておきましょう。❷選択肢・グラフと音声を照合していきます。①は「人々は8月に、赤潮に関連した健康問題を最も抱えやすい」という内容ですが、グラフでは「大西洋地域のハリケーンと熱帯暴風雨の頻度」が最も高いのは9月となっており、赤潮による健康被害の可能性が最も高くなるのも9月と考えられるため不正解です。②は、「赤潮は8～10月にかけて広がりやすい」という内容です。講義の音声には、The hurricanes and tropical storms, which form over tropical oceans, are carrying the organisms that cause the red tide to new locations in the Atlantic Ocean. とあり、ハリケーンや熱帯暴風雨によって赤潮を引き起こす微生物が新たな地域に運ばれることが語られています。グラフを見ると、8～10月のハリケーンと暴風雨の頻度が高いため、この期間は赤潮が新しい地域に広がりやすいとわかります。よって内容が一致する②が正解となります。③は、「赤潮の大きさが9月後半までに縮小する」という内容ですが、②で確認したハリケーンの頻度との関係を考えると、9月後半も赤潮は発生しやすいはずなので、③は不正解となります。④は、「大西洋地域で赤潮が発生する可能性は他の地域より低い」という内容ですが、音声やグラフには他の地域と比較されている内容がないため、不正解です。

第6問 A［解 説］

Jack① : Your mother tells me that you want to go to the Wizzlers concert next month.

Dianne① : Yeah! A few of my friends want to go as well.

Jack② : I'm a bit worried about you taking the train late at night.

Dianne② : Mom told me that she saw her first concert with her friends when she was just 14 years old. She says it is one of her favorite memories.

Jack③ : I'm sure it is, but things were different then.

Dianne③ : I want a fun memory like that to look back on.

Jack④ : I'm not against the concert itself. I'm just worried about safety. Could I come with you?

Dianne④ : I don't want to feel like a little child. I don't think the other parents will be there.

Jack⑤ : Perhaps I should call them and discuss the plan.

Dianne⑤ : You **can**. You know Maya and Paula's parents, don't you?
❶

Jack⑥ : Of course. Will there only be three of you?

Dianne⑥ : Yes, my other friends aren't fans of the Wizzlers.

Jack⑦ : In that case, I could drive you to the concert and **wait** in the car for it to
❷
finish.

Dianne⑦ : Would you? Thanks, Dad!

Jack⑧ : I don't mind **at all**. Good luck getting the tickets. I hear these shows sell
❸
out fast.

【訳】

ジャック① ：お母さんによると、君は来月、ウィズラーズのコンサートに行きたいそうだね。

ダイアン① ：うん！　友達も何人か行きたがってる。

ジャック② ：君が夜遅く電車に乗るのはちょっと心配だな。

ダイアン② ：お母さんは、まだ14歳の時に初めて友達と一緒にコンサートを見たって言ってた。大好きな思い出の一つだと言ってるわよ。

ジャック③ ：確かにそうだろうけど、あの頃は状況が違ったからなあ。

ダイアン③ ：後で思い起こすことのできる、そういう楽しい思い出を作りたいの。

ジャック④ ：コンサート自体には反対していないよ。ただ安全面が心配なだけなんだ。ぼくも一緒に行ってもいいかな？

ダイアン④ ：小さな子どもみたいな気分になりたくないなあ。他の家の親だって来ないと思うし。

ジャック⑤ ：親御さんに電話をして、どうするか話し合ったほうがいいかもしれないな。

ダイアン⑤ ：いいけど。マヤとポーラの親は知ってるよね？

ジャック⑥ ：もちろん。行くのは君たち3人だけなの？

ダイアン⑥：そう、ほかの友達はウィズラーズのファンじゃないから。

ジャック⑦：そういうことなら、君たちを車でコンサートに送っていって、車の中で終わるのを待ってもいいな。

ダイアン⑦：そうしてくれる？　ありがとう、お父さん！

ジャック⑧：全然かまわないよ。うまくチケットが取れるといいね。こういうショーはすぐに売り切れるそうだから。

音声のポイント

🔈❶ このcanは肯定だが、このように文末に来る時は弱形の「クン」ではなく、強形で「キャン」と発音される。否定のcan'tは[t]が脱落しほぼ同じ音になるため区別が難しい。わずかに[t]の音が残るため聴き分けは可能だが、文脈から判断したほうが無難。

🔈❷ waitの[t]は[d]に変化している。

🔈❸ at allは弱形・変化・連結により、短く一息で「アドール」のように発音されている。

🗣語句　look back on ～　熟 ～を振り返る、～を思い起こす　　sell out　熟 売り切れる
　　　in that case　　熟 そういうことなら

問34　正解②　問題レベル【普通】　配点 3点

問い

Which of the following statements would both speakers agree with?
「話者の両方が同意しそうな文は次のうちどれか」

選択肢

① Rock concerts are too dangerous for little children.
「ロック・コンサートは小さな子どもには危険過ぎる」

② Attending a concert is a memorable experience.
「コンサートに行くことは記憶に残る経験だ」

③ Riding the train late at night is safer now.
「現在のほうが、夜遅くに電車に乗るのが安全だ」

④ Parents should help children reserve concert tickets.
「親は子どもがコンサート・チケットの予約をするのを手伝うべきだ」

🗣語句　memorable　形 記憶に残る　　reserve ～　他 ～を予約する

ここで使うのは、【会話：要点把握問題】を攻略する「言い換えの型」（DAY 18）
❶状況、問い、選択肢を先読み→❷言い換えを探す

❶「話者の両方が同意しそうな文」が問われています。同意を表す表現に注意して聴きましょう。選択肢は短いですが、共通点があまりないので全体に軽く目を通しておきましょう。同意を表す表現に注意して聴くと、ジャック（父親）の3回目の発言にI'm sure it isがあります。この直前には、Mom told me that she saw her first concert with her friends when she was just 14 years old. She says it is one of her favorite memories. とあり、「コンサートに行くことが思い出になる」という点に同意していることがわかります。❷選択肢から言い換えを探すと、②で saw her first concert が Attending a concert に、one of her favorite memories が a memorable experience に言い換えられています。よって②が正解です。①は、

父親も娘もロック・コンサートが危険だとは思っていないため不正解です。③は、父親の I'm a bit worried about you taking the train late at night. や things were different then という発言に矛盾するため不正解です。④は、予約に関する発言はなかったため不正解となります。

問35 **正解①** 問題レベル【普通】 配点 3点

問い

Which statement best describes Jack's feeling about his daughter going to a concert with friends?

「娘が友達とコンサートに行くことについてのジャックの気持ちを最もよく表している文はどれか」

選択肢

① He is concerned about the risks of traveling at night.
「夜に移動する危険を心配している」

② He hopes a larger group of friends will join her.
「もっと大勢の友人が彼女と一緒に行くことを望んでいる」

③ He believes her parents should also attend the concert.
「彼女の両親もコンサートに行くべきだと思っている」

④ He thinks her mother should make the decision.
「彼女の母が決めるべきだと思っている」

語句 be concerned about 〜 熟 〜を心配している

---

❶問いに「娘が友達とコンサートに行くことについてのジャックの気持ち」とあるので、ジャック（父親）の気持ちや意見を表す表現に注意して聴きましょう。選択肢は共通点が捉えにくいのでキーワードになりそうなものを確認しておきましょう。気持ちを表す表現に注意して聴くと、父親の2回目と4回目の発言で I'm a bit worried about you taking the train late at night. や I'm not against the concert itself. I'm just worried about safety. とあり、「夜遅くに電車に乗ることの安全面について心配している」ことがわかります。❷選択肢から言い換えを探すと、concerned about や the risks of traveling at night が見つかり、①が正解だとわかります。②は、そのような内容の発言はないため不正解です。③は、Could I come with you? という発言がありますが、最終的に、I could drive you to the concert and wait in the car for it to finish. と言い、「父親が一緒に行くが外で待っている」とわかるため、attend the concert とは一致せず不正解となります。④は、母親に意見を求める発言はないため不正解です。

音声スクリプト 🔊 TRACK **M48**

Mr. Harper① : When I first came to Japan, everyone **on** the train was reading a book.

Rose① : When was that, Mr. Harper?

Mr. Harper② : About 20 years ago, Rose. These days, all the passengers are just staring at their smartphones.

Rose② : I think a lot of them are reading ebooks, don't you, Taku?

Taku① : Not really, Rose. I've tried reading ebooks on my smartphone before, but I don't think it's a good way to read.

Mr. Harper③ : Well, these people don't look like they're reading. I think they're playing games.

Taku② : You're probably right, Mr. Harper. Book sales in Japan have decreased in the last 10 years.

Rose③ : That's only printed books, Taku. Overall book sales haven't changed much.

Kim① : Right, Rose. One-third of book sales in Japan are now ebooks.

Mr. Harper④ : That's surprising, Kim. It might mean that book sales have actually increased.

Taku③ : Wow! I didn't realize ebooks were so popular. There are still some downsides.

Rose④ : That's true, Taku. We **can't** sell them or borrow them from libraries. Personally, I don't think that's a big problem.

Kim② : Neither do I. Ebooks are better for the environment. They don't require us to produce any paper. I just bought a special ebook reader. Look.

Taku④ : Wow, that's easy to read. I'm going to give ebooks another chance. How about you, Mr. Harper?

Mr. Harper⑤ : Not me, Taku. I love having books on my shelf after I read them, and I don't want another device. Oh, here's our stop.

【訳】

ハーパー先生① : 私が初めて日本に来た頃は、電車に乗っている人はみんな本を読んでいたよ。

ローズ① : それはいつのことですか、ハーパー先生?

ハーパー先生② : 20年ぐらい前だよ、ローズ。最近は、乗客はみんなスマートフォンをただじっと見ているね。

ローズ② : 電子書籍を読んでいる人が多いと思います。そう思わない、タク?

タク① : あまりそうは思わないな、ローズ。僕は以前スマホで電子書籍を読んでみたことがあるけれど、読書するのにいい方法だとは思わないな。

ハーパー先生③：うーん、電車に乗っている人たちは読書をしているようには見えないね。ゲームをしているんだと思うよ。

タク②　：たぶんそのとおりですね、ハーパー先生。ここ10年の間に、日本での書籍の売り上げは減少していますから。

ローズ③　：それは紙の書籍だけの話よ、タク。書籍全体の売り上げはそれほど変化していないのよ。

キム①　：そうよね、ローズ。日本の書籍の売り上げの3分の1は今じゃ電子書籍なのよ。

ハーパー先生④：それは驚きだね、キム。書籍の売り上げは実際には増えているということなのかもしれない。

タク③　：わあ！　電子書籍がそんなに人気があるとは知らなかったよ。それでも欠点はいくつかあるよ。

ローズ④　：そのとおりね、タク。電子書籍は売ることができないし、図書館で借りることもできない。私としては、それは大きな問題だとは思わないけど。

キム②　：私も大きな問題だとは思わない。電子書籍のほうが環境にいいわ。電子書籍だと紙を製造しなくていいし、私、電子書籍の専用リーダーを買ったところなの。見てよ。

タク④　：わあ、読みやすいね。電子書籍にもう一度挽回のチャンスを与えるよ。ハーパー先生はどうですか？

ハーパー先生⑤：私はいいよ、タク。私は本を読んだ後に、本を本棚に置いておくのが大好きなんだ。それに他のデバイスは欲しくないしね。ああ、降りる駅に着いたよ。

音声のポイント

🎤❶ on は弱形で短く弱く発音されている。

🎤❷ can't は「カーント」のように発音されている（イギリス英語）。

🔊 語句

passenger	名 乗客	downside	名 欠点
stare at ~	熟 ~をじっと見る	personally	副 個人的には、私としては
sales	名 売り上げ、販売数	give ~ another chance	
decrease	自 減少する		熟 ~にもう一度（挽回の）
in the last ~ years	熟 ここ~年の間に		チャンスを与える
printed book	名 紙の書籍（直訳で	device	名 装置、デバイス
	「印刷された書籍」）	stop	名 停車駅、停留所
overall	形 全体の		

問36 正解① 問題レベル【普通】 配点 4点

選択肢 ① Mr. Harper ② Taku ③ Mr. Harper, Taku ④ Rose, Kim.

ここで使うのは、【長めの会話：要点把握問題】を攻略する「照合の型」(DAY 20)

❶状況、問い、選択肢を先読み→❷問36：状況と発言を照合する→❷問37：発言と図表を照合する

❶テーマは「ebook」です。問いでは「ebook を支持しない人」が問われています。**支持か不支持かを示す表現**に注意して、支持は○、不支持は×、曖昧な場合は△のようにメモを取りながら音声を聴きましょう。❷男性の発言で I've tried reading ebooks on my smartphone before, but **I don't think it's a good way to read**. とあり、その前の発言で Taku と呼び掛けられていることから、タクは、この段階では「ebook を不支持」であることがわかります。表に「×」を書き込んでおきましょう。

その後、女性の発言で We can't sell them or borrow them from libraries. Personally, I **don't think that's a big problem**. とあります。不支持の意見のように思えますが、最終的に I don't think that's a big problem と言っていることから、明確な不支持の意見ではないため無視しましょう。その直後の別の女性の発言では **Neither do I**. と言っており、こちらも「大きな問題だとは思わない」という内容になり、不支持の意見ではないため無視して OK です。

続いて、I just bought a special ebook reader. Look. という発言の後、Wow, that's easy to read. I'm going to **give ebooks another chance**. How about you, Mr. Harper? という「電子書籍を不支持だったが考え直す」という内容の発言があり、その後に Taku という呼び掛けがあるため、不支持であったタクが考え直すことがわかります。タクの×を△に変えましょう。

最後は直前の呼び掛けからハーパー先生の発言だとわかります。Not me, Taku. **I love having books on my shelf** after I read them, and **I don't want another device**. から、電子書籍を不支持であることがわかります。ハーパー先生に×を書き込みましょう。最終的に不支持（×）はハーパー先生のみであるとわかり、①が正解となります。

Mr. Harper	×
Rose	△
Taku	×　　　→ △
Kim	△

選択肢

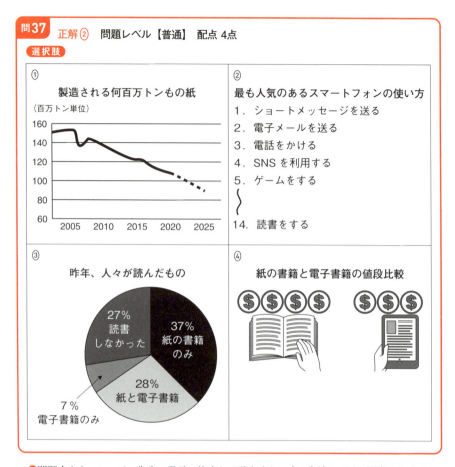

① 製造される何百万トンもの紙

（百万トン単位）

② 最も人気のあるスマートフォンの使い方
1．ショートメッセージを送る
2．電子メールを送る
3．電話をかける
4．SNS を利用する
5．ゲームをする
〜
14．読書をする

③ 昨年、人々が読んだもの

27% 読書しなかった
37% 紙の書籍のみ
28% 紙と電子書籍
7% 電子書籍のみ

④ 紙の書籍と電子書籍の値段比較

❶問題文から、ハーパー先生の発言に注意して聴きましょう。先読みでは、図表のタイトル・項目を確認しておきましょう。❷ハーパー先生の発言だとわかるもののうち、図表の内容に関係がありそうなのは、Well, these people don't look like they're reading. I think they're playing games. で、「スマホを読書ではなくゲームをするのに使っている」という内容です。②の図表では、「人気のあるスマートフォンの使い方」が示され、14位に Reading が来ており、その他の使い方が多く書かれています。よってこちらが根拠になると考えられるので、②が正解となります。①は、They don't require us to produce any paper. という関連性のありそうな発言がありますが、ハーパー先生の発言ではないため不正解です。③は、One-third of book sales in Japan are now ebooks. という関連性のありそうな発言がありますが、キムの発言であることと、グラフは売り上げを示すものではないため不正解です。④は、紙の書籍と電子書籍の価格を比べた発言はないため不正解です。

英語リスニング実戦模擬試験
解答用紙

※何度も使用する場合に備えて、コピーしておくことをお勧めします。

解答番号	解答欄 1	2	3	4	5	6
1						
2						
3						
4						
5						
6						
7						
8						
9						
10						
11						
12						
13						
14						
15						
16						
17						
18						
19						
20						
21						
22						
23						
24						
25						

解答番号	解答欄 1	2	3	4	5	6
26						
27						
28						
29						
30						
31						
32						
33						
34						
35						
36						
37						

英語リスニング実戦模擬試験
解答用紙

※何度も使用する場合に備えて、コピーしておくことをお勧めします。

解答番号	解答欄					
	1	2	3	4	5	6
1	①	②	③	④	⑤	⑥
2	①	②	③	④	⑤	⑥
3	①	②	③	④	⑤	⑥
4	①	②	③	④	⑤	⑥
5	①	②	③	④	⑤	⑥
6	①	②	③	④	⑤	⑥
7	①	②	③	④	⑤	⑥
8	①	②	③	④	⑤	⑥
9	①	②	③	④	⑤	⑥
10	①	②	③	④	⑤	⑥
11	①	②	③	④	⑤	⑥
12	①	②	③	④	⑤	⑥
13	①	②	③	④	⑤	⑥
14	①	②	③	④	⑤	⑥
15	①	②	③	④	⑤	⑥
16	①	②	③	④	⑤	⑥
17	①	②	③	④	⑤	⑥
18	①	②	③	④	⑤	⑥
19	①	②	③	④	⑤	⑥
20	①	②	③	④	⑤	⑥
21	①	②	③	④	⑤	⑥
22	①	②	③	④	⑤	⑥
23	①	②	③	④	⑤	⑥
24	①	②	③	④	⑤	⑥
25	①	②	③	④	⑤	⑥

解答番号	解答欄					
	1	2	3	4	5	6
26	①	②	③	④	⑤	⑥
27	①	②	③	④	⑤	⑥
28	①	②	③	④	⑤	⑥
29	①	②	③	④	⑤	⑥
30	①	②	③	④	⑤	⑥
31	①	②	③	④	⑤	⑥
32	①	②	③	④	⑤	⑥
33	①	②	③	④	⑤	⑥
34	①	②	③	④	⑤	⑥
35	①	②	③	④	⑤	⑥
36	①	②	③	④	⑤	⑥
37	①	②	③	④	⑤	⑥

英語リスニング実戦模擬試験
解答用紙

※何度も使用する場合に備えて、コピーしておくことをお勧めします。

解答番号	解答欄 1	2	3	4	5	6
1						
2						
3						
4						
5						
6						
7						
8						
9						
10						
11						
12						
13						
14						
15						
16						
17						
18						
19						
20						
21						
22						
23						
24						
25						

解答番号	解答欄 1	2	3	4	5	6
26						
27						
28						
29						
30						
31						
32						
33						
34						
35						
36						
37						

英語リスニング実戦模擬試験
解答用紙

※何度も使用する場合に備えて、コピーしておくことをお勧めします。

解答番号	解答欄					
	1	2	3	4	5	6
1	①	②	③	④	⑤	⑥
2	①	②	③	④	⑤	⑥
3	①	②	③	④	⑤	⑥
4	①	②	③	④	⑤	⑥
5	①	②	③	④	⑤	⑥
6	①	②	③	④	⑤	⑥
7	①	②	③	④	⑤	⑥
8	①	②	③	④	⑤	⑥
9	①	②	③	④	⑤	⑥
10	①	②	③	④	⑤	⑥
11	①	②	③	④	⑤	⑥
12	①	②	③	④	⑤	⑥
13	①	②	③	④	⑤	⑥
14	①	②	③	④	⑤	⑥
15	①	②	③	④	⑤	⑥
16	①	②	③	④	⑤	⑥
17	①	②	③	④	⑤	⑥
18	①	②	③	④	⑤	⑥
19	①	②	③	④	⑤	⑥
20	①	②	③	④	⑤	⑥
21	①	②	③	④	⑤	⑥
22	①	②	③	④	⑤	⑥
23	①	②	③	④	⑤	⑥
24	①	②	③	④	⑤	⑥
25	①	②	③	④	⑤	⑥

解答番号	解答欄					
	1	2	3	4	5	6
26	①	②	③	④	⑤	⑥
27	①	②	③	④	⑤	⑥
28	①	②	③	④	⑤	⑥
29	①	②	③	④	⑤	⑥
30	①	②	③	④	⑤	⑥
31	①	②	③	④	⑤	⑥
32	①	②	③	④	⑤	⑥
33	①	②	③	④	⑤	⑥
34	①	②	③	④	⑤	⑥
35	①	②	③	④	⑤	⑥
36	①	②	③	④	⑤	⑥
37	①	②	③	④	⑤	⑥

英語リスニング実戦模擬試験
解答用紙

※何度も使用する場合に備えて、コピーしておくことをお勧めします。

解答番号	解答欄					
	1	2	3	4	5	6
1						
2						
3						
4						
5						
6						
7						
8						
9						
10						
11						
12						
13						
14						
15						
16						
17						
18						
19						
20						
21						
22						
23						
24						
25						

解答番号	解答欄					
	1	2	3	4	5	6
26						
27						
28						
29						
30						
31						
32						
33						
34						
35						
36						
37						

英語リスニング実戦模擬試験
解答用紙

※何度も使用する場合に備えて、コピーしておくことをお勧めします。

解答番号	解答欄					
	1	2	3	4	5	6
1	①	②	③	④	⑤	⑥
2	①	②	③	④	⑤	⑥
3	①	②	③	④	⑤	⑥
4	①	②	③	④	⑤	⑥
5	①	②	③	④	⑤	⑥
6	①	②	③	④	⑤	⑥
7	①	②	③	④	⑤	⑥
8	①	②	③	④	⑤	⑥
9	①	②	③	④	⑤	⑥
10	①	②	③	④	⑤	⑥
11	①	②	③	④	⑤	⑥
12	①	②	③	④	⑤	⑥
13	①	②	③	④	⑤	⑥
14	①	②	③	④	⑤	⑥
15	①	②	③	④	⑤	⑥
16	①	②	③	④	⑤	⑥
17	①	②	③	④	⑤	⑥
18	①	②	③	④	⑤	⑥
19	①	②	③	④	⑤	⑥
20	①	②	③	④	⑤	⑥
21	①	②	③	④	⑤	⑥
22	①	②	③	④	⑤	⑥
23	①	②	③	④	⑤	⑥
24	①	②	③	④	⑤	⑥
25	①	②	③	④	⑤	⑥

解答番号	解答欄					
	1	2	3	4	5	6
26	①	②	③	④	⑤	⑥
27	①	②	③	④	⑤	⑥
28	①	②	③	④	⑤	⑥
29	①	②	③	④	⑤	⑥
30	①	②	③	④	⑤	⑥
31	①	②	③	④	⑤	⑥
32	①	②	③	④	⑤	⑥
33	①	②	③	④	⑤	⑥
34	①	②	③	④	⑤	⑥
35	①	②	③	④	⑤	⑥
36	①	②	③	④	⑤	⑥
37	①	②	③	④	⑤	⑥

英語リスニング実戦模擬試験
解答一覧

問題番号 （配点）	設問		解答番号	正解	配点	問題番号 （配点）	設問		解答番号	正解	配点
第1問 （25）	A	1	1	4	4	第4問 （12）	A	18	18	1	4*
		2	2	4	4			19	19	3	
		3	3	1	4			20	20	4	
		4	4	1	4			21	21	2	
	B	5	5	1	3			22	22	6	1
		6	6	4	3			23	23	3	1
		7	7	3	3			24	24	3	1
第2問 （16）		8	8	3	4			25	25	4	1
		9	9	3	4		B	26	26	3	4
		10	10	4	4	第5問 （15）		27	27	2	3
		11	11	3	4			28	28	6	2*
第3問 （18）		12	12	3	3			29	29	1	
		13	13	4	3			30	30	3	2*
		14	14	2	3			31	31	2	
		15	15	2	3			32	32	4	4
		16	16	4	3			33	33	2	4
		17	17	2	3	第6問 （14）	A	34	34	2	3
（注） * は全部正解のみ点を与える。								35	35	1	3
							B	36	36	1	4
								37	37	2	4

森田鉄也 （もりた てつや）

武田塾英語課課長、武田塾国立校、豊洲校、鷺沼校オーナー。YouTube チャンネル Morite2 English Channel とユーテラ授業チャンネルで、大学受験など英語試験をテーマにした動画を配信している。TOEIC®L&R テスト990点満点、英検1級、TEAP 満点、GTEC CBT 満点など多数の資格を持つ。『大学入学共通テストスパート模試英語』シリーズ（アルク）、『TOEIC® L&R TEST パート1・2特急 II 出る問 難問240』（朝日新聞出版）など著書多数。慶應大学文学部英米文学専攻卒。東京大学大学院言語学修士課程修了。

岡﨑修平 （おかざき しゅうへい）

大手予備校講師を経て独立。東進ハイスクール特別講師。英検1級取得。YouTube チャンネル PHOTOGLISH で、映画やアニメなどを使った英語学習に関する動画を配信している。著書に『大学入学共通テストスパート模試英語リスニング』（アルク）、『ポケット英文法』（ファレ出版）、『完全理系専用 英語長文スペクトル』（技術評論社）、執筆協力に『Vision Quest 総合英語 Ultimate』（啓林館）などがある。

改訂版　1カ月で攻略！
大学入学共通テスト英語リスニング

発行日　2023年9月15日（初版）

監修	森田鉄也
著者	岡﨑修平
企画協力	斉藤健一
編集	株式会社アルク出版編集部
編集協力	熊文堂
模擬試験作成	Ross Tulloch
翻訳・語注作成	挙市玲子
校正	Peter Branscombe ／ Margaret Stalker ／原 弘子
ナレーション	Howard Colefield ／ Jennifer Okano ／ Marcus Pittman ／ Emma Howard ／ Josh Keller ／ James House
AD・本文デザイン	二ノ宮 匡（nixinc）
著者写真	横関一浩（帯：監修者写真）
模試イラスト	関上絵美
DTP	朝日メディアインターナショナル株式会社
印刷・製本	日経印刷株式会社
録音・編集	一般財団法人 英語教育評議会（ELEC）／株式会社ルーキー
BGM作成	矢代直輝（Yashirock Music）
発行者	天野智之
発行所	株式会社アルク
	〒102-0073　東京都千代田区九段北4-2-6　市ヶ谷ビル
	Website：https://www.alc.co.jp/

地球人ネットワークを創る

アルクのシンボル「地球人マーク」です。

共通テスト 英語リスニング 実戦模擬試験

🔊 TRACK **M01 – M49**

この模擬試験は、実際の大学入学共通テスト（2023年1月実施）と同様の出題項目・同等の難易度で作成されています。

リスニングの受験時間は30分間です。

解答用紙は本冊のp.313に印刷されています。
正解と解説は本冊のp.279に掲載されています。
解答一覧は本冊のp.319に掲載されています。

英　語（リスニング）

（解答番号 ┃ 1 ┃ ～ ┃ 37 ┃）

第 1 問 （配点 25）　**音声は2回流れます。**

第1問は**A**と**B**の二つの部分に分かれています。

A　第1問Aは問1から問4までの4問です。英語を聞き，それぞれの内容と最もよく合っているものを，四つの選択肢（①～④）のうちから一つずつ選びなさい。

問 1　┃ 1 ┃

① The speaker is asking Helen to turn on the heater.
② The speaker is telling Helen to leave the room.
③ The speaker is asking Helen to help with an electricity bill.
④ The speaker is telling Helen to close the window.

問 2　┃ 2 ┃

① The speaker is at the airport.
② The speaker flew in a plane.
③ The speaker is waiting for his flight.
④ The speaker visited the airport.

問3 | 3 |

① The speaker took some photographs in New Zealand.
② The speaker would like to see some photographs of New Zealand.
③ The speaker plans to take some photographs of New Zealand.
④ The speaker is admiring some photographs of New Zealand.

問4 | 4 |

① There are more than enough cookies for the class.
② There are not enough cookies for the class.
③ There are more than 24 students in the class.
④ There are too many students in the class.

これで第1問Aは終わりです。

3

|B| 第1問Bは問5から問7までの3問です。英語を聞き，それぞれの内容と最もよく合っている絵を，四つの選択肢（①～④）のうちから一つずつ選びなさい。

問5 ⎡ 5 ⎤

①

②

③

④

問6　6

①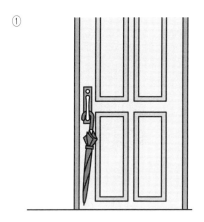

②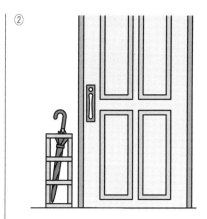

③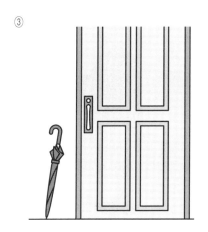

④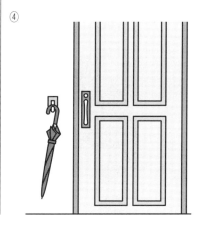

問7 ７

①

②

③

④

これで第１問Ｂは終わりです。

（下書き用紙）
英語（リスニング）の試験問題は次に続く。

第2問 （配点 16） **音声は2回流れます。**

第2問は問8から問11までの4問です。それぞれの問いについて，対話の場面が日本語で書かれています。対話とそれについての問いを聞き，その答えとして最も適切なものを，四つの選択肢（①～④）のうちから一つずつ選びなさい。

問8　クッキーを作りながら話しています。　　8

問9　男の子が，スキー旅行の準備をしています。　9

①

②

③

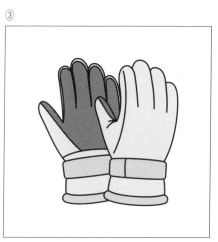

④

問10　家具店で，カップルが家具を選んでいます。　[10]

①

②

③
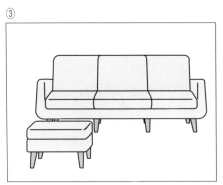

④
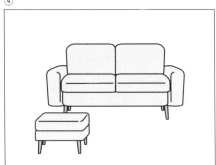

問11　どこで昼食を食べるか話しています。　　11

①

Sushi Tanaka

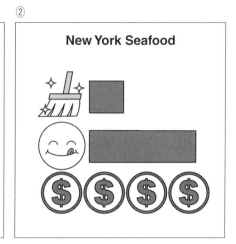

②

New York Seafood

③

Tacos Tacos

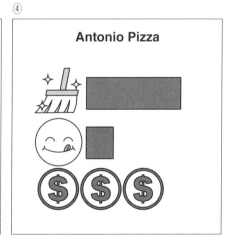

④

Antonio Pizza

これで第2問は終わりです。

第3問は問12から問17までの6問です。それぞれの問いについて，対話の場面が日本語で書かれています。対話を聞き，問いの答えとして最も適切なものを，四つの選択肢（①～④）のうちから一つずつ選びなさい。（問いの英文は書かれています。）

問12　スーパーの果物売り場で，女性客が店員と話をしています。

How many apples will the woman probably buy?　12

① Two apples
② Six apples
③ 10 apples
④ 12 apples

問13　母が息子と週末の計画について話しています。

What will they do together on the weekend?　13

① They will make lunch at home.
② They will watch a movie.
③ They will go to an art gallery.
④ They will eat at a restaurant.

問14　バスの中で，高校生同士が話をしています。

What will the boy do tonight?　14

① He will go to the library.
② He will play a sport.
③ He will discuss a homework project.
④ He will borrow the girl's phone.

問15 女の子が男の子に写真を見せています。

Who is the girl with in the photograph? 15

① One of her parents

② Her family and relatives

③ Her friends and family

④ Her mother's sister

問16 オフィスで，男女が話しています。

Why was the woman late for the appointment? 16

① Her bus was delayed.

② Her car was not running.

③ She forgot the start time.

④ She took the wrong bus.

問17 オフィスで，男性が新入社員と話しています。

What are the speakers going to do? 17

① Have lunch on the grass

② Exit the building

③ Learn to put out a fire

④ Meet with a manager

これで第3問は終わりです。

第4問 （配点 12）　**音声は1回流れます。**

第4問は**A**と**B**の二つの部分に分かれています。

A　第4問**A**は問18から問25の8問です。話を聞き，それぞれの問いの答えとして最も適切なものを，選択肢から選びなさい。問題文と図表を読む時間が与えられた後，音声が流れます。

問18〜21　あなたは留学先の大学の寮に住んでいます。これから，そこの寮生の夜の過ごし方についての調査結果を聞きます。次のグラフの空欄　18　〜　21　に入れるのに最も適切なものを，四つの選択肢（①〜④）のうちから一つずつ選びなさい。

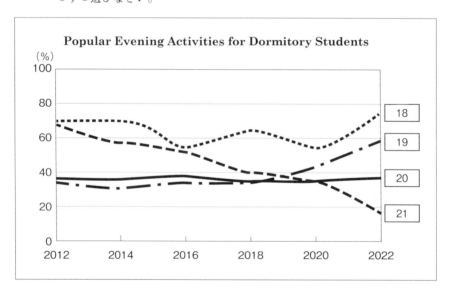

① Chatting with friends
② Doing part-time jobs
③ Playing video games
④ Reading books

問22〜25 あなたが所属するコーラス部はオンラインの国際合唱コンテストの決勝戦に参加しました。あなたは今，自宅のパソコンから，受賞チームの一覧表を見ながら賞品の説明を聞いています。次の表の四つの空欄 22 〜 25 に入れるのに最も適切なものを，六つの選択肢（①〜⑥）のうちから一つずつ選びなさい。選択肢は2回以上使ってもかまいません。

Summary of Final Results – International Online Singing Contest

Top Four Teams	Danny Boy	A Cappella	Original Song	Prize
Astro Acoustic	1st	2nd	1st	22
Chorus Kings	4th	3rd	3rd	23
Music Masters	3rd	4th	2nd	24
Voice Force	2nd	1st	4th	25

① Concert tickets

② Trophy

③ Certificate

④ Certificate, Trophy

⑤ Certificate, Trophy, Invitation

⑥ Certificate, Concert tickets, Invitation

第4問**B**は問26の1問です。話を聞き，示された条件に最も合うものを，四つの選択肢（①～④）のうちから一つ選びなさい。後の表を参考にしてメモを取ってもかまいません。状況と条件を読む時間が与えられた後，音声が流れます。

状況

　あなたはカナダの高校に留学しています。入部するクラブを決めるために，四つのクラブの部長による説明を聞いています。

あなたの考えている条件

　A.　午後5時までに終わること

　B.　100ドル以上はクラブ活動の費用がかからないこと

　C.　メンバー間のコミュニケーションがたくさんあること

	Club	Condition A	Condition B	Condition C
①	Fencing			
②	Photography			
③	Manga			
④	Running			

問26　　26　　is the club you are most likely to choose.

① Fencing

② Photography

③ Manga

④ Running

これで第4問Bは終わりです。

（下書き用紙）

英語（リスニング）の試験問題は次に続く。

第5問は問27から問33までの7問です。

最初に講義を聞き，問27から問32に答えなさい。次に続きを聞き，問33に答えなさい。状況，ワークシート，問い及び図表を読む時間が与えられた後，音声が流れます。

状況

あなたは大学で，赤潮に関する講義を，ワークシートにメモを取りながら聞いています。

ワークシート

The Red Tide

○　**General Information**
- What is red tide?　<u>Tiny organisms multiply until the surface of the water becomes red.</u>
- The red tide 　27　 .
- The size of the red tide and the number of places affected is growing.

○　**The effects of red tide**
In people
- During a red tide the 　28　 can irritate people's skin.
- During a red tide the 　29　 makes people's eyes uncomfortable.

In animals
- Whales and turtles are poisoned by 　30　 .
- Red tides damage the 　31　 that birds need.

問27 ワークシートの空欄 | 27 | に入れるのに最も適切なものを，四つの選択
肢（①〜④）のうちから一つ選びなさい。

① was brought to the United States by the European settlers

② has been present in the United States since before Europeans arrived

③ is being severely limited through the use of farming chemicals

④ is attracting people who want to see the phenomenon for themselves

問28〜31 ワークシートの空欄 | 28 | 〜 | 31 | に入れるのに最も適切なもの
を，六つの選択肢（①〜⑥）のうちから一つずつ選びなさい。選択肢は2回以
上使ってもかまいません。

① air   ② coatings   ③ fish

④ leaves   ⑤ farming   ⑥ water

問32 講義の内容と一致するものはどれか。最も適切なものを，四つの選択肢
（①〜④）のうちから一つ選びなさい。 | 32 |

① Farmers are working with scientists to limit the amount of nutrients
they use.

② Chemicals have failed to kill the organisms causing the annual red
tides.

③ There are fears that red tides have been contributing to climate change.

④ Scientists have to investigate where red tides will occur.

第5問はさらに続きます。

問33 講義の続きを聞き, 下の図から読み取れる情報と講義全体の内容からどの
ようなことが言えるか, 最も適切なものを, 四つの選択肢 (①~④) のうち
から一つ選びなさい。 33

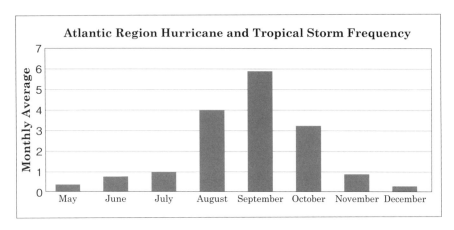

① People are most likely to have health problems related to red tide in
August.

② Red tide is likely to spread to new areas in the August to October
period.

③ Red tide size will probably be reduced significantly by late September.

④ The Atlantic region is less likely to experience red tides than other
places.

これで第5問は終わりです。

第6問は**A**と**B**の二つの部分に分かれています。

 第6問**A**は問34・問35の2問です。二人の対話を聞き，それぞれの問いの答えとして最も適切なものを，四つの選択肢（①～④）のうちから一つずつ選びなさい。（問いの英文は書かれています。）状況と問いを読む時間が与えられた後，音声が流れます。

> 状況
> Jackと娘のDianneが，今度あるコンサートについて話をしています。

問34　**Which of the following statements would both speakers agree with?**　34

① Rock concerts are too dangerous for little children.
② Attending a concert is a memorable experience.
③ Riding the train late at night is safer now.
④ Parents should help children reserve concert tickets.

問35　**Which statement best describes Jack's feeling about his daughter going to a concert with friends?**　35

① He is concerned about the risks of traveling at night.
② He hopes a larger group of friends will join her.
③ He believes her parents should also attend the concert.
④ He thinks her mother should make the decision.

これで第6問Aは終わりです。

B 第6問**B**は問36・問37の2問です。会話を聞き，それぞれの問いの答えとして最も適切なものを，選択肢のうちから一つずつ選びなさい。後の表を参考にしてメモを取ってもかまいません。<u>状況と問いを読む時間が与えられた後，音声が流れます。</u>

状況
　英語教師（Mr. Harper）が，3人の生徒（Rose, Taku, Kim）と一緒に日本の電車に乗っています。

Mr. Harper	
Rose	
Taku	
Kim	

問36　会話が終わった時点で，<u>ebookを指示しない人</u>を，四つの選択肢（①～④）のうちから一つ選びなさい。　| 36 |

①　Mr. Harper

②　Taku

③　Mr. Harper, Taku

④　Rose, Kim

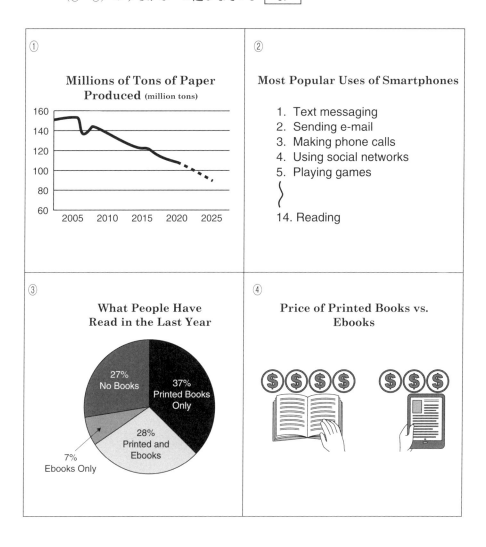

PC: 7023030

『改訂版 1カ月で攻略！ 大学入学共通テスト英語リスニング』別冊

発行：株式会社アルク